Dr. ALFRED MÜLLER

DIE KRIEGSROHSTOFFBEWIRTSCHAFTUNG 1914—1918 IM DIENSTE DES DEUTSCHEN MONOPOLKAPITALS

1955

AKADEMIE-VERLAG BERLIN

Die Veröffentlichung der Fotokopien erfolgt mit Genehmigung des Deutschen Zentralarchivs, Abteilung Merseburg

Erschienen im Akademie-Verlag GmbH., Berlin W 8, Mohrenstraße 39
Lizenz-Nr. 202 · 100/197/55

Satz und Druck: Druckhaus „Maxim Gorki", Altenburg
Umschlag: Heinz Hellmis
Bestell- und Verlagsnummer: 5180
Printed in Germany

VORWORT

Die vorliegende Arbeit wurde als Dissertation unter dem Thema:

„Die Kriegsrohstoffgesellschaften — ein Beispiel für die imperialistische Kriegswirtschaft Deutschlands im ersten Weltkrieg"

an der Hochschule für Ökonomie und Planung eingereicht und öffentlich verteidigt. Dem vielerseits geäußerten Wunsch nach Veröffentlichung dieses neuen, aktuellen Materials bin ich unter Berücksichtigung der Kritiken und Anregungen der Professoren Dr. h. c. *Eva Altmann*, Dr. *Jürgen Kuczynski* und Dr. *Hans Mottek* gern nachgekommen.

Berlin, 15. 8. 1955

Der Verfasser

ABKÜRZUNGSVERZEICHNIS

I. Behörden

KM	Preußisches Kriegsministerium
KRA	Kriegsrohstoffabteilung des preußischen Kriegsministeriums (zuständig für alle Bundesstaaten Deutschlands während des I. Weltkrieges)
KEZ	Kommissariat der Eisenzentrale der Kriegsrohstoffabteilung
R. d. I.	Reichsamt des Innern

II. Kriegsrohstoffgesellschaften

EZ	Eisenzentrale GmbH
Kawo	Kammwoll AG
KCA	Kriegschemikalien AG
KGT	Kriegsgarn- und Tuchverband e. V.
Klag	Kriegsleder AG
KMA	Kriegsmetall AG
VdW	Vereinigung des Wollhandels

I. EINLEITUNG

A. Die Darstellung der imperialistischen Kriegswirtschaft Deutschlands, ein Beitrag zur Erhaltung des Friedens

In den ersten Tagen des August 1914 brach Deutschland mit der Kriegserklärung an Rußland und Frankreich den Krieg in Europa vom Zaun, der durch den folgenden Kriegseintritt Englands zum Weltkrieg wurde. Waren an der Vorbereitung und Durchführung dieses grausamen Völkermords 1914—1918 alle kapitalistischen Großmächte schuld[1], so ist es jedoch unzweifelhaft, daß Deutschland, der militärisch gut gerüstete und angriffslüsterne Staat, den Zeitpunkt des Beginns bestimmte. Jene Tage des Sommers 1914 waren für Deutschland der günstigste Zeitpunkt zum Losschlagen. Sarajewo war Vorwand, und Deutschland war kriegsbereit. Frankreich dagegen hatte durch seine 1913 beschlossene dreijährige Dienstzeit zwei unausgebildete Jahrgänge in der Armee, was ihre Kampfkraft beeinträchtigte, und Rußland hatte die Reorganisation seiner Streitkräfte zu Wasser und zu Lande, die eine Einführung neuzeitlicher Kampfmittel beinhaltete, gerade erst im Frühjahr 1914 angefangen.[2]

„Für uns, d. h. für Deutschland und Österreich-Ungarn, bestand die Hauptsorge diesmal darin“ — schrieb *Rohrbach*, ein Wortführer der deutschen Imperialisten, hierzu —, „daß wir durch eine vorübergehende und scheinbare Nachgiebigkeit Rußlands moralisch gezwungen werden konnten, *zu warten, bis Rußland und Frankreich wirklich bereit waren.*[3] Zwei Jahre später wäre der Krieg für uns viel schwieriger, opfervoller, vielleicht zweifelhafter geworden.“[4]

Dieses Überlegenheitsmoment der deutschen Imperialisten wurde auch von dem Staatssekretär des Auswärtigen, v. Jagow, am 18. Juli 1914 deutlich zum Ausdruck gebracht:

„Im Grunde ist Rußland jetzt nicht schlagfertig. Frankreich und England werden jetzt auch den Krieg nicht wünschen. In einigen Jahren wird Rußland nach aller kompetenten

[1] Vgl. Geschichte der Kommunistischen Partei der Sowjetunion, Berlin 1950, S. 202. „An diesem Krieg waren die Imperialisten aller Länder schuld.“

[2] Vgl. Der Weltkrieg 1914—1918, Kriegsrüstung und Kriegswirtschaft, 1. Bd., hrsg. Reichsarchiv, Berlin 1930, S. 201/202.

[3] *Rohrbach*, Der Krieg und die deutsche Politik, Dresden 1914, S. 82/83. (Vom Verfasser hervorgehoben.)

[4] *Rohrbach*, a. a. O., S. III (Vorwort).

Annahme schlagfertig sein. Dann erdrückt es uns durch die Zahl seiner Soldaten, dann hat es seine Ostseeflotte und seine strategischen Bahnen gebaut. Unsere Gruppe wird inzwischen immer schwächer. — In Rußland weiß man es wohl und will deshalb für einige Jahre absolut noch Ruhe."[1]

Dieses militärische Überlegenheitsmoment, welches also den Zeitpunkt bestimmte, an dem Deutschland den Krieg begann, basierte auf der wirtschaftlichen Überlegenheit, die durch die in den letzten Jahrzehnten vor dem Kriege viel schneller vorangeschrittene Entwicklung der Produktivkräfte Deutschlands — vor allem der Kohlen-, Eisen- und Stahlindustrie — gegenüber der Entwicklung derjenigen in den anderen imperialistischen Staaten Europas[2], erreicht worden war. Die Tatsache, daß Deutschland die anderen europäischen Staaten in der industriellen Produktion eingeholt und überholt hatte, bei der Verteilung der Kolonien und der Aufteilung der Absatzmärkte aber zu spät gekommen war, ist eine Ursache dafür, daß der deutsche Imperialismus besonders intensiv auf einen Krieg drängte, besonders aggressiv war; denn auf dem Boden des modernen Kapitalismus gibt es kein anderes Mittel „außer dem Krieg, um das Mißverhältnis zwischen der Entwicklung der Produktivkräfte und der Akkumulation des Kapitals einerseits, der Verteilung der Kolonien und der ‚Einflußsphären' des Finanzkapitals andererseits zu beseitigen."[3]

Aber nicht nur die deutschen Imperialisten — obgleich diese eben besonders drangvoll und hemmungslos — und die mit ihnen verbündeten, sondern auch die Imperialisten der Entente zielten auf eine gewaltsame Eroberung neuer Gebiete, auf die Verdrängung ihrer ärgsten Konkurrenten auf dem Weltmarkt, auf die Schwächung der revolutionären Arbeiterbewegung im eigenen Lande, und auf die Erlangung höchster Kriegsprofite.[4]

Es war also ein imperialistischer Krieg, der ausschließlich geführt wurde im Interesse der Handvoll Multimillionäre und Milliardäre aller beteiligten Staaten zur Erlangung von Maximalprofiten; denn gerade die Notwendigkeit, Maximalprofite zu erlangen, treibt den Monopolkapitalismus „zu so riskanten Schritten wie zur Organisierung neuer Kriege, . . . und schließlich zu Versuchen, die ökonomische Weltherrschaft zu erringen."[5]

Entsprechend dem Charakter des I. Weltkrieges war auch das Gesamtergebnis: 8,7 Millionen Tote und 20 Mill. Verwundete[6] auf der einen Seite der Bilanz und

[1] Die deutschen Dokumente zum Kriegsausbruch, Bd. 1, Berlin 1922, Nr. 72, S. 100, Der Staatssekretär des Auswärtigen an den Botschafter in London (Privatbrief).

[2] Anm. Deutschland stand 1913 an erster Stelle in der Industrieproduktion Europas und an zweiter Stelle — hinter den USA — in der Welt.

[3] *Lenin*, Der Imperialismus als höchstes Stadium des Kapitalismus, Berlin 1950, S. 104.

[4] Anm. *Lenin* hat bereits 1917 den wissenschaftlichen Beweis erbracht, „daß der Krieg von 1914—1918 auf beiden Seiten ein imperialistischer Krieg (d. h. ein Eroberungskrieg, ein Raub- u. Plünderungskrieg) war, ein Krieg um die Aufteilung der Welt, um die Teilung und Neuverteilung der Kolonien, der ‚Einflußsphären' des Finanzkapitals usw." *Lenin*, a. a. O., S. 7/8.

[5] *J. W. Stalin*, Die Ökonomischen Probleme des Sozialismus in der UdSSR, Berlin 1952, S. 40.

[6] Weißbuch über die amerikanisch-englische Interventionspolitik in Westdeutschland und das Wiedererstehen des deutschen Imperialismus, Berlin 1951, S. 13.

Hunderte Milliarden Dollar Kriegsgewinn auf der anderen. Allein die deutschen Werktätigen mußten mit 1,8 Millionen Toten — neben den Millionen Verwundeter und Verkrüppelter, den Verhungerten und dem unzähligen Leid — die etwa 50 Milliarden Goldmark Kriegsgewinn[1] der wenigen kapitalistischen Großunternehmen, ihrer Finanzgewaltigen und der wenigen großkapitalistischen Familien bezahlen, die — obgleich ihr Versuch, neue Rohstoffquellen und die ökonomische Weltherrschaft mit Waffengewalt zu erobern, mit einer Niederlage endete — in die Taschen von *Krupp*, *Merton*, *Reusch*, *Röchling*, *Siemens*, *Thyssen*, *Warburg & Co.* flossen. Trotz dieser eindeutigen und einseitigen Bilanz zog die Mehrheit der Deutschen hieraus keine Lehre, so daß es den gleichen, den Finanzgewaltigen der kapitalistischen Großunternehmen und einer kleinen Anzahl großkapitalistischer Familien wiederum gelang, einen neuen Weltkrieg, den zweiten, vom Zaune zu brechen und das deutsche Volk ins Verderben zu stürzen.

Und die Rohbilanz der zweiten militärischen, wirtschaftlichen und politischen Niederlage Deutschlands? Es waren 5,5 Millionen Tote[2] Deutsche einerseits und Milliardengewinne andererseits.

Und nun das Ungeheuerliche: die gleichen, diese kleine Anzahl kapitalistischer Großunternehmen und großkapitalistischer Familien, sind heute im Bündnis mit den alten Militaristen und Faschisten, angespornt und unterstützt durch die Finanzoligarchie der USA, schon wieder dabei, einen neuen Krieg, einen dritten Weltkrieg auf deutschem Boden vorzubereiten.[3] Außer in den fieberhaften Bemühungen zur Aufstellung einer neuen Armee in Westdeutschland, der zum Teil aufgenommenen Kriegsmaterialproduktion, zeigt sich dies auch in der Ausarbeitung eines Bundesleistungsgesetzes, das zur Beschlagnahme beweglicher Sachen aller Art für militärische Zwecke ermächtigen soll. Der Weg der Kriegswirtschaft, der Rohstoffzwangsbewirtschaftung wird also erneut beschritten. War im ersten Weltkrieg das Hauptorgan der Rüstungsmagnaten zur Erlangung und Sicherung des Maximalprofits die Kriegsrohstoffabteilung des KM und im zweiten Weltkrieg der faschistische Rüstungsbeirat, so ist es heute in Westdeutschland der Produktivitätsrat, der durch einen Bundeswirtschaftsrat und ein staatliches Beschaffungsamt für Kriegsmaterial ausgebaut werden soll. Wies nun die Bilanz des zweiten Weltkrieges gegenüber der des ersten sowohl auf der Schuldseite der Kapitalisten als auch auf der Gewinnseite ein quantitativ Vielfaches aus, so

[1] Als Grundlage der Schätzung wurde ein Drittel der reinen Kriegskosten (161 Milliarden) genommen unter Berücksichtigung der in folgendem nachgewiesenen Gewinne.

Einen gewissen Vergleich bietet die offizielle Angabe der Kriegsgewinne des Jahres 1915 mit 1,2 Milliarden *, wobei Rückstellungen, reichliche Abschreibungen, Kursgewinne usw. nicht berücksichtigt sind. Der faktische Gewinn 1915 wird der vierfache gewesen sein, und diese Summe wird sich in den folgenden Kriegsjahren noch verdoppelt haben.

* Vgl. Frankfurter Zeitung, Abendblatt Nr. 283, 1916 — Nr. 23, 1917.

[2] Weißbuch, a. a. O., S. 14, Anm. Die Gegenüberstellung wurde bewußt auf das für die Werktätigen Wichtigste, ihr Leben, ihre Arbeitskraft und das für die Kapitalisten Charakteristische, ihr Kapital, ihren Profit, beschränkt.

[3] Vgl. „Der Kriegsvorbereitung überführt“, Neues Deutschland, 9. November 1954, Nr. 263, S. 5.

besteht bei dem Stand der heutigen Kriegstechnik, beim Einsatz der amerikanischen Atomkanonen sowie anderer radioaktiver und bakteriologischer Aggressionswaffen gegen deutsche Städte, auch in Anbetracht der umfangreichen Vorbereitungsmaßnahmen zur Sprengung und Überschwemmung unserer westdeutschen Heimat im Falle eines Krieges, die Gefahr, daß in einem dritten Weltkrieg noch mehr deutsche Werktätige vernichtet werden.[1]

Das zu verhindern ist heute möglich, wenn es gelingt, gestützt auf den ersten deutschen Staat des Friedens, die Deutsche Demokratische Republik, eine breite Volksbewegung aller deutschen Patrioten gegen die Remilitarisierung Westdeutschlands und für die nationale Einheit auf friedlicher und demokratischer Grundlage zu schaffen.

Eine Aufgabe der vorliegenden Arbeit ist es, hierbei zu helfen, indem die — bisher noch der Öffentlichkeit unbekannten — Methoden, die Organisationen und Gesellschaften, mit deren Hilfe sich die wenigen deutschen Finanz- und Rüstungsgewaltigen bereits im ersten Weltkrieg schamlos bereicherten, schonungslos an Hand unwiderlegbaren Aktenmaterials gezeigt werden.

Es gilt daher auch im besonderen zu untersuchen:

a) Die Organisationen der deutschen Wirtschaft zur Erlangung höchster Kriegsgewinne und zur Erreichung des räuberischen Kriegszieles in den Jahren 1914 bis 1918.

b) Die skrupellose Geschäftsmoral und die vielfältigen Methoden der deutschen Finanz- und Rüstungsgewaltigen in den Kriegsrohstoffgesellschaften zwecks Erzielung höchster Gewinne.

B. Kritische Einschätzung der benutzten Literatur und Quellen

Mit dieser Zielsetzung, Themenstellung und Quellengrundlage ist die vorliegende Arbeit neu. — Es gibt zwar eine Reihe von bürgerlichen Arbeiten, insbesondere Dissertationen, die sich mit dem Gebiet der Kriegsrohstoffbewirtschaftung Deutschlands 1914—1918 befassen, aber keiner ihrer Autoren untersuchte die Kriegsrohstoffwirtschaft und ihre Organisationen, um die Rolle der deutschen Monopolherren von Rhein und Ruhr als Kriegstreiber und Kriegsgewinnler zu entlarven, um also seine Arbeit über den Krieg in den Dienst des Friedens zu stellen.[2] Die Mehrzahl dieser Arbeiten befaßt sich — und zwar besonders die in den Jahren 1918 bis 1930 erschienenen — nur mit einem Teilgebiet der Rohstoffbewirtschaftung und behandelt dabei formal beschreibend jeweils nur die entsprechende Kriegsrohstoff-

[1] Allerdings folgt daraus keineswegs, daß sich die Profite der Bourgeoisie entsprechend vergrößern würden, sondern umgekehrt, wie die geschichtliche Erfahrung zeigt, daß das Resultat für die Bourgeoisie ihr endgültiger Sturz sein würde.

[2] Festgestellt auf Grund der Durchsicht der bürgerlichen Arbeiten, die mit Hilfe der Bibliographie der Sozialwissenschaft, Berlin ab 10. Jahrgang, und dem Verzeichnis der an den deutschen Universitäten und Hochschulen erschienenen Schriften, Berlin ab Jahrgang 1919, ermittelt wurden.

gesellschaft[1], insbesondere ihre Struktur und ihre Geschäftstechnik. Der andere Teil der Arbeiten, die in der Hauptsache erst ab 1930 veröffentlicht wurden, beinhaltet zwar die gesamte Kriegsrohstoffbewirtschaftung bzw. industrielle Kriegswirtschaft[2], aber auf die Kriegsrohstoffgesellschaften gehen sie in der gleichen Art und noch dazu nur kurz ein. Diese Erscheinung, daß vor 1930 mehr Teilfragen und nach 1930 mehr die gesamte Kriegsrohstoffwirtschaft Gegenstand der Behandlung ist, wird auf zwei Ursachen zurückzuführen sein. Erstens hatte man in der Zeit gleich nach dem Kriege noch nicht genügend Abstand von den Ereignissen, und die Materialien, wie Statistiken usw., wurden erst nach und nach veröffentlicht, auch erschwerte die Inflation die Anfertigung und Veröffentlichung umfassender Abhandlungen. Zweitens neben dem Moment, daß die vorher wirksamen Hemmnisse wegfielen, war seit 1930 vielmehr ausschlaggebend das wachsende Interesse der herrschenden Klasse, vor allem der durch das Kriegsgeschäft und Inflation noch mächtiger gewordenen Monopolherren, die wirtschaftlichen Erfahrungen des ersten Weltkrieges, insbesondere die der Kriegsrohstoffwirtschaft, umfassender zu untersuchen und darzustellen.

Daß sich viele dieser Schriften — denen ja zu Beginn der 30er Jahre angesichts der noch geringen Verbreitung des Rundfunks als Propagandamittel eine große Bedeutung zukam — gerade den Fragen der Rohstoffbewirtschaftung widmeten, liegt darin begründet, daß die Erfahrungen des ersten Weltkrieges den deutschen Imperialisten deutlich etwas gelehrt hatten: Deutschland weist in vielen strategisch wichtigen Rohstoffen eine Abhängigkeit vom Ausland auf und es ist daher für den Kampf um die Weltherrschaft notwendig, bereits in der Friedenszeit einen ansehnlichen Vorrat an solchen Rohstoffen anzulegen.

Daß sich diese Schriften gerade zu Beginn der 30er Jahre den Fragen der Kriegsrohstoffbewirtschaftung bzw. Kriegswirtschaft widmeten, liegt darin begründet, daß angesichts der sich verschärfenden ökonomischen und politischen Krise der monopolistische Kapitalismus, bestimmt durch den Drang nach dem Maximalprofit innenpolitisch auf Rüstungswirtschaft und radikaler Unterdrückung der revolutionären Arbeiterbewegung und außenpolitisch unter der lügnerischen Losung der Beseitigung der „wirtschaftlichen, territorialen und politischen Ungerechtigkeiten“ auf Aggression[3], auf einen neuen, den 2. Weltkrieg drängte. Diesem Zweck der Kriegsvorbereitung dienten auch die nur als Manuskript gedruckten Veröffentlichungen der wissenschaftlichen Mitarbeiter, zumeist ehem. Offizieren, des damaligen Reichsarchivs (Inventare II) über die Kriegswirtschaftsorganisationen, insbesondere Kriegsrohstoffgesellschaften.

[1] Z. B. *Hornig*, Die Kupferversorgung Deutschlands im Kriege unter besonderer Berücksichtigung der Kriegsmetallwirtschaft. Phil. Diss. Heidelberg, 1921, oder Schlaghecke, Die Preissteigerung, Absatzorganisation und Bewirtschaftung des Eisens 1914—1920, Gießen 1922, Diss.

[2] So z. B. *Römermann*, Mittel und Formen der industriellen Kriegswirtschaft in Deutschland ... Diss. Berlin 1935, oder Kriegsrüstung und Kriegswirtschaft, 1. Bd. a. a. O.

[3] „Heim ins Reich“ war eine solche chauvinistische Losung der Nazis, die von den Werktätigen mit „Reich ins Heim“ glossiert wurde.

Mit Ausnahme dieser Inventare[1] *stützt sich keine von der Vielzahl der oben genannten Publikationen auf das Aktenmaterial*[2] der Organe der Rohstoffbewirtschaftung, der Kriegsgesellschaften, welches im ehemaligen Reichsarchiv eingelagert war. Einen gewissen Aufschluß hierfür geben die Benutzungsbestimmungen des ehemaligen Reichsarchivs. Bereits die Benutzerordnung von 1924 hatte einen besonderen Anhang über die Benutzung der Akten der Kriegsgesellschaften vorgesehen, der jedoch nicht ausgearbeitet wurde, da erst eine Entscheidung des Reichsministeriums der Finanzen abgewartet werden sollte.[3] Jedoch ist sicher, daß von den erst ab 1935 voll benutzungsfähigen Akten privaten Benutzern keine wichtigen Akten zur Verfügung gestellt wurden. Offiziell wurden dann auch laut Anordnung des Generalstabs des Heeres vom 9.12.1936, die Kriegswirtschaftsakten für Doktoranden grundsätzlich gesperrt. Die Einsicht durch sonstige private Benutzer wurde nur in Ausnahmefällen durch den Generalstab des Heeres, Abt. 7, und das Reichswirtschaftsministerium, gegebenenfalls unter Zustimmung des Reichsministeriums der Finanzen und des Reichsministeriums für Ernährung und Landwirtschaft, genehmigt, wie es aus den nur für den Dienstgebrauch bestimmten Ausführungsbestimmungen zur Benutzerordnung des ehemaligen Reichsarchivs von 1938 ersichtlich ist.[4]

Die bürgerlichen Publikationen stützen sich nun auf das von den Kriegswirtschaftsorganen selbst veröffentlichte, durch die Militärzensur genehmigte Material, auf Denkschriften, Statistiken, auf Zeitungen und Zeitschriften usw. und häufig auch auf die persönlichen Erfahrungen und gesammelten Materialien der Autoren während ihrer Tätigkeit in der Kriegswirtschaft. Sie sind als solche ohne Zweifel zu beachten, besonders die Monographie von Prof. *Goebel*, Deutsche Rohstoffwirtschaft im Weltkrieg[5], die zum Teil Quellencharakter hat.[6] Jedoch sind sie äußerst kritisch zu verwerten; denn alle diese Publikationen haben, was sich aus ihrer Durchsicht ergab, mehr oder weniger ausgeprägt, folgendes gemeinsam:

1. Sie beschreiben nur die Kriegsrohstoffwirtschaft, ihre Form, ihre staatlichen und privatrechtlichen Organisationen, das Bezugscheinsystem usw., analysieren jedoch nicht ihr Wesen.

Bei dieser beschreibenden Darstellung setzen sie Deutschlands „Unschuld“ am Kriege zumeist stillschweigend voraus oder streiten Deutschlands Schuld am Kriege

[1] Vgl. Inventare des Reichsarchivs, Serie II, Heft 1, Potsdam 1928, bis Heft 36, Potsdam 1943. Anm. Die Inventare dienten auch dazu, die Aufmerksamkeit der Reichsbehörden auf diese Aktenbestände zu lenken und einen Überblick zu vermitteln, der ihre wissenschaftliche Bearbeitung für Kriegszwecke erleichtern sollte. Hierin wurden fast ausschließlich nur die technisch-organisatorischen Daten angegeben.

[2] Anm. Nur Römermann, a. a. O., hat einige wenige Denkschriften, die im Aktenbestand enthalten waren, benutzt, jedoch keine einzige interne Akte!

[3] Vgl. Deutsches Zentralarchiv, Abt. I, Potsdam, Bestand Reichsarchiv, Nr. 20 562.

[4] Ebenda, Nr. 20 565.

[5] *Goebel*, Deutsche Rohstoffwirtschaft im Weltkrieg, Wirtschafts- und Sozialgeschichte des Weltkrieges, Deutsche Serie, Berlin 1930.

[6] Anm. *Goebel* war Mitglied der wissenschaftlichen Kommission des KM und stand in enger persönlicher und räumlicher Verbundenheit mit der KRA und hat daher einige wichtige, unveröffentlichte Äußerungen der zuständigen Referenten der KRA festhalten können.

überhaupt ab. So sagt z. B. *Goebel*: Deutschland „taumelte politisch, militärisch, wirtschaftlich, rechtlich und psychologisch auf die erdrückenden Ausmaße der kommenden Dinge unvorbereitet, in die Nacht des Weltkriegschaos“[1], oder *Dix*: „Deutschlands Schuld ist es nicht, daß der Krieg begonnen wurde.“[2]

2. Sie stellen den deutschen kapitalistischen Staat, insbesondere auch die Kriegsrohstoffabteilung (KRA) des Kriegsministeriums, betrügerisch als eine Einrichtung dar, die „objektiv“ die Kriegsrohstoffgesellschaften kontrolliert und die Kriegswirtschaft reguliert hätte, nur im Interesse des „Gemeinwohls“, und bezeichnen diese Regulierung als „Planwirtschaft“.

Cron schreibt: „Die Gesellschaften als solche haben, das kann getrost festgestellt werden, ehrlich gearbeitet und ihre Pflicht erfüllt. *Das garantierte schon die Überwachung von seiten der Regierung.*“[3]

Schauen wir uns nun auch noch die „Planwirtschaft“ näher an.

Goebel schrieb hierzu: „Die deutsche Kriegswirtschaft des Weltkrieges war eine Planwirtschaft ...“[4]

Die staatliche Regulierung der industriellen Produktion in Deutschland 1914 bis 1918 im Interesse der Millionäre hat mit Planwirtschaft nichts zu tun, sie war vielmehr das „letzte Wort“ der modernen großkapitalistischen Technik und der Organisation des junkerlich-bürgerlichen Imperialismus, sie war ein sichtbarer Ausdruck dafür, wie reif gerade Deutschland schon damals für die Errichtung der sozialistischen Gesellschaftsordnung war. Das wurde von Lenin bereits im Januar 1917 herausgearbeitet:

„Wie reif die moderne Gesellschaft für den Übergang zum Sozialismus geworden ist, hat gerade der Krieg gezeigt, als die Anspannung der Kräfte des Volkes dazu zwang, zur Regulierung des gesamten Wirtschaftslebens von über 50 Millionen Menschen durch ein Zentrum überzugehen. Wenn das unter Leitung einer Handvoll Junker und Adliger im Interesse eines Häufleins von Finanzmagnaten möglich ist, so wird es sicher nicht weniger möglich sein, unter der Leitung klassenbewußter Arbeiter im Interesse von $^{9}/_{10}$ der durch Hungersnot und Krieg erschöpften Bevölkerung.“[5]

Der Monopolkapitalismus bleibt doch Kapitalismus mit all den ihm angeborenen unüberbrückbaren Widersprüchen, „soweit die Kapitalmagnaten den Umfang der Produktion in nationalem oder gar internationalem Maßstab im voraus auch berechnen, soweit sie die Produktion auch planmäßig regulieren“[6], wie es in Deutschland in der Zeit des Krieges die Kriegsrohstoffabteilung tat, z.B. durch einen „Kriegswirtschaftsplan“, dessen Aufstellung im April 1915 befohlen und der ab 1916

[1] *Goebel*, a. a. O., S. 3.
[2] *Dix*, Wirtschaftskrieg und Kriegswirtschaft, Berlin 1920, S. 37.
[3] *Cron*, Die Organisation der Kriegswirtschaft im Kriege 1914—1918 und ihre Überleitung in die Friedensverhältnisse sowie Wertung der Akten, Potsdam 1942. Unveröffentlicht im Besitz des Deutschen Zentralarchivs. Vgl. auch Stolper, Deutsche Wirtschaft 1870—1940, Stuttgart 1950, S. 75.
[4] *Goebel*, a. a. O., S. 190.
[5] *Lenin*, Sämtl. Werke, Bd. XXII, Wien-Berlin, 1928, S. 592.
[6] *Lenin*, Ausgewählte Werke, Bd. 2, Moskau 1947, S. 209.

zunächst für 3 Jahre aufgestellt wurde.[1] Dieser „Plan" beinhaltete nur die Sicherstellung des Kriegsmaterials, ohne Abstimmung der einzelnen Industriezweige aufeinander, ohne Berücksichtigung der Lebensbedürfnisse der Werktätigen, und hat mit einer allseitigen Volkswirtschaftsplanung (Planwirtschaft) nicht das geringste gemein. Diese „planmäßige Regulierung", die ohne Zweifel eine gewisse Zusammenfassung der Produktivkräfte, eine Ersparung an Arbeitszeit erbrachte, vermochte auch nicht die allgemeine Planlosigkeit, die Anarchie der kapitalistischen Wirtschaft, den rücksichtslosen Drang der einflußreichsten Konzernherren und Kapitalistengruppen nach Maximalprofit wirksam einzuschränken. Im Gegenteil, diese waren in Deutschland so stark, setzten ihre Interessen so hemmungslos durch, daß dadurch z. B. die Erfüllung des für die Kriegsführung wichtigen Planes, des Pulver-Programms, nicht möglich wurde. Das Kriegsministerium schrieb am 17. Februar hierzu: „Das Verlassen des Weges einer stufenweisen Produktionserhöhung, indem auf Wunsch der OHL im Sept. 1916 in fast unmittelbarem Anschluß an das 10-Millionen- (täglich 10000 t Pulver, d. V.) ein 12- und ein 14-Millionen-Programm begonnen *und zugleich Neubauten für andere Gebiete in großer Zahl in Angriff genommen wurden* (die spontan, ohne Rücksicht auf das allgemeine Interesse, fieberhaft von den Finanzgewaltigen der Eisen- u. Stahl-, sowie Elektro-Chemischen-Industrie ausgeführt wurden — d. V.), hat ohne Zweifel dazu beigetragen, daß die *Munitionsanfertigung*, die bis zum Frühjahr 1917 gesteigert werden mußte, *zurückgeblieben* ist."[2]

Es handelt sich also hierbei dem Wesen nach nur um den militärischen, behördlich organisierten Schutz zur Erhöhung und Sicherung der Kriegsgewinne der Rüstungs- und Finanzgewaltigen durch das Kriegsministerium, insbesondere durch die Kriegsrohstoffabteilung.

3. Sie singen ein Loblied auf die Kriegsrohstoffgesellschaften sowie überhaupt auf die Kriegswirtschaft und Kriegführung des deutschen Imperialismus.

So Prof. *Hirsch*: „Vorweg eine Behauptung, die vorerst nur mit einem Autoritätsbeweise gestützt werden kann: Das Verdammungsurteil gegen die deutschen Kriegsgesellschaften ist im großen und ganzen durchaus unbegründet."[3]

Auch der Ausschuß der Nationalversammlung zur Prüfung des Geschäftsgebarens der Kriegsgesellschaften stellte erwartungsgemäß im Februar 1921 fest; „Im allgemeinen aber seien die Kriegsgesellschaften besser als ihr Ruf."[4] In dieses

[1] Vgl. *Goebel*, a. a. O., S. 28.

[2] *Cron*, Inventare des Reichsarchivs, Serie II, Heft 3, Potsdam 1929.

[3] *Hirsch*, Kriegsgesellschaft und Reichsstelle, Deutsche Wirtschafts-Zeitung, XV. Jahrgang 1919, Nr. 1, S. 2. — Anm. Kein Wunder, daß **Hirsch**, der bereits 1919 einen durch nichts gerechtfertigten und durch die Tatsachen widerlegten „Autoritätsbeweis" für die Großbourgeoisie lieferte, heute als Dozent der New Yorker School für Social Research auch an der sogenannten „Freien Universität" in Westberlin unterrichtet. Siehe „Der Kurier" vom 14. Juni 1954 und „Frankfurter Neue Presse" vom 21. Oktober 1952.

[4] Deutsches Zentralarchiv, Abt. I, Potsdam, Reichsschatzmin., Nr. 7164, Anm. Ausschuß bestand aus Mitgliedern der Nationalversammlung, der Reichsregierung und des Reichsrats.

Loblied stimmt ebenfalls *Goebel* mit ein[1], und auch *Theodor Heuß* gehört zum Kreis der Lobhudler; denn er schreibt: „Von der Organisation der Rohstoffgesellschaften kann man wohl sagen, daß sie sich ausgezeichnet bewährt haben.“[2]

Mit all diesen Publikationen stellten die bürgerlichen Autoren die Ergebnisse ihrer Forschung — obgleich keineswegs immer bewußt — objektiv in den Dienst der Vorbereitung des zweiten Weltkrieges. Hierbei ist es interessant festzustellen, daß z. B. Professor Wiedenfeld solche Arbeiten, auf die das eben Gesagte zutrifft, wie: „Rohstoffversorgung“ oder „Handel und Preisbildung in der Kriegswirtschaft“[3] zwar veröffentlichte, daß er aber zugleich im verborgenen als wissenschaftlicher Mitarbeiter des KM die unmittelbaren Richtlinien für die wirtschaftliche Vorbereitung des II. Weltkrieges ausarbeitete.[4] Auch eine interne Denkschrift über die Entwicklung der Kriegswollbedarf AG war von den „wissenschaftlichen Militärbearbeitern“ dieser Gesellschaft angefertigt worden als eine Vorarbeit, die es mit ermöglichen sollte, „daraus abschließende Lehren für unsere wirtschaftliche Kriegsbereitschaft in weiterer Zukunft zu ziehen.“[5] Die wissenschaftlichen Mitarbeiter des Reichsarchivs veröffentlichten allgemeines Material in den Inventaren, ihre internen Forschungsergebnisse stellten sie zugleich dem faschistischen Generalstab direkt zur Verfügung.[6] Alle diese Arbeiten halfen ideologisch und organisatorisch den II. Weltkrieg vorzubereiten, wie sogar Oberarchivrat *Cron* bestätigt: „Und es lagen daher schon zu Beginn der Wiederaufrüstung (gemeint ist hier die Mitte der 30er Jahre, d. V.) auch die kriegswirtschaftlichen Erfahrungen in groben Umrissen verwendungsbereit“ da.[7]

Ganz anders sind die Bemerkungen über die imperialistische Kriegswirtschaft Deutschlands in der marxistischen Literatur. Sie geißeln die Volksfeindlichkeit des Krieges und enthalten eine gründliche Analyse des Charakters der kapitalistischen Kriegswirtschaft Deutschlands. Und diese finden wir in den Arbeiten von *Karl Liebknecht* und *Rosa Luxemburg*, aber besonders in den Werken von *Lenin* und *Stalin*.[8]

[1] Vgl. *Goebel*, a. a. O., S. 188.

[2] *Heuß*, Kriegssozialismus, Berlin 1915, S. 25, Anm. Herr *Heuß* „vergißt“ allerdings das Wichtigste hinzuzufügen: als Organe der monopolistischen Großbourgeoisie zur Steigerung ihrer Gewinne.

[3] *Wiedenfeld*, Rohstoffversorgung, Berlin 1917, Handel und Preisbildung in der Kriegswirtschaft, a. a. O.

[4] Vgl. Deutsches Zentralarchiv, Abt. II, Merseburg, Kriegswirtschafts-Organisation, Kommissariat der Eisenzentrale Nr. 8. — Im folgenden wird nur noch die Bezeichnung der betreffenden Kriegsgesellschaft sowie die Aktennummer angegeben.

[5] Kriegswollbedarfs AG Nr. 10, Bd. 4. Die Kriegswollbedarfs Aktiengesellschaft (KWB). Eine Denkschrift über ihre Gründung, Entwicklung und Organisation, Vorwort.

[6] Wie Herr Schmedt, ein Mitarbeiter des ehem. Reichsarchivs, persönlich bestätigte.

[7] *Cron*, a. a. O., S. 249.

[8] Vgl. *Liebknecht*, Ausgewählte Reden, Briefe und Aufsätze, Berlin 1952, s. S. 378; *Luxemburg*, Ausgewählte Reden und Schriften, Berlin 1951, I. Band, S. 444/45; *Lenin*, a. a. O., und *Stalin*, Fragen des Leninismus, Moskau 1947, S. 683.

Kritische Einschätzung der Quellen

1. Primäre Quellen

Für die wissenschaftliche Erforschung der deutschen Kriegsrohstoffwirtschaft 1914—18 stehen nur noch die Akten

a) der Kriegsrohstoffgesellschaften,

b) des Reichswirtschaftsministeriums und des Reichsfinanzministeriums[1]

zur Verfügung. Die Akten des Kriegsamts und der Kriegsrohstoffabteilung des KM (KRA), die im Bestand des ehem. Heeresarchivs waren, wurden noch in den letzten Tagen des zweiten Weltkrieges, am 14. April 1945, kurz vor der Besetzung Potsdams durch die Rote Armee von den amerikanischen Terrorbombern vernichtet und sind somit für die wissenschaftliche Forschung für immer verloren. Dieser Verlust wird beim Quellenstudium um so mehr empfunden, weil gerade in dem Aktenbestand der KRA zusammenfassende Berichte enthalten waren und außerdem jede Sektion der KRA Handakten geführt hatte, die für die Analyse der Kriegswirtschaft äußerst wichtiges Material enthielten. Somit ergab sich bei der Materialsammlung die Aufgabe, die Akten der Kriegsrohstoffgesellschaften (Gruppe a) besonders intensiv und breit durchzuarbeiten, da sie die einzige noch vorhandene, wichtige Gruppe der primären Quellen für die Darstellung der Kriegsrohstoffbewirtschaftung sind, die natürlich auch eine zuverlässigere Kenntnis über die Vorgänge vermitteln als die an die KRA eingereichten, zurechtgestutzten Berichte. Diese Aktenbestände sind nun jedoch in ihrem Umfang so groß, daß der mit diesem Bestand bestens vertraute berufserfahrene Oberarchivrat *Cron*[2] am 1. Oktober 1942 hierzu sagte, daß „die Durcharbeitung der Akten der Kriegswirtschaftsorganisationen menschlichem Ermessen nach nicht mehr von der teilweisen Selbstzerstörung der Akten erfolgen kann".[3] Bezieht sich diese Bemerkung auch auf die Akten aller Kriegswirtschaftsorganisationen, zu denen neben den Kriegsrohstoffgesellschaften und den Kriegsgesellschaften auf dem Gebiet der Lebensmittelbewirtschaftung noch einige Kriegswirtschaftsbehörden, wie z. B. Reichslederstelle oder Metall-Meldestelle u. a.[4] gehören, und nur die ersteren von mir bearbeitet wurden, so gibt diese Bemerkung doch einen gewissen Anhaltspunkt für die Einschätzung des Umfangs der Aktenbestände.

[1] Anm. Hierbei handelt es sich nur um den Teil Akten, der nach Unterstellung der Kriegsrohstoffgesellschaften bei Beendigung des Krieges unter diese zivilen Reichsressorts angelegt wurde. Der Aktenbestand der Reichsbehörden liegt beim Deutschen Zentralarchiv, Potsdam.

[2] *Cron* war vom August 1921 bis 1945 beim ehem. Reichsarchiv in Potsdam tätig, also vom Zeitpunkt der Einlagerung der Akten nach dem ersten Weltkrieg bis zu ihrer Auslagerung während des zweiten Weltkrieges, wie mir Herr *Schmedt*, Mitarbeiter des Deutschen Zentralarchivs, Potsdam, mitteilte.

[3] *Cron*, Aktennotiz, Deutsches Zentralarchiv, Abt. II, Merseburg, Kriegswirtschaftsorganisation.

[4] Anm. Deren Aktenbestände sind jedoch sehr klein im Verhältnis zu denen der Rohstoffgesellschaften.

Der riesige Gesamtumfang auch der heute noch vorhandenen Aktenbestände von 29 Kriegsrohstoffgesellschaften[1], nämlich 12000 Bände, der durch die große Anzahl der Gesellschaften und die vielseitige und umfangreiche Tätigkeit einzelner von ihnen bedingt ist, zwingt schon dazu, vor allem die Auswertung der Akten vorzunehmen, die für die Lösung der gestellten Aufgabe am wichtigsten, aber zugleich auch ausreichend waren. Und das sind die Akten der Kriegsrohstoffgesellschaften, die die industriellen Produzentengruppen repräsentieren, welche die Hauptlieferanten an Kriegsmaterialien aller Art waren, die Kriegsmetall AG (KMA), die Kriegschemikalien AG (KCA), die Kriegswollbedarfs AG (KWB), die Kammwoll AG, die Eisenzentrale GmbH (EZ) sowie die Manganerz GmbH.

Ist die Auswahl dieser Gesellschaften schon dadurch gerechtfertigt, daß diese den Hauptteil des Materialbedarfs des Heeres und der Marine, wie Waffen, Munition, technische Großausrüstungen, Chemikalien, Sanitätsartikel und Bekleidung vermittelten, also die wichtigsten und meisten materiellen Mittel der modernen Kriegsführung, so um so mehr auch noch deshalb, weil diese Gesellschaften selbst auch die größten (an Kapital und Personal) und bedeutendsten (in der Zahl und dem Umfang der bewirtschafteten Rohstoffe) waren.

Nun einige Bemerkungen über die erstmalig in solchem Umfang verwendeten und damit der Öffentlichkeit zugängig gemachten Akten selbst. Die Kriegsgesellschaften wurden durch einen Beschluß des Reichskabinetts vom 5. September 1919 verpflichtet, ihre Akten an das Reichsarchiv abzugeben. Einige Gesellschaften widersetzten sich zunächst, wurden aber durch die behördliche Bürokratie doch zur Abgabe bewegt. Die Ursache für diesen Widerstand ist offensichtlich. Die Konzernherren wollten sich nicht in ihre Karten gucken lassen, was doch möglich ist, wenn die gesamten Geschäftsunterlagen und der Schriftverkehr ihrer Gesellschaften in ein öffentliches Archiv eingelagert werden. Die Vertreter der Finanzoligarchie haben das jedoch zum Teil verhindert, indem sie *die* Akten zurückgehalten haben, die für sie belastend waren. Diese Tatsache bestätigt uns auch *Cron*: „Daß man manchen wichtigen Aktenband vergeblich sucht, daran ist auch das Bestreben mancher Geschäftsleiter, gewisse Hauptakten nicht aus den Händen zu geben, schuld.“[2]

Und an anderer Stelle sagte *Cron* hierzu:

„Man muß dabei immer wieder berücksichtigen, daß die Beendigung des Krieges und der Übergang in den Friedenszustand mit erheblicher Unordnung verbunden waren. Diese Unordnung wirkte sich bei den Kriegsgesellschaften selbst mit ihrem zusammengewürfelten Personal noch weit mehr aus, da hier der Aneignung von Akten zu persönlichen Vorteilen bequemste Gelegenheit geboten war, *vielfach auch der Wunsch mitsprach, sich durch Beseitigung mancher Aktenhefte zu ‚decken‘*.“[3]

Die Durcharbeitung der Akten zeigte, daß besonders wichtige Akten der Kriegschemikalien AG (z. B. Schriftverkehr mit den Kommissaren) und bei der Eisen-

[1] Anm. Laut Einlagerungsverzeichnis des Deutschen Zentralarchivs, Abt. II, Merseburg. Vgl. auch Verzeichnis der Kriegsorganisationen, 4. Ausgabe, hrsg. vom Reichsamt des Innern, Berlin 1917.

[2] *Cron*, a. a. O., S. 251.

[3] *Cron*, a. a. O., S. 255 (Unterstrichen, d. V.).

zentrale GmbH. (Beschwerden) nicht abgeliefert bzw. vernichtet worden sind. Außerdem hatte die Finanzoligarchie doch auch erwirkt, daß die internen Akten keinen Privatpersonen zur Benutzung überlassen wurden.

Insgesamt wurden 1920—1925 zwei Millionen Aktenbände und Hefte von kriegswirtschaftlichen Behörden, Kriegsrohstoffgesellschaften und anderen Kriegsgesellschaften eingeliefert, die nach einer ersten ganz groben Kassation wegen Platzmangels im Jahre 1930 auf 150000 reduziert und ab 1935 benutzungsfähig waren. Diese radikale Kassation erfolgte, obwohl der Leiter des Reichsarchivs, *Müsebeck*, kurz zuvor erklärt hatte, daß eine solche „jedem wissenschaftlichen Prinzip widerspricht."[1]

Der nun von mir bearbeitete Aktenbestand der Kriegsrohstoffgesellschaften beträgt heute noch rund 12000 Aktenbände und Hefte von 29 Kriegsrohstoffgesellschaften. Einige Akten und auch Repertorien[2] dieser Gesellschaften waren infolge Kriegseinwirkung (Auslagerung in Bergwerken, Verlust auf dem Transport etc.) verlorengegangen, doch der größte Teil ist erhalten und wurde bearbeitet.[3]

2. *Sekundäre Quellen*

Als solche sind anzusehen: Vorträge, Zeitungsartikel und auch Monographien von Personen, die unmittelbar in der Kriegswirtschaft tätig waren.

Diese Quellen, vor allem die Vorträge, Zeitungs- und Zeitschriftenartikel, soweit sie während des Krieges erschienen, sind jedoch wenig aussagekräftig, weil sie der verschärften Zensur unterlagen, die sich ständig und zumeist erfolgreich darum bemühte, daß die Wahrheit nicht das Licht der Sonne erblickte. Sie vermitteln jedoch ein anschauliches Bild aus jener Zeit, und einzelne wichtige Angaben sind auch durch die Zensur hindurchgeschlüpft, daher wurden sie zur Ergänzung der primären Quellen herangezogen. Erst nach Beendigung des Krieges enthalten die Zeitschriften und Zeitungen mehr Artikel und Fakten über die Rohstoffbewirtschaftung sowie überhaupt über die Kriegswirtschaft. Diese Artikel sind daher zumeist sehr apologetisch[4], einmal um die großen Kriegsgewinnler rein zu waschen, zum anderen, weil die Finanzgewaltigen, wie Stinnes, Hugenberg u. a. die Presse gekauft hatten und nur ihnen genehme Artikel zuließen.

[1] *G. Müsebeck*, Inventare des Reichsarchivs, Serie II, Heft 1 (Einleitung).

[2] Anm. Durch den Verlust der Repertorien wird die Auswertung der Akten sehr erschwert.

[3] Die Akten des ehemaligen Reichsarchivs sind heute Bestand des Deutschen Zentralarchivs, Abt. I, Potsdam, aber die der Kriegsrohstofforganisationen lagern zur Zeit noch im Deutschen Zentralarchiv, Abt. II, Merseburg, wurden dort auch bearbeitet, mit ihrer Rückführung nach Potsdam ist zu rechnen.

[4] Vgl. z. B. *Hirsch*, Prof. Dr. J., a. a. O.

II. HAUPTTEIL

A. Die spontane Entwicklung der Organisationen der Kriegsrohstoffwirtschaft

Der erste Weltkrieg war ein bis dahin ungekannter harter und langer Kampf zwischen imperialistischen Großmächten, ein in seinen Formen so vielseitiger und ein durch die breite Anwendung technischer Kriegsmittel gekennzeichneter, wie er nur auf der Grundlage der hochentwickelten kapitalistischen Produktion möglich war. Der deutsche Staat, der militärisch gut gerüstet dastand[1], über eine gut eingespielte, bewährte Kriegsmaschinerie verfügte und sich bei seinem Vorhaben auf eine überlegene Technik und hohe Organisation der kapitalistischen Wirtschaft stützen konnte, glaubte an einen raschen Sieg.[2] Überdies waren Reichs- und Heeresleitung überhaupt der Ansicht, daß es technisch und finanziell unmöglich sei, einen langen Krieg zwischen großen Industriestaaten zu führen, wie auch die Äußerungen des damaligen Stellvertreters des Reichskanzlers, v. *Delbrück*, zeigten:

„Ich war zwar von der Auffassung beherrscht, daß der Krieg schwerer und länger werden würde als der von 1870, rechnete aber nicht mit einer mehrjährigen Dauer. Mit dieser Auffassung deckten sich die Anschauungen namhafter Größen unserer Finanzwelt, die aus geldwirtschaftlichen Gründen einen Krieg von langer Dauer für unmöglich hielten. Auch die Militärs haben damals schwerlich mit einem Kriege von mehrjähriger Dauer gerechnet.“[3]

Weil die deutschen Imperialisten mit einem kurzen Krieg und einem schnellen Sieg rechneten, geschah es also, daß der Plan für die militärische Mobilmachung keine Ergänzung durch einen Plan für die wirtschaftlich-industrielle Mobilmachung gefunden hatte und Deutschland in dieser Beziehung völlig unvorbereitet in den Krieg zog. Die deutsche Heeresverwaltung hatte nur seit Ende des vorigen Jahrhunderts mit einigen großen Munitionslieferanten wie *Krupp AG*, *Hirsch Kupfer-* und *Messingwerke*, *Basse & Selve*, *Wieland & Co.* und anderen Eventual-

[1] Anm. Interessant ist dabei, daß die deutschen Kapitalisten damals, August 1914, wie auch heute in Westdeutschland, die Kriegsrüstung lügnerisch als notwendige Maßnahme zur Erhaltung des Friedens hinstellen: „Den Frieden wollend und in der Absicht, ihn zu sichern, hat sich das Deutsche Reich seit Jahrzehnten zum Krieg gerüstet.“ Inneres — Wirtschaftliche Mobilmachung, 17869, Nr. 5.

[2] Anm. Die deutschen Monopolkapitalisten schwelgten schon im Vorgefühl der kommenden „Kriegsentschädigung“ und des wie 1871 folgenden plötzlichen Aufschwungs, „künstliche Milliardendüngung“. Vgl. Rathenau, Die neue Wirtschaft, Berlin 1918, S. 19.

[3] *v. Delbrück*, Die wirtschaftliche Mobilmachung in Deutschland, 1914, München 1924, S. 115/16.

verträge abgeschlossen, in denen die Firmen zur Haltung bestimmter Rohstoffvorräte verpflichtet waren.[1]

Einzelne, wenige Vertreter der herrschenden Klasse wie v. Moellendorf und Rathenau, erkannten bereits in den ersten Tagen des Krieges, daß die Abschneidung Deutschlands von der Zufuhr solcher kriegswichtiger Rohstoffe, wie Kupfer, Stickstoff und Wolle eine ernste Gefährdung des bevorstehenden Rüstungsgeschäfts darstellte.[2] Die Bevorratung der Industrie mit diesen unentbehrlichen Rohstoffen deckte den Bedarf nur für einige Monate.[3] Die Dauer des Krieges, selbst bei der Annahme seiner schnellen Beendigung, wurde von Leuten wie Helfferich und Rathenau jedoch auf $1^1/_2$ Jahr eingeschätzt.[4]

Das Rohstoffproblem wurde daher sofort zum Zentralproblem der deutschen Kriegswirtschaft, das noch mit zunehmender Kriegsdauer eine dieser Dauer proportionale Progression in seiner Bedeutung erlangte. Aber zuerst und am heftigsten traf es die Großverbraucher von Kupfer, die Metallkonzerne, insbesondere die Elektro-Konzerne, deren Vorräte durch den sprunghaft wachsenden Heeresbedarf an Kriegsmaterial schnell dahin zu schmelzen drohte und deren Rohstoffbeschaffungsmöglichkeiten aus Übersee ebenso schnell dahinschwanden. Rathenau, Aufsichtsratsvorsitzender der AEG, war es daher auch, der das preußische Kriegsministerium (KM) auf diese Lage nachdrücklich hinwies. Und am 9. August 1914 erwirkte er den Beschluß des Kriegsministers „eine Organisation zu schaffen, gleichviel mit welchen Mitteln; sie mußte wirksam sein und mußte die Aufgabe lösen, die uns auferlegt war", nämlich die behördliche Bewirtschaftung der kriegswichtigen Rohstoffe.[5] Als eine für solche Aufgaben wirksame Organisation wurde durch Ministerialerlaß am 13. August 1914 schnell die Kriegsrohstoffabteilung (KRA) des preußischen KM gebildet. Das war der Beginn der Zwangsbewirtschaftung der knappen, kriegswichtigen Rohstoffe, ihre behördliche Erfassung und Sicherstellung für die bedeutenden Kriegsmaterial produzierenden Konzerne. Die Leitung der KRA übertrug der Kriegsminister dem Initiator der Kriegsrohstoffbewirtschaftung, dem Konzerngewaltigen Walter Rathenau. Ihm zur Seite stand ein Oberst a. D., und zum stellvertretenden Abt.-Leiter wurde Prof. Klingenberg (AEG-Konzern) ernannt. Zu seinem Mitarbeiter bestellte Rathenau v. Moellendorf, mit dem er nicht nur vorher, sondern auch noch später, z. B. 1920, im Aufsichtsrat der Metallbank und der Metallurgischen Gesellschaft AG Frankfurt/Main, einträchtig zusammen arbeitete.[6]

[1] KMA, Nr. 830.

[2] Vgl. *Rathenau*, Deutschlands Rohstoffversorgung, Berlin 1918, S. 9.

[3] Anm. Eine Umfrage an 900 Großbetriebe, August 1914, ergab auch, daß die Versorgungsdauer mit Rohstoffen im allgemeinen sich auf weniger als ein halbes Jahr erstreckte, in keinem der wichtigeren Fälle unterschritt sie 2 und überschritt sie 10 Monate. Inneres — Wirtschaftliche Mobilmachung 17865, Nr. 5 und 17843, Nr. 2.

[4] Vgl. *Helfferich*, Der Weltkrieg, Berlin 1925, S. 158, und Berichte des Direktor Peierls AEG vom 20. November 1914 an *Walther Rathenau*: „Zur Beurteilung der augenblicklichen Kupfer-Situation". KMA 2056, Bd. 2.

[5] *Rathenau*, a. a. O., S. 10.

[6] Vgl. Bericht über das 15. Geschäftsjahr der Metallbank und Metallurgischen Gesellschaft AG, Frankfurt/Main, 1920.

Die gewissermaßen in Deutschland historisch gewordene Aufgabenteilung der herrschenden Klasse: Leitung der Industrie durch die Bourgeoisie und Leitung der Armee durch die Junker, wurde auch während des Krieges fortgesetzt, und zwar in der Form, daß das Organ der Konzerne zur Lösung des Rohstoffproblems, die KRA, dem Kriegsministerium angegliedert wurde. — Es war allerdings neu, daß die Vertreter der Finanzoligarchie als Abteilungsleiter und verantwortliche Mitarbeiter ins preußische KM, die reaktionärste und konservativste staatliche Behörde in Deutschland, überhaupt einzogen und dann sogar zugleich ihre bisherigen Posten als Aufsichtsräte und Vorstandsmitglieder der Konzerne und Banken beibehielten. Sie zogen noch dazu in eine solche neue Abteilung ein, welche durch die Zustimmungserklärung der anderen bundesstaatlichen Kriegsministerien — Bayern, Württemberg und Sachsen — vom 21. August 1914[1], die Zentralstelle für die Rohstoffbewirtschaftung in ganz Deutschland wurde. In der unmittelbaren Beherrschung der wirtschaftlichen Zentralstelle, der KRA, die die monopolistische Verfügungsgewalt über die wichtigsten Rohstoffe (am Ende des Krieges 300) und damit die Gewalt über die industrielle Produktion innehatte, zeigt sich deutlich, daß die Finanzoligarchie das Instrument in ihren Händen hatte, welches notwendig war, um den Maximalprofit während des Krieges zu sichern und um den gewünschten Sieg herbeizuführen, der eine „Zerstörung oder doch Schwächung der Konkurrenz des ausländischen Kapitals, d. h. gesteigerte goldene Profitmöglichkeiten", bringen sollte.[2]

Und neu war ferner, daß mit der Besetzung der wichtigsten Stellen in der Kriegsrohstoffabteilung die Finanzoligarchie selbst erstmalig in Deutschland im größeren Umfange[3] entscheidende Positionen im Staatsapparat einnahm, um somit ihren Einfluß, ihre Beziehungen und ihre Macht direkt zwecks Erlangung höchster Profite einzusetzen. Hieran änderte sich auch nichts, als Rathenau am 1. April 1915 die Leitung der Kriegsrohstoffabteilung an Major Koeth, eine Vertrauensperson der monopolistischen Großbourgeoisie, abgab. Die wichtigsten Positionen dieser Abteilung, die Leitung der Sektionen und Referate, lagen nach wie vor in den Händen der Finanzgewaltigen der Elektro-, Eisen- und Stahl- und chemischen Industrie. Vielmehr war die Neubesetzung der Leitung dieser Abteilung mit einem „unparteiischen Militär", d. h. nicht industriebranchemäßig gebundenen „Fachmann", ein militärisches Aushängeschild. Mit dem konnten die zunehmenden Eingriffe der Kriegsrohstoffabteilung in die kleinen und mittleren Unternehmen zugunsten der monopolistischen Großbourgeoisie und die offene Bevorzugung der großen Konzerne, die in den nichtmonopolistischen Kreisen der Bourgeoisie und im Kleinbürgertum so viel Ärgernis hervorgerufen hatte, etwas verdeckt und die wachsende Unzufriedenheit der Kleinbourgeoisie radikaler, militärisch-bürokratisch überwunden werden.

[1] Vgl. *Demeter*, Die Kriegsmetall AG, Inventar des Reichsarchivs, Serie II, Heft 4, S. 5.
[2] *Liebknecht*, a. a. O., S. 378.
[3] Anm. Der Einzug der Finanzoligarchie in die KRA vollzog sich in dem Maße wie die Abteilung anwuchs, und war Ende 1916 im wesentlichen abgeschlossen.

Die schon gewaltige Macht des deutschen Monopolkapitals wurde im Kriege dadurch noch besonders gestärkt, daß es sowohl die Kriegsrohstoffgesellschaften beherrschte und damit ein monopolistisches Verfügungsrecht über die Rohstoffe innehatte, als auch die Kriegsrohstoffabteilung des KM, die eine militärische Behörde war. Somit war es den einzelnen Gruppen der Finanzoligarchie möglich, auf die gesamte Produktion innerhalb ihres Industriezweiges Einfluß zu nehmen, ja sogar in einzelne Betriebe einzugreifen, ohne daß diese es hindern oder sich auch nur wirksam beschweren konnten; jeglicher Verwaltungsrechtsschutz war aufgehoben, weil mit der Erklärung des Kriegszustandes am 31. Juli 1914 die vollziehende Gewalt auf die Militärbefehlshaber übergegangen war.[1] Die militärischen Behörden, also auch die KRA, hatten nunmehr allein die Exekutiv-Gewalt inne. Die Kriegsrohstoffabteilung als junge Behörde war eben als Kriegsbehörde auch den alten Reichsbehörden überlegen, wie durch die folgende Anweisung des Leiters der KRA, Oberstltn. Koeth, an die Referenten, darunter Schmitz IG Farben; Fischer Diskonto-Gesellschaft; v. d. Porten Metallgesellschaft Frkf./M, unterstrichen wird: „Bei Sitzungen in den Reichsämtern Entgegenkommen zeigen, jedoch sich gegen Eingriffe in die Rechte der Kriegsbewirtschaftung energisch verwahren!“[2] Selbst *Goebel* gibt zu, daß „die sachlich-fachliche Entscheidungsgewalt, Selbständigkeit und Machtfülle der einzelnen Fachreferenten der KRA ungleich größer war, als sie im normalen Behördenaufbau zu sein pflegt.“[3] Sehen wir uns doch daraufhin einmal an, welch wichtigen Positionen die Vertreter der Finanzoligarchie in der Zentralstelle der deutschen Kriegswirtschaft besetzt hatten: Bekanntlich war ja während des Krieges Helfferich — der ehemalige Direktor der Deutschen Bank und Direktor der Anatolischen Eisenbahngesellschaft — Staatssekretär des Reichsschatzamtes und dann Stellvertreter des Reichskanzlers. Er hat erwirkt, daß die Großbanken ab 1916 nur noch allein den Handel mit ausländischen Zahlungsmitteln betreiben durften.[4] Er hat auch seine ganze Person in die Waagschale geworfen, um den erzielten Maximalprofit der Großbourgeoisie vor einer Sonderbesteuerung zu bewahren.

Helfferich erklärte am 28. August 1915 diesbezüglich vor dem Reichstag:

„Die Kriegsgewinnsteuer, über die bei der Zusammenkunft der Finanzminister am 10. September in Berlin ein grundsätzliches Einverständnis erzielt wurde, ist zu einer Gesetzesvorlage noch nicht reif ... Vorläufig bleibt nur der Weg, die endgültige Regelung der Kriegskosten auf den Friedensschluß und die Zeit nach dem Kriege aufzuschieben. Wenn

[1] Vgl. Reichswirtschaftsgericht, Nr. 1.

[2] KEZ, Nr. 1, Bd. 2, Dienstanweisung der KRA vom 6. August 1918. *Koeth* erklärte ferner: „Äußerungen an Abgeordnete über Wirtschaftsfragen innerhalb der KRA sind möglichst vorsichtig und nicht zu optimistisch zu wählen, da diese Herren davon in öffentlichen Reden Gebrauch machen.

Die Führer der Schreier gegen die Zwangsbewirtschaftung sollen zur Besprechung eingeladen werden, damit ihnen die Vorteile der Bewirtschaftung mehr vor Augen geführt werden.“ Ebenda.

[3] *Goebel*, a. a. O., S. 187.

[4] Vgl. RGB 1916, S. 49.

Gott uns den Sieg verleiht, dann dürfen wir beim Friedensschluß die Kostenfrage nicht vergessen."[1]

Und wie wollte er die „Kostenfrage" lösen? „Das Bleigewicht der Milliarden müssen dann die Anstifter des Krieges (hiermit meint Helfferich natürlich nicht Deutschland, sondern Frankreich und Rußland, d. V.) durch die Jahrzehnte schleppen."[2]

Die deutsche Bourgeoisie sollte also während des ganzen Krieges die kolossalen Gewinne uneingeschränkt einkassieren. Weil die Werktätigen immer hartnäckiger die Forderung nach Besteuerung der Kriegsgewinne erhoben, kam es dann schließlich am 21. Juni 1916 doch zu einem Gesetz über die Kriegssteuer, das aber entsprechend dem Wunsch der Finanzoligarchie mild ausfiel.[3]

In der Zentralstelle der deutschen Kriegswirtschaft saßen:

1. *Walter Rathenau*,	Leiter der KRA (bis 1. April 1915), dann Kommissar des KM bei der Kriegsmetall AG. Aufsichtsratsvorsitzender im *AEG-Konzern.*
2. Prof. *Klingenberg*,	stellvertretender Leiter der KRA (bis 1915), dann: Leiter der Elektrizitätswirtschaftsstelle der KRA (zuständig für die gesamte Energieversorgung). Aufsichtsratsmitglied und Direktor *AEG.*
3. *Burgers*,	Hauptmann, Leiter der Sektion Eisen der KRA und Beauftragter des KM für die Kalkindustrie. Generaldirektor der *Gelsenkirchener Bergwerks AG.*
4. Dr. *Fischer*,	Rittmeister, Leiter der Eisenauslandsstelle (Transportbüro in Düsseldorf), Kommissar des KM bei der Eisenzentrale, Direktor der *Diskontogesellschaft*, Berlin, Vorstandsmitglied des Schaffhausener Bankvereins, Aufsichtsratsmitglied der Gelsenkirchener Bergwerks AG.
5. v. d. *Porten*,	Leiter der Metallmeldestelle der KRA, Leiter des Zuweisungsamtes für Metalle (Nichteisen), Leiter der Kautschukmeldestelle, Kommissar des KM bei der Kriegsmetall AG, Generaldirektor der Otavi-Gesellschaft des Konzerns *Metallgesellschaft* Frankfurt. Nach dem Kriege: Generaldirektor der Vereinigten Aluminium-Werke, Aufsichtsrat in ~ 50 bedeutenden Unternehmen.
6. *Florian Klöckner*,	Hauptmann, Beauftragter des KM beim Deutschen Stahlbund und beim Roheisenverband und Mitinhaber der *Klöckner*-Werke, *Konzern.*
7. Dr. *Heymann*,	Leitender Geschäftsführer der Rohstoff- und Maschinenverteilungsstelle des Kriegsamtes des KM (Rohma).[4] Direktor der Industrie AG, Berlin.

[1] *Knauss*, Die deutsche, englische und französische Kriegsfinanzierung, Berlin 1923, S. 97/98. Vgl. Gesetz vom 21. Juni 1916, RGB 1916, S. 561ff.

[2] *Knauss*, ebenda.

[3] Vgl. RGB 1916, S. 561ff.

[4] Anm. Der Rohma unterstand die Ausnutzung der nicht in Betrieb genommenen französischen Unternehmungen und die Verteilung der im französisch und belgisch besetzten Gebiet beschlagnahmten Metalle und demontierten Maschinen.

8. *R. Merton.* Verantwortlicher Mitarbeiter im Kriegsamt des KM, Leiter des Konzerns: *Metallgesellschaft* und Metallbank, Frankfurt/Main.

9. *H. Schmitz,* Leutnant, Leiter der Sektion Chemie, Kommissar bei der KCA, 1917/18 Beirat des Reichsschatzamtes, Vorstandsmitglied der Metallgesellschaft, Frankfurt. Nach dem Kriege Direktor der *Deutschen Bank*, Leiter des IG Farbentrusts.[1]

Außerdem hatte sich die Finanzoligarchie noch ein Sondergremium in der Kriegsrohstoffabteilung des KM geschaffen, den „Industriellen Beirat", der „ehrenamtlich in einem besonders engen Vertrauensverhältnis zur KRA stand"[2], zu allen prinzipiellen Fragen herangezogen wurde und der bei den Entscheidungen das entscheidende Wort sprach. Diesem „Beirat" gehörten die namhaftesten Vertreter des aggressiven deutschen Imperialismus an, Gerwin, Klöckner, Kirdorf, Reusch, Röchling, Stinnes, Thyssen und Dr. Braun von der Krupp AG.[3]

Auch in anderen staatlichen Organen der Kriegswirtschaft finden wir bekannte Finanz- und Rüstungsgewaltige wie:

v. Borsig, als Verwaltungschef beim Generalgouverneur in Belgien, *Röchling*, als Beauftragter des KM für das Gebiet Gent, ferner *M. Warburg*, als Beirat des Kriegsernährungsamtes, derzeitig Privatbankier, Mitglied im Generalrat der Reichsbank sowie Aufsichtsratsmitglied in 40 bedeutenden Unternehmungen.[4]

Die Kriegsrohstoffabteilung wuchs natürlich erst im Verlaufe des Krieges zu einer solchen bedeutenden Abteilung heran, die die Zentralstelle der ganzen Kriegswirtschaft wurde, in dem Maße, wie die Kriegsführung immer größere Anforderungen an die Industrie stellte und die Sicherstellung des Heeresbedarfs eine Bewirtschaftung der wachsenden Zahl immer knapper werdender Rohstoffe erforderlich machte.

Wurden zu Beginn des Krieges erst einige Rohstoffe von der KRA beschlagnahmt und ihre Verwendung nur für Kriegslieferungen — bei Metallen gegen Belegscheine[5] — erlaubt, so wuchs die Zahl der bewirtschafteten Rohstoffe schnell an. Diese Beschlagnahme bedeutete zunächst nicht immer, daß die Waren (Rohstoffe) etwa Staatseigentum wurden — was aber ab 1916 zumeist der Fall war — sondern, daß ihnen zunächst nur eine staatlich festgesetzte Beschränkung anhaftete. Sie durften nur für Kriegszwecke verarbeitet werden.[6] Wo also die Rohstoffe der Fabrikanten beschlagnahmt worden waren, mußten sie, um weiterproduzieren zu können, ihre Produktion auf Kriegsmaterial umstellen. So bewirkte

[1] Anm. Zusammenstellung erfolgte nur, soweit es aus den benutzten Akten der Kriegsgesellschaften ersichtlich war. Die Posten der Finanzmagnaten wurden verglichen im: Reichshandbuch der Deutschen Gesellschaft, Berlin 1930, 2 Bände.

[2] Vgl. KEZ Nr. 9, Bd. 1. Anm. In der Nazizeit war es der „Rüstungs-Beirat".

[3] Ebenda.

[4] Vgl. Reichshandbuch der Deutschen Gesellschaft, a. a. O., S. 1986.

[5] Anm. Zahlreiche Belegscheine wurden zur gesetzwidrigen Entnahme von Sparmetallen verwendet oder zu unerhörten Schiebungen benutzt. Vgl. Akte KMA, Nr. 79.

[6] Anm. Die Beschlagnahme arbeitete bis 1916 mit Mitteln, „wie sie ähnlich dem freien Verkehr in der Kartellpraxis schon lange geläufig" waren. Vgl. Lehmann, Die Kriegsbeschlagnahme als Mittel der Organisation der Rohstoff- und Lebensmittelversorgung, Jena 1916, S. 110.

Kohlen, und die Transportmittel und sicherte ihre Verwendung für die Kriegsmaterial produzierende Großindustrie, insbesondere für die mächtigen Konzerne.

Der Rohstoffbedarf wurde gesichert durch:

a) Beschlagnahme der bei Produzenten und Händlern in Deutschland lagernden Rohstoffvorräte durch die KRA.

b) Raub der Vorräte aus den besetzten Gebieten im Osten und Westen und Verteilung derselben an die Kriegsindustrie durch die Kriegsrohstoffgesellschaften.

c) Einfuhr aus dem Ausland, vor allem aus den neutralen Ländern, wie Schweiz, Norwegen und Schweden.

d) Entwicklung neuer Rohstoff- und Ersatzstoffindustrien (Stickstoff, Aluminium, Stapelfaser u. a.).

3. Die Arbeitskräfte wurden militarisiert, d. h. die Arbeiter wurden entweder zum Heer einberufen oder zur Versorgung des Heeres herangezogen. Sie wurden hierbei ihrer Koalitionsrechte und Freizügigkeit beraubt, weitgehend der militärischen Disziplin unterworfen, der maximalen Ausbeutung durch die Kapitalisten preisgegeben. Ihre Lage war somit der der Soldaten an der Front ähnlich, auch insofern, als ihr Leben und ihre Gesundheit durch Explosionen, zunehmende Unfälle von außen und Hunger von innen täglich, ja stündlich ernsthaft bedroht war. Eine Folge war die ungeheure Zuspitzung des Widerspruchs zwischen Kapital und Arbeit und das Herannahen einer revolutionären Krise.

4. Die Struktur der Industrie wurde entscheidend verändert und ihre Konzentration ungeheuer gefördert.

Die vorhandenen Produktionskapazitäten der Großbetriebe wurden auf den Kriegsbedarf umgestellt und unter Ausnutzung des Staatsapparates erweitert. Neue große Produktionskapazitäten wurden nur für die Herstellung von Kriegsmaterial errichtet, die in der Hauptsache aus Staatsmitteln, d. h. auf Kosten der Werktätigen, finanziert wurden. Die Produktionsbetriebe der kleineren Bourgeois, deren Waren im Frieden der Deckung des Zivilbedarfs gedient hatten, wurden mit behördlicher Unterstützung stillgelegt.

So wurden z. B. ab 1916/17 stillgelegt:

in der Seifenfabrikation 856 Betriebe,
von 1500 Schuhfabriken 1100 Betriebe,
von 500 Kaffee-Gerste-Körnerröstereien 450 Betriebe[1],
von 284 Wolldeckenherstellungsbetrieben 183 Betriebe[2],
von 10 Mill. Spindeln in der Baumwollindustrie 6,5 Millionen.[3]

Für die Förderung der Konzentration in der Produktion ist ein junger, durch den Krieg schnell entwickelter Industriezweig, die Flugzeugindustrie, Beispiel.

[1] Reichswirtschaftsministerium, Deutsches Zentralarchiv, Potsdam, Nr. 979 und 4384.
[2] Kriegsdeckenverband, Nr. 28.
[3] Kriegsausschuß der Baumwollindustrie Nr. 131.

Im Juni 1914 bestanden erst:

17 Flugzeugwerke mit insgesamt 3,2 Mill. Mk Aktienkapital.

Im März 1918 gab es bereits:

30 Flugzeugwerke mit insgesamt 36 Mill. Mk Aktienkapital,

die über 23000 Arbeitskräfte verfügten. Es waren ferner noch 3 Flugzeugproduktionsstätten als Abteilungen größerer Werke gegründet worden:

bei der AEG in Johannisthal, die außerdem noch zwei von den 30 Flugzeugwerken beherrschte,

bei der Gothaer- und ferner bei der Hannoverschen Waggon-Fabrik.

Die Zahl der Betriebe hatte sich während des Krieges fast verdoppelt, das Aktienkapital sogar verzehnfacht.[1]

Die Produktion von Gegenständen für den Kriegsbedarf war maximal erweitert, die Arbeitskräfte wurden maximal ausgebeutet[2], denn auf der Grundlage des Gesetzes vom 4. August 1914 waren die Bestimmungen der Gewerbeordnung über Pausen, Arbeitsdauer, Nacht- und Frauenarbeit etc. aufgehoben. Die Produktion für den zivilen Bedarf und besonders die Belieferung der Bevölkerung mit Massenbedarfsartikeln war maximal eingeschränkt. Die Wirtschaft wurde also im Verlauf des Krieges vollständig militarisiert. Eine militarisierte Wirtschaft, das bedeutet vor allem, daß das fungierende industrielle Kapital in der Hauptsache nicht für den zivilen Markt, sondern für den Markt der mit Maximalprofiten verbundenen Rüstungsaufträge arbeitet.[3]

Diese völlige Militarisierung der Volkswirtschaft, im folgenden, wie auch bereits vorher, als Kriegswirtschaft bezeichnet, die eben dadurch gekennzeichnet ist, daß der Staat (KM und KRA) als Instrument der Finanzoligarchie einen unmittelbaren Einfluß auf die gesamte Volkswirtschaft erlangte, wurde von einer Reihe Bürgerlicher als „Planwirtschaft"[4] und besonders von den rechten SPD-Führern sogar als „Staatssozialismus" oder „Kriegssozialismus"[5] verherrlicht.

Schauen wir uns gleich einmal diese „Kriegssozialisten" — zu denen auch der „Liberale" Theodor Heuß gehört, der ohne jeden Beweis behauptet, daß der vom Staate befohlene „Kriegssozialismus" vom Volke gewünscht wurde[6], — näher an. Einer von ihnen, der Rechts„sozialist" Lensch, schrieb während des ersten Weltkrieges:

[1] Zusammengestellt auf Grund der Berichte, Deutsches Zentralarchiv, Abt. I, Potsdam, Nichtstaatliches Archiv, Kriegsverband d. deutschen Flugzeugindustrie.

[2] Anm. Die maximale Ausbeutung der Arbeitskraft in einem fortgeschrittenen industriellen Land wie Deutschland war eben nur bei einer solchen vollständigen Militarisierung der Wirtschaft möglich.

[3] Vgl. *Lenin*, Werke, Bd. 2, S. 107.

[4] Vgl. oben S. (Fahne 6 unten!)

[5] Vgl. z. B. H. Pens u. E. Fischer, Sozialistische Monatshefte, 23. Jahrg., 47. Bd., 1917, S. 190/91.

[6] Vgl. *Theodor Heuß*, a. a. O., S. 39.

„So erheben sich auch jetzt die erregtesten Stimmen gegen die Sozialisierung unseres Wirtschaftslebens, in der wir mit drin stehen."[1] Und „der Staat hat einen Sozialisierungsprozeß und die Sozialdemokratie einen Nationalisierungsprozeß durchgemacht."[2]

Diese Sorte „nationalisierter Kriegssozialisten" — ebenso wie später die kriegerischen „Nationalsozialisten", die bereits im ersten Weltkrieg eine „konstruktive Fundamentierung einer sozialistischen Wirtschaft" erblickten[3], lebten schon in einem „Zeitalter des Kriegssozialismus"[4]; denn, und diese Begründung von Lensch muß auch als Begründung seiner eben zitierten Auffassung angesehen werden, so führt er in einer anderen Schrift aus:

„Während der Kapitalismus auf den Schlachtfeldern sich ausrast, bereitet sich der Sozialismus auf verschwiegenen Pfaden im Innern als organisierendes Prinzip des Wirtschaftslebens den Weg."[5]

Diese Sozialchauvinisten, diese Liebediener der Bourgeoisie, wie Heuß, Lensch, Scheidemann u. Co. feierten in der Heimat den „Kriegssozialismus" und empfahlen den Landsern, „im Frontdreck auszuharren"; denn je länger der Krieg dauerte, um so mehr tobte sich — nach Lensch — der Kapitalismus aus und bereitete „sich der Sozialismus auf verschwiegenen Pfaden im Innern als organisierendes Prinzip des Wirtschaftslebens den Weg". Die Geschichte hat bereits die Phrasen dieser Leute Lügen gestraft, ihre Methoden, mit denen sie die Werktätigen betrogen, die sind jedoch aktuell. Sie werden heute noch im Westen unserer Heimat praktiziert.

Die große Aufgabe der Rohstoffbewirtschaftung löste nun die KRA und die in ihr vertretenen Finanzgewaltigen, indem sie den kaufmännischen Teil der sich hieraus ergebenden Aufgaben ihren „Kollegen", den Finanzgewaltigen der einzelnen Industriegruppen übertrugen, die sich aus diesem Grunde hierfür neue Organisationen schufen, die Kriegsrohstoffgesellschaften. Sie wurden zumeist als Aktiengesellschaften oder GmbH gebildet, jedoch ist nicht der Name, sondern die Satzung bestimmend, die sie eben als Kriegsgesellschaften kennzeichnet. Sie tragen gegenüber den Kapitalgesellschaften der Friedenszeit einige Besonderheiten, die auch entsprechend im Gesellschaftsvertrag (Satzung) verankert waren. Legen wir hier den Gesellschaftsvertrag der Kriegsmetall AG zugrunde[6], der auch für alle anderen Kriegsrohstoffgesellschaften Vorbild war, so zeigt sich: Die erste Besonderheit besteht darin, wie es im § 2 heißt: „Der Betrieb der Gesellschaft ist nicht auf Erwerb gerichtet: die Gesellschaft verfolgt vielmehr ausschließlich

[1] *Lensch*, Drei Jahre Weltrevolution, Berlin 1918 (V. Auflage), S. 206.

[2] *Lensch*, a. a. O., S. 211, Anm. Lensch selbst machte in dieser Zeit einen Umwandlungsprozeß durch, vom Chefredakteur der Leipziger Volkszeitung zum Chefredakteur der Deutschen Allgemeinen Zeitung. Stinnes hat also seine Durchhaltepredigten gebührend belohnt. Vgl. Deutsche Allgemeine Zeitung v. 18. November 1926.

[3] *Kügelgen*, Kriegswirtschaft und Sozialismus, Diss. Heidelberg 1935.

[4] *Lensch*, a. a. O., S. 207.

[5] *Lensch*, Die Sozialdemokratie, ihre Ende und ihr Glück, Leipzig 1916, S. 194.

[6] KMA, Nr. 4, Bd. 3, Anm. Diese Satzung wurde nur mit geringfügigen Änderungen von allen Kriegsrohstoffgesellschaften übernommen.

gemeinnützige Zwecke.“ Es klingt doch erstaunlich, daß die Rüstungsmagnaten Gesellschaften gründeten und diesen beitraten, die nicht auf Gewinnerzielung ausgerichtet waren, die ihnen höchstens und auch nicht immer, eine $5^0/_0$ige Verzinsung ihres eingezahlten Geschäftskapitals brachten. Aber das ist gerade das Entscheidende, daß zwar die Kriegsgesellschaften als privatrechtliche monopolistische Organisationen keinen Gewinn machen wollten — ein etwaiger Gewinn wäre auch ans Reich abzuführen — und keinen machten, aber die daran beteiligten Finanzgewaltigen mit Hilfe und unter Ausnutzung dieser „gemeinnützigen“ Kriegsgesellschaften ihren eigenen kapitalistischen Unternehmungen Riesengewinne sicherten. Wie und in welchen Formen das geschah, werden wir später untersuchen.[1]

Die zweite Besonderheit lag darin, daß laut § 9 zu allen Sitzungen des Aufsichtsrates oder seiner Kommissionen eine vom Kriegsministerium zu bezeichnende Persönlichkeit einzuladen war. Die Praxis gestaltete sich nun so, daß das KM (später auch Reichsschatzamt), eine oder mehrere Personen als ständige Kommissare bestellte, und das waren die Fachreferenten der Kriegsrohstoffabteilung, Vertreter der Konzerne der entsprechenden Industriezweige. Die einzelnen Gruppen des Monopolkapitals beherrschten somit also zugleich das jeweils für ihren Industriezweig zuständige Fachreferat der KRA (den Staat) und die Kriegsrohstoffgesellschaften.

Es handelte sich hierbei angeblich um eine Kontrolle und Beaufsichtigung der Kriegsgesellschaften durch die KRA, bei der ja aber die entscheidenden Posten in beiden Organen in den Händen der gleichen Gruppen der Finanzoligarchie lagen.

So z. B. war Peierls, AEG, Aufsichtsratsvorsitzender der Kriegsmetall AG, deren Kommissare waren Rathenau, AEG, v. d. Porten von der Metallgesellschaft Frankfurt und Tröger, Leiter der Sektion Metalle der KRA. Aber diese „Kontrolle“, diese behördliche Stellung dieser Leute und ihre Macht richtete sich sehr wirksam gegen Außenstehende, Nichtaktionäre und *die* Teile der Bourgeoisie, die die Beschlagnahme der Rohstoffe für die Konzerne nicht einfach hinnahmen und versuchten, durch Umgehung der vielen Bestimmungen auch einen Anteil am Milliardensegen zu haben. Diese „Umgehungen“, die „trotz im ganzen vorhandener Einfügungswilligkeit der deutschen Unternehmerschicht ... zahlreiche typische Fälle“[2] darstellen, zeigen doch, daß das rücksichtslose Streben der Monopolkapitalisten nach Maximalprofit den bisher in den anderen Teilen des deutschen Unternehmertums vorhandenen, durch den preußischen Militarismus erzeugten Unterordnungsgeist im breiteren Rahmen während des ersten Weltkrieges sprengte.

Diese Interessengemeinschaft Kriegsrohstoffgesellschaften — Kriegsrohstoffabteilung, diese Personalunion so herauszustellen, ist deshalb wichtig, weil in den Publikationen dieser Organe selbst, wie überhaupt in der ganzen bürgerlichen Literatur[3], diese „Kontrolle“ der Kriegsrohstoffgesellschaften durch die Kommis-

[1] Siehe unten S. 75, 95ff.
[2] *Goebel*, a. a. O., S. 182.
[3] Siehe oben S. 11.

sare der KRA immer wieder benutzt wurde, um den Werktätigen weiszumachen, daß erstens die Kriegsrohstoffabteilung wie der ganze Staat, eine „überparteiliche", eine die Interessen aller Bürger gleich wahrnehmende Einrichtung sei, und zweitens, daß die Kommissare die „anfängliche" Bevorzugung der Aktionäre durch die Kriegsgesellschaften bald beseitigt bzw. überhaupt verhindert hätten. Hierzu schreibt *Goebel:*

„Die Gesellschaften betonten ihren Charakter als gemeinnützige, da der Gewinn beschränkt war und sie sich dem Einspruchsrecht behördlicher Kommissare unterwarfen, im übrigen aber waren sie anfangs durchaus auf die Wahrnehmung der Interessen ihrer Aktionäre eingestellt." [1]

Also selbst *Goebel,* der die Gemeinnützigkeit so betont, gibt zu, daß die Kriegsrohstoffgesellschaften anfänglich die Interessen ihrer Aktionäre wahrnahmen, was jedoch die Kommissare dann beseitigt hätten.

Und *Wiedenfeld* sagt hierzu:

„Und was den Gesellschaftsorganen an selbständiger Tätigkeit geblieben ist, beschränkt sich seit langem auf die technisch-kaufmännische Durchführung der von den Staatsbehörden grundsätzlich geregelten Einzelaufgaben." [2]

Dieses Gerede von der Beaufsichtigung und Kontrolle, das nichts anderes als einen plumpen Volksbetrug darstellt, und darüber hinwegtäuschen soll, daß die Monopolherren die staatlichen Organe der Kriegswirtschaft sowie die Kriegsgesellschaften unmittelbar beherrschten, wird bei der Darstellung der einzelnen Gesellschaften von selbst seines lügnerischen Inhalts überführt werden.

Die dritte Besonderheit lag darin, daß die Vorstände und Aufsichtsräte der Kriegsrohstoffgesellschaften laut Satzung (§ 6 und 12) ihre Tätigkeit ehrenamtlich ausübten. Hieraus ergibt sich, daß nur die größten Aktionäre ihre Vertreter in den Aufsichtsrat schicken oder für den Vorstand zur Verfügung stellen konnten; denn der aus dieser Tätigkeit sich ergebende häufige Aufenthalt der Aufsichtsratsmitglieder und der ständige der Vorstandsmitglieder in Berlin [3] mußten von den Aktionären (Betrieben) finanziert werden. Tatsächlich war es auch so, daß die Riesenkonzerne und Großbetriebe die Aufsichtsräte und Vorstände beherrschten. Betrachten wir daraufhin nur erst die Leitung der Aufsichtsräte:

[1] *Goebel,* a. a. O., S. 110.

[2] *Wiedenfeld,* a. a. O., S. 29, Anm. Wiedenfeld ist ein bewußter Apologet des Monopolkapitals, er behauptet auch, „daß grundsätzlich jedem Gewerbezugehörigen das Recht des Beitritts offengehalten ist". Das ist in zweifacher Hinsicht unrichtig. Einmal sahen die Gesellschaftsverträge diese Möglichkeit gar nicht vor, also ein Recht war formal nicht vorhanden. Und faktisch war es so, daß die großen Konzerne die Kriegsrohstoffgesellschaften, auf Anregung der KRA, unter sich gründeten und zur Gründungsversammlung nur ein bestimmter Kreis eingeladen wurde.

[3] Der Sitz der Gesellschaften war bis auf den der Vereinigung des Wollhandels stets Berlin.

Name der Gesellschaft:	Aufsichtsratsvorsitzende:
Kriegsmetall AG	Peierls (AEG); stellvertretender Vorsitzender Hirsch, Hirsch-Konzern, Aufsichtsratsmitglied, Deutsche Bank und Diskontogesellschaft.
Kriegschemikalien AG	Dr. Aufschläger, Generaldirektor der Deutschen Sprengstoff AG, Hamburg.
Manganerz GmbH	Reusch, Generaldirektor, Gutehoffnungshütte.
Kriegsleder AG	Staatsminister v. Möller, Fa. Möller, Brackwede, Westfalen.[1] Stellvertreter Urbig, Geschäftsinhaber der Diskontogesellschaft, Berlin.
Eisenzentrale GmbH	Dr. Fischer (KRA) Diskontogesellschaft, Aufsichtsrat Gelsenkirchener Bergwerks AG.
Kriegsgarn- und Tuchverband,	Fr. Rechberg, Tuchfabrikant, Aufsichtsrat des Deutschen Kalisyndikats.[2]

Die Aufsichtsratsmitglieder und die Direktoren der Kriegsgesellschaften, die alle von ihren Großunternehmen finanziert wurden, nahmen es als ihr Recht in Anspruch, daß sie ihren Werken dafür Vorteile, wie z. B. größere Rohstoffmengen etc., zukommen ließen.

Die vierte Besonderheit ergab sich aus ihrem Charakter als Kriegsgesellschaft. Sie lag darin, daß — wie es im § 21 zum Ausdruck gebracht ist — die Gesellschaften, falls nicht ihre frühere Auflösung durch eine Generalversammlung beschlossen wurde, spätestens ein Jahr nach dem Friedensschluß, der den Krieg beendigte, in Liquidation traten.

Und die fünfte und letzte Besonderheit, die sich aber nicht unmittelbar aus dem Gesellschaftsvertrag ergibt, aber deswegen keineswegs geringer ist, war die, daß alle Kriegsrohstoffgesellschaften durch die Initiative oder auf Anregung der staatlichen Behörden und mit deren ausdrücklicher Zustimmung gegründet wurden. Einmal wurde dadurch die Monopolstellung jeder Gesellschaft gesichert und zum anderen trug der Fiskus das Risiko der Geschäfte, z. T. war er auch Mitaktionär.

Diese Besonderheiten weisen die Kriegsrohstoffgesellschaften, wie ihr Name auch im einzelnen immer war, alle auf. Verschaffen wir uns, nachdem wir die Besonderheiten dieser Gesellschaften, damit zugleich ihr Gemeinsames, herausgestellt haben, einen kurzen Überblick über alle Kriegsrohstoffgesellschaften. Der Kriegsrohstoffabteilung unterstanden am 1. 1. 1918 die folgenden:[3]

[1] v. Möller war auch bei den Flugzeugwerken Richard Götze, Berlin (Gesellschaftskapital 480000 Mk) als Kommanditist mit 160000 Mk beteiligt. Vgl. Deutsches Zentralarchiv, Nichtstaatl. Archiv, Kriegsverband der deutschen Flugzeugindustrie.

[2] Zusammengestellt an Hand der Akten der einzelnen Kriegsrohstoffgesellschaften.

[3] Laut „Verzeichnis der Kriegsorganisation", 4. Ausgabe, Berlin, Dezember 1917, hrsg. vom Reichsamt des Innern (geordnet nach Industriegruppen, d. V.).

Name der Gesellschaft:	Gesellschaftskapital:	Aufgabe:
Nichteisenmetalle		
Kriegsmetall AG	6 Mill. Mark	Beschaffung, Verteilung und Verwertung der Nichteisenmetalle.
Eisen		
Eisenzentrale	120000,—	Beschaffung und Verteilung von Erzen, Schrott und Ferrosilicium
Manganerz GmbH	200000,—	Beschaffung und Verteilung von Manganerzen.
Braunsteinversorgungs-GmbH	200000,—	Bewirtschaftung des Braunsteins
Chemie		
Kriegschemikalien AG	6 Mill. Mark	Beschaffung, Verwertung und Verteilung der Chemikalien
Protol GmbH	400000,—	Herstellung von Protol
Kriegsschmieröl GmbH	20000,—	Bewirtschaftung von Mineralöl, Erdwachs, Paraffin, Schmieröl
Textilindustrie		
Kriegswollbedarf AG	4,25 Mill. Mark	Bewirtschaftung von Wollen, Wollgarnen, Kunstwolle, Seide
Kammwoll AG	6,25 Mill. Mark	Verteilung von Kammzügen etc. an die Kammgarnspinnerei
Vereinigung des Wollhandels (der KRA angegliedert.)		Beschaffung von Tierhaaren und Filz ab 2. Januar 1915
Kriegsausschuß der deutschen Baumwollindustrie		Bewirtschaftung der Baumwolle und -garne
Baumwoll-Abrechnungsstelle		Bewirtschaftung der beschlagnahmten Rohbaumwolle
Leinengarn-Abrechnungsstelle AG		Bewirtschaftung der beschlagnahmten Leinengarne
Kriegs-Hanf GmbH		Bewirtschaftung von Hanf
Flachsabrechnungsstelle		Bewirtschaftung von Flachs
Kriegs-Woilach-Verband e. V.		Bewirtschaftung von Kriegswoilach
Jute Kriegsausschuß		Rohstoffversorgung und Auftragserteilung an Industrie
Kriegshadern AG		Bewirtschaftung von Lumpen und sonstigen Textilabfällen
Verband Deutscher Putzwollfabrikanten e. V.		Zuteilung der Rohstoffe und Verteilung der Staatsaufträge an Mitglieder
Kriegsausschuß für Textilersatzstoffe		Sicherstellung des Heeresbedarfs an Faserstoffen
Papier, Holz		
Kriegsverwertungsstelle für das Papierfach GmbH		Zuleitung des Altpapiers an die Heeresverwaltung und Verteilung an Industrie
Deutsche Holzvertrieb AG		Vertrieb der vom KM überwiesenen Hölzer

Name der Gesellschaft:	Gesellschaftskapital:	Aufgabe:
Papierholzbeschaffungsstelle GmbH (Reichsstelle für Papierholz GmbH)	1 Mill. Mark	Beschaffung und Verwertung von Papierholz für die im Papiermacher-Kriegsausschuß vertretene Industrie
Kriegswirtschaftsstelle für das Deutsche Zeitungsgewerbe GmbH	20000,—	Beschaffung und Verteilung von Rohstoffen
Leder		
Kriegsleder AG	2 Mill. Mark	Bewirtschaftung der Rohmaterialien der Lederindustrie
Deutsche Rohhaut AG		Sammelstelle des DR für Häute
Kriegsfell AG		Bewirtschaftung der Kanin- und Hasenfelle

Diese Aufstellung zeigt uns, daß die Aufgaben der einzelnen Gesellschaften trotz der Gemeinsamkeit ihres Hauptzweckes, der Rohstoffbewirtschaftung, hinsichtlich ihres Umfangs und Inhalts verschieden waren.

Die Aufstellung zeigt ferner, daß die *meisten* Kriegsrohstoffgesellschaften innerhalb eines Industriezweiges dort bestanden, in dem die Konzentration der Produktion und des Kapitals relativ unentwickelt war, z. B. in der Textilindustrie, und der Vielzahl der Gesellschaften entspricht hier auch der engere Aufgabenkreis der einzelnen. Umgekehrt kann man sagen, in dem Industriezweig, in dem eine hohe Konzentration vorhanden war, bestanden nur wenige bzw. nur *eine* Kriegsrohstoffgesellschaft, deren Tätigkeit umfangreicher war, indem sie allein alle knappen, wichtigen Rohstoffe des Industriezweiges monopolistisch bewirtschaftete. Das war in der Elektro-, Chemie- und Eisenindustrie der Fall.

Die Aufstellung zeigt weiter, daß die Kriegsgesellschaften überhaupt nur in den kriegswichtigen Industriegruppen bestanden, bei denen die Rohstoffbeschaffung und die ausschließliche Zuteilung an die kriegsmaterialproduzierende Großindustrie, ohne Mitwirkung der Kriegsrohstoffabteilung und oft auch staatlicher finanzieller Unterstützung nicht möglich war.

Die mächtigen, bereits vor dem Kriege bestehenden Monopolorganisationen der Eisen- und Stahl- sowie der Kohlenindustrie übernahmen selbst die Funktionen der Kriegsgesellschaften. Daraus ergab sich, daß deren bisherige ökonomische Monopolstellung staatlich autorisiert, somit auch unmittelbar zur politischen, d. h. zum staatskapitalistischen Monopol während des Krieges wurde, wie der Roheisenverband oder das Rheinisch-Westfälische Kohlensyndikat.

Die Aufstellung zeigt schließlich, daß die Tätigkeit aller Kriegsrohstoffgesellschaften der Sicherung des Rohstoffbedarfs der Kriegsmaterial produzierenden Industrie diente.

Auch auf dem Sektor der Versorgung der Bevölkerung waren einige wenige[1] unbedeutendere Kriegsgesellschaften, die Rohstoffe bewirtschafteten, errichtet worden. Sie unterstanden jedoch dem Reichsamt des Innern, wie z. B. die Spiritus-Glühlicht-Kriegsgesellschaft m. b. H., die den Bedarf der Bevölkerung an Klein-

[1] Insgesamt 6. Vgl. Verzeichnis der Kriegsorganisation, a. a. O.

beleuchtungsmitteln als Ersatz für Petroleum sicherstellen sollte. Von größerer Bedeutung war einmal die Kriegswirtschafts AG mit einem Aktienkapital von 16 Mill. Mark, welche die Verwertung der Handelsgüter (nicht Rohstoffe), die mit den Ereignissen des Krieges in den Besitz der Heeresverwaltung oder der Gesellschaft gelangten, vornahm.[1] Zum anderen war es die Zentraleinkaufs GmbH, die am 5. 1. 1915 aus dem, auf Initiative von Ballin bei der Hamburg-Amerika-Linie gegründeten Reichseinkauf, hervorgegangen war. Von ihrem 45 Mill. Mark betragenden Aktienkapital besaßen das Reich und einige Großstädte 40 Mill. Der Rest von 5 Mill. lag in Privathand, nicht etwa des Großhandels, sondern in der von fünf großen Industriekonzernen.[2] Entsprechend waren auch die führenden Vertreter des deutschen Imperialismus im Aufsichtsrat vertreten, wie Emil Kirdorf, Hugo Stinnes, v. Bodenhausen (Krupp AG), ferner v. Holtzendorf und Ballin, beide von der Hamburg-Amerika-Linie.[3]

Diese Kriegsgesellschaften, die der Versorgung der Zivilbevölkerung dienten, unterstanden dem Reichsamt des Innern. Die Kriegsrohstoffgesellschaften, die für die Kriegsindustrie wichtige Rohstoffe bewirtschafteten, unterstanden dagegen der KRA. Es hatten sich somit während des ersten Weltkrieges zwei Spitzenbehörden auf dem Gebiet der Wirtschaft herausgebildet. Vor Kriegsausbruch hatte die ganze Wirtschaft behördenmäßig dem Reichsamt des Innern unterstanden, und formal blieb sie es zunächst auch, aber das Monopolkapital hatte bei Kriegsbeginn mit Gründung der Kriegsrohstoffabteilung den im Krieg entscheidenden Teil der ganzen Wirtschaft — die Rohstoffbewirtschaftung, die Industrie — der Zuständigkeit des Reichsamtes des Innern mit seinen alteingesessenen Bürokraten entrissen und mit ihren Leuten besetzt. Die KRA war nunmehr dem KM unterstellt, die wirtschaftliche Tätigkeit des Reichsamtes des Innern wurde faktisch auf die Deckung des zivilen Bedarfs beschränkt. Dieser Dualismus in der Kriegswirtschaft zwischen der Zivilbehörde und der Militärbehörde ließ zeitweilig heftige Gegensätze aufkommen. Es ist daher verständlich, daß Helfferich am 29. Oktober 1916 folgende Klage erhob:

„Das Hindenburgprogramm war aufgestellt und mit der Industrie größtenteils bereits vereinbart, ohne daß die militärischen Stellen mit mir als dem Chef des wirtschaftlichen Reichsressorts in Verbindung getreten wären.“[4]

Die KRA war aber die faktische Zentralstelle[5] für die industrielle Kriegswirtschaft.

[1] Vgl. *Cron*, Inventare des Reichsarchivs, Serie II, Heft 30. Anm. Die dem Reichsamt des Innern unterstellte Kriegswirtschafts AG ging am 21. Juni 1916 aus der Zentralstelle für Kriegsbeute des KM hervor.

[2] Anm. Krupp AG, Deutsch-Luxemburger Bergwerks AG, Gelsenkirchener Bergwerks AG, Hugo Stinnes GmbH und die Westfälische-Anhaltin. Sprengstoff AG.

[3] Vgl. *Cron*, ebenda, Anm. Ballin war bis zu seinem Tode am 9. November 1918 stellvertretender Aufsichtsratsvorsitzender.

[4] *Helfferich*, a. a. O., S. 283.

[5] Anm. Hieran änderte weder die Bildung eines Reichswirtschaftsamtes und Kriegsernährungsamtes (R. d. I.) etwas, noch die formale Unterstellung der KRA unter das Kriegsamt des KM.

Diese Stellung ergab sich einmal daraus, daß sie seit ihrer Gründung die Zentralstelle der Rohstoffbewirtschaftung war und mit der steigenden Bedeutung der Rohstofffrage für die industrielle Produktion zur faktischen Zentralbehörde der industriellen Kriegswirtschaft wurde.

Diese führende Rolle ergab sich nicht nur aus ihrer Monopolstellung in der Rohstoffverteilung, — wer keinen Rohstoff bekam, konnte nicht weiterproduzieren, da der Krieg den freien Markt aufgehoben hatte — sondern auch daraus, daß die Industrie sich ja einseitig auf die Produktion von Kriegsmaterial[1] ausgerichtet hatte. Die Kriegsrohstoffabteilung hatte sowohl Einfluß auf die Verteilung der Rohstoffe als auch auf die Erteilung der Aufträge. Die einzelnen Gruppen der Finanzoligarchie in der KRA bestimmten — auch durch den technischen Beirat — das Tempo und die Richtung der kapitalistischen Reproduktion ihres ganzen Industriezweiges, und größere Investitionen ließen sie nur in den militärischen Wirtschaftszweigen zu. Angesichts der Besetzung der wichtigsten Positionen in der Kriegsrohstoffabteilung durch die Vertreter der monopolistischen Großbourgeoisie waren für sie die notwendigen Bedingungen zur Erlangung des Maximalprofits gegeben, ein Instrument geschaffen, mit deren Hilfe sie die anderen Kapitalisten kontrollieren und deren Gewinnmöglichkeiten einschränken konnte.

Die Kriegsrohstoffabteilung und ihre einzelnen Abteilungen bzw. Sektionen waren aber hinsichtlich des Rohstoffmonopols nur die Repräsentanten der Finanzoligarchie der einzelnen Industriezweige, die faktische, kaufmännische Handhabung des Rohstoffmonopols lag bei den einzelnen Kriegsrohstoffgesellschaften. Daher waren die Kriegsrohstoffgesellschaften, von denen wir jetzt die wichtigsten behandeln werden, auch die charakteristischen Erscheinungen im Gesamtbild der deutschen Kriegsrohstoffwirtschaft.

B. Die einzelnen Kriegsrohstoffgesellschaften, Organe der jeweilig an ihnen beteiligten Gruppen der Finanzoligarchie zur Erlangung riesiger Kriegsgewinne

1. Die Kriegsmetall AG (KMA), ein Instrument der Elektro- und Metallkonzerne

Die erste große Kriegsrohstoffgesellschaft, die Kriegsmetall AG, wurde auf Initiative Walter Rathenaus gebildet, der am 26. August 1914 auf einer Besprechung im preußischen Kriegsministerium den Konzernherren der Metallindustrie den Vorschlag gemacht hatte, für die Dauer des Krieges eine Gesellschaft zu gründen, die die Bewirtschaftung der bereits knappen Metalle wie Kupfer, Nickel, Aluminium und der etwa später knapp werdenden übernehmen sollte. Nach einzelnen Verhandlungen, an denen besonders der Industrielle Aron Hirsch und die Herren der AEG teilnahmen[2], beriefen die Firmen AEG, Siemens-Schuckert und Aron Hirsch

[1] Anm. 58,3% der Industriearbeiter waren in der Rüstungsproduktion beschäftigt. Vgl. Große Sowjetenzyklopädie, Bd. 8, Die Kriegswirtschaft der kapitalistischen Länder, S. 425.

[2] Die „Hirsch“ Kupfer- u. Messingwerke GmbH sind heute Beteiligungsgesellschaft der AEG. Der Beteiligungsanteil der AEG beträgt 100%. Vgl. Industrie-Kurier, 26. Februar 1955.

AG die Gründungsversammlung der Kriegsmetall AG auf den 2. September 1914 in das Verwaltungsgebäude der AEG.[1]

Der Riesenkonzern der Elektroindustrie, die AEG, ergriff also die Initiative, um alle Großbetriebe, die Nichteisenmetalle verarbeiteten, besonders für die Elektroindustrie Halbfabrikate produziert oder Rohstoffe geliefert hatten, in einer einzigen Gesellschaft zu vereinen. Was war das entscheidende Motiv dieser mit starkem Geschäftsblick durchgeführten Konzentrationsbestrebung? Die Metall verarbeitende Industrie[2] hatte bisher die meisten ihrer Rohstoffe, vor allem auch den Hauptrohstoff Kupfer, fast ausschließlich aus Übersee bezogen. Die Friedenseinfuhr an Kupfer aus Übersee betrug in den letzten Jahren vor dem Kriege jährlich 200000 bis 225000 t[3], die Inlandserzeugung dagegen nur 40000 bis 45000 t[4], davon aus eigenem Erz nur 24000 t. Fiel im Kriege die deutsche Ausfuhr von Kupferfabrikaten in Höhe von jährlich 60000 bis 80000 t[5] auch weg, so blieb doch eine jährliche Fehlmenge unter Zugrundelegung des gleichen Bedarfs bei völliger Unterbrechung der Einfuhr von 130000 t bestehen.

Der Kriegseintritt Englands und die Blockade hatten die weitere Einfuhr auch bald unmöglich gemacht. Daraus ergab sich bei einer längeren Kriegsdauer die Gefahr der Produktionseinschränkung gerade des Wirtschaftszweiges, nämlich der *Nicht*eisenmetall verarbeitenden Industrie, vornehmlich der Elektroindustrie, die als großer Kupferkonsument eine besondere Rohstoffabhängigkeit aufwies und auf Grund ihrer kriegsnotwendigen Produkte[6] riesige Kriegsgewinne in Aussicht hatte.

Und wie war die Lage in der Kupferversorgung zu Beginn des Krieges? Eine Statistik des Kriegsministeriums aus der Friedenszeit wies für den Heeresbedarf einen monatlichen Verbrauch von 6000 t Kupfer auf.[7] Eine Anfrage bei 4000 meldepflichtigen Betrieben ergab statistisch einen Gesamtbestand von 90000 t Kupfer (Reingehalt). Es mußte schon bei diesem Verhältnis, selbst bei Einschränkung des bisherigen Verbrauchs für Privatzwecke, zu einer bald fühlbaren Knappheit an diesem Rohstoff kommen. Der Heeresbedarf an Kupfer stieg jedoch schon im Oktober 1914 auf 30000 t monatlich an, und das zu einem Zeitpunkt, wo die großen amerikanischen Produzenten, wie American Smelting a. Refining Co. für Deutschland keine Verschiffung mehr vornahmen und somit die Möglichkeit, aus Übersee nennenswerte Mengen zu bekommen, völlig schwand.[8] So galt es also, alle Kupfervorräte zu sichern, alle verfügbaren Rohstoffe heranzuholen und ihre Produktion (Mansfeld) soweit wie möglich im Inland zu steigern, um sie vor allem der Elektro-Großindustrie zu reservieren. Der bis dahin noch freie Kupfermarkt schaffte nunmehr bei der

[1] Vgl. Poll, Die Abteilung Bern der Kriegsmetall AG, Inventare des Reichsarchivs Serie II, Heft 2. *Siehe auch Präsenzliste Seite 32.*

[2] Anm. Metalle bezieht sich hier und in der folgenden Darstellung immer auf die *Nicht*eisenmetalle.

[3] Statistisches Jahrbuch f. d. Deutsche Reich, Berlin 1915, S. 236.

[4] Ebenda, S. 118.

[5] Ebenda S. 236/37.

[6] Schon *ein* größeres Kriegsschiff enthält 20000 Elektromotoren.

[7] KMA, Nr. 2056, Bd. 2.

[8] KMA, Nr. 2056, Bd. 2.

Verknappung des Materials Spekulationsmöglichkeiten, was eine Verteuerung und bei Zurückhaltung sogar eine Gefährdung der Produktion bedeutete. Die Kriegsmetall AG sollte auch diese Gefahren beseitigen, die sich doch aus einer unregulierten Metallwirtschaft unter den Bedingungen erhöhter, durch die Anforderungen der Militärbeschaffungsbehörden hervorgerufener Nachfrage ergaben. Das waren also die entscheidenden Motive, die zur Bildung der Kriegsmetall Aktiengesellschaft geführt hatten.

Nicht alle Rüstungsgewaltigen waren ohne weiteres bereit, zwecks Regulierung der Metallwirtschaft der neuen Kriegsgesellschaft beizutreten, aber sie taten es dennoch, wie Walter Rathenau, der Initiator der Rohstoffbewirtschaftung, selbst erklärte:

„Die Metallindustriellen waren einigermaßen willig. Sie fragten zwar: Wozu solle das, eine Aktiengesellschaft, die nichts verdient, was sollen wir damit anfangen? Wir haben bisher unsere Wirtschaft besorgt und können es auch weiter. Dennoch willigten sie ein, vielleicht zum Teil mir zu Gefallen, vielleicht auch, weil sie sich sagten, es ist nicht viel dabei verloren.“[1]

Diese Willigkeit der Industriellen zeigt, daß der Mammutkonzern, die AEG, ein horizontales, vor allem Fertigprodukte produzierendes, monopolistisches Gebilde, sowohl einen großen Einfluß auf die inländische Metallproduktion (Mansfeldsche Kupferschiefer bauende Gewerkschaft) besaß sowie auf die großen international bedeutenden Metallkonzerne wie Aron Hirsch & Sohn und die Metallgesellschaft Frankfurt/Main, die sowohl Handelskonzerne waren als auch Metall verarbeitende Konzerne mit beachtlichen Metallraffinationsanlagen, Walzwerken etc.

Es vereinten sich 22 Großunternehmen[2] in der Kriegsmetall Aktiengesellschaft, die durch die Initiative von Rathenau, AEG-Konzern, am 2. September 1914 mit einem Aktienkapital von 6 Millionen Mark[3], unter dem Vorsitz von Direktor Peierls, AEG, gegründet wurde. Die ökonomisch stärksten Aktionäre waren die *Elektro-Konzerne:*

Allgemeine Elektrizitäts-Gesellschaft
Siemens-Schuckertwerke GmbH

und die drei *Metall-Konzerne*[4]*:*

Metallgesellschaft AG, Frankfurt/M.
Aron Hirsch & Sohn (zugleich Hirsch Kupfer u. Messingwerke)
Beer, Sondheimer & Co.

Die Zahl der Aktionäre wurde im März 1915 um 10 erhöht, bei Beibehaltung des Grundkapitals von 6 Mill. Mk[5], was zu einer Neuverteilung des Aktienkapitals führte.[6] Die Neuverteilung änderte jedoch nichts daran, daß die großen Konzerne die

[1] *W. Rathenau*, a. a. O., S. 30.
[2] Siehe Anlage Nr. 1 (S. 130).
[3] KMA, Nr. 1, Bd. 1.
[4] Die Handelstätigkeit der Konzerne war durch den Krieg eingeschränkt, soweit sie Metalle einführten, unterlagen diese nicht der Höchstpreisverordnung. Ihr Interesse an der Metallverarbeitung wuchs im Kriege noch beträchtlich.
[5] KMA, Nr. 2, Bd. 1 u. Nr. 8, Bd. 1.
[6] Siehe Anlage Nr. 2 (S. 130).

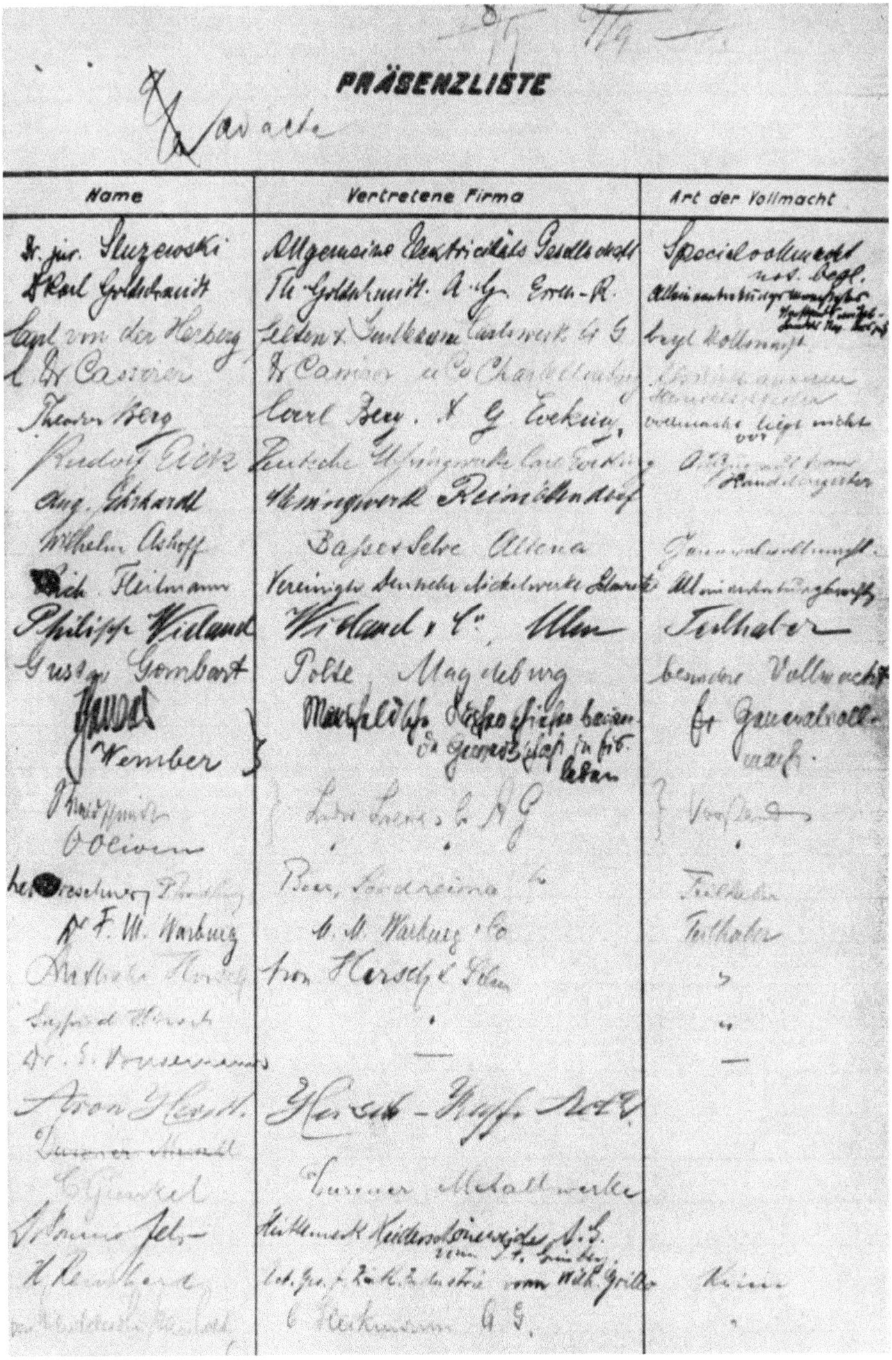

PRÄSENZLISTE

Name	Vertretene Firma	Art der Vollmacht
Dr. jur. Sluzewski	Allgemeine Elektricitäts Gesellschaft	Specialvollmacht
Dr. Karl Goldschmidt	Th. Goldschmidt A.-G. Essen-R.	[illegible]
Carl von der Herberg	Felten & Guilleaume Carlswerk A.G.	begl. Vollmacht
Dr. Cassirer	Dr. Cassirer u. Co Charlottenburg	[illegible]
Theodor Berg	Carl Berg A.G. Eveking	[illegible]
[illegible]	Deutsche Messingwerke Carl Eveking	[illegible]
Aug. Gebhardt	Messingwerk Reinickendorf	[illegible]
Wilhelm [illegible]	Basse & Selve Altena	Generalvollmacht
Rich. Fleitmann	Vereinigte Deutsche Nickelwerke [illegible]	Alleininhaber
Philipp Wieland	Wieland & Co. Ulm	Teilhaber
Gustav [illegible]	Polte Magdeburg	besondere Vollmacht
[illegible] Wember	Mansfeld'sche Kupferschiefer bauende Gewerkschaft zu Eisleben	Generalvollmacht
[illegible] Oliven	Ludw. Loewe & Co. AG	Vorstand
[illegible]	Beer, Sondheimer	Teilhaber
Dr. F. M. Warburg	M. M. Warburg & Co	Teilhaber
[illegible]	[illegible] Hirsch & Sohn	[illegible]
[illegible]	[illegible]	[illegible]
Dr. [illegible]	—	—
Aron Hirsch	Hirsch-Kupfer A.G.	
[illegible]	[illegible] Metallwerke	
[illegible]	Hüttenwerk Niederschöneweide A.G.	
[illegible]	Akt. Ges. f. Zink-Industrie vorm. Wilh. Grillo	[illegible]
[illegible]	[illegible] Heckmann A.G.	

Beilage 1

Name	Vertretene Firma	Art der Vollmacht
Georg Schwarz Rud Euler	Directoren der Metallgesellschaft	Auszug aus dem Handelsregister
[illegible]	—	—
Kupferwerke Deutschland	Bruhn von der [illegible]	
Hüttenwerk [illegible] A.G.	J. F. [illegible]	Handelsregister.
v. Wassermann	Hirsch Kupfer AG	
v. Wassermann	Hüttenwerk Niederschöneweide	
[illegible] ~~[illegible]~~	AEG	
Hugo Natalis	Siemens Schuckertwerke G.m.b.H.	
[illegible]	Bergmann-Elektricitäts-Werke AG	
W. G. Klingenberg	p. K. M.	
Rathenau	K M	
[illegible]	M [illegible]	
Norbert Levy	N Levy [illegible]	Inhaber

Majorität besaßen, weil die neu hinzugetretenen kleineren Werke nur kleine Aktienanteile erhielten, und zum anderen, weil einige im Aktionärsverzeichnis als selbständig aufgeführte Firmen unter dem Einfluß dieser Konzerne standen bzw. direkt zu ihnen gehörten. So z. B. beherrschten Beer & Sondheimer das Hüttenwerk Niederschöneweide AG[1]; Aron Hirsch & Sohn die Firma C. Wilke, Kaiser & Co.; AG.; der AEG-Konzern die Bergmann E-Werke, das Kupferwerk Deutschland[2] sowie die Ludwig Löwe AG.[3] Der Metallgesellschaft Frankfurt gehören die Heddernheimer Kupferwerke AG.[4]

Von den Unternehmen, die neu hinzutraten, waren die bedeutendsten die Mansfeldsche Kupferschiefer bauende Gewerkschaft, die C. Heckmann AG und die Carl Berg AG.

Die weniger bedeutenden Metallindustriellen waren von Rathenau weder zur Gründungsversammlung eingeladen, noch wurden sie später aufgenommen, auch waren einzelne von ihnen zur Zeit der Gründung der Kriegsmetall AG nicht bereit, mit den großen Konzernen, ihren ärgsten Konkurrenten, in eine Gesellschaft einzutreten.

Das zeigt z. B. der Brief der Firma Auerbach, Hamburg, vom 4. September 1914, der zwar an die Kriegsrohstoffabteilung des KM, Walter Rathenau, gerichtet war, aber abschriftlich der Kriegsmetall AG sogleich zugestellt wurde:

„Mein Berliner Vertreter, Herr Emil Wolff, hat auf Veranlassung des Herrn Direktor Peierls vom Metallwerk Oberspree, das bereits von anderer Seite an mich gestellte Ersuchen gerichtet, der letzter Tage dort gegründeten Kriegsmetall AG beizutreten." Ich habe „mich einstweilen ablehnend verhalten. Sie werden es indessen begreiflich finden, daß es mir unmöglich ist, meine Geschäftsgeheimnisse den mit mir konkurrierenden Firmen zu unterbreiten. Die mir täglich von neuem zugehenden Nachrichten würde ich selbstverständlich der Behörde sofort preisgeben, jedoch nicht Firmen, die meine Konkurrenz und die mir — da meine Firma eine der jüngeren im Metallhandel und den anderen Häusern vielfach ungelegen ist — aus begreiflichen Gründen nicht besonders wohlgesinnt sind."[5]

So wie die Konzerne die Majorität des Aktienkapitals und damit auch die Mehrheit der Stimmen hatten, so beherrschten sie auch die Organe der Kriegsmetall AG.

Im Aufsichtsrat saßen:

Peierls, *AEG*, als ständiger *Vorsitzender*
A. Hirsch, als stellvertretender Vorsitzender
und als Mitglieder:
Natalis, Siemens-Schuckert AG
Berliner, Bergmann E-Werke
v. d. Herberg, Felten-Carlswerke AG
Schwarz, Metallgesellschaft
Wreschner, Beer & Sondheimer

[1] Vgl. Betriebsarchiv VEB Berliner Metallhütten- und Halbzeugwerke, A/5/52 und 1/6/53.
[2] Der AEG-Konzern 1931, Berlin 1931.
[3] Die Löwe AG ist heute dem AEG-Konzern völlig einverleibt. Der Beteiligungsanteil der AEG beträgt 100%. Vgl. Industrie Kurier, 25. Februar 1955.
[4] Vgl. Fünfzig Jahre Metallgesellschaft 1881—1931. Frankfurt/Main 1931, S. 227ff.
[5] KMA, Nr. 271.

Fr. Warburg, Bankhaus Hamburg
S. Hirsch, Kupfer- und Messingwerke
und Th. Goldschmidt, Goldschmidt AG Essen.[1]

Ferner kamen noch Rathenau vom AEG-Konzern als Leiter der Kriegsrohstoffabteilung und zugleich als Kommissar der Kriegsmetall AG und im August 1915 noch zwei weitere Kommissare hinzu: Tröger und v. d. Porten, letzterer, der ja auch vom Konzern Metallgesellschaft kam, als ständig bei der Kriegsmetall AG tätiger Kommissar.[2] Dem Aufsichtsrat oblag die Beaufsichtigung des Vorstandes und der Kommissionen der Gesellschaft sowie die „Überwachung der Rohstoffverteilung zur Verhütung von Mißbrauch der Monopolstellung“[3] der Gesellschaft, die Monopolherren beaufsichtigten sich also selbst.

Im Vorstand der Kriegsmetall AG, der die Leitung der Geschäfte innehatte, saßen: Dr. E. Busemann, Metallgesellschaft; S. Hirsch, Hirsch Kupferwerk; Th. Vogelstein, Direktor Flatow, Fa. Orenstein & Koppel — Arthur Koppel AG und später Simon ebenfalls von der Metallgesellschaft. Sie übten ihre Funktion ehrenamtlich laut § 6 des Gesellschaftsvertrages[4] aus. Das war jedoch für den Aufsichtsrat kein Hinderungsgrund, allen Vorstandsmitgliedern ab 1. Mai 1915 eine monatliche Repräsentationsvergütung von 1000,— Mark zu zahlen.[5]

In der *Schätzungs- und Verteilungskommission* waren Mitglieder: M. Steinthal, Deutsche Bank; sowie A. Hirsch, Hirsch-Konzern und Natalis, Siemens-Schuckert GmbH. Und die Kommerzienräte N. Levy und C. L. Netter waren stellvertretende Mitglieder.

An den Sitzungen nahmen ferner die Kommissare der Kriegsrohstoffabteilung, vor allem Rathenau und v. d. Porten, teil. Diese vom Aufsichtsrat gewählte Kommission hatte bedeutende Befugnisse, die in der vom Aufsichtsrat erlassenen Geschäftsordnung[6] verankert waren:

1. Alle Maßnahmen vorzuschlagen und zu begutachten zwecks Erfassung aller verfügbaren Metallbestände.
2. Einen Ausgleich herbeizuführen zwischen Eigentümern von Metallbeständen und denjenigen Firmen, die diese Metalle zur Erledigung ihrer Kriegsaufträge brauchen. Festsetzung der Übernahmepreise.
3. Bei der Verteilung der von der KMA gekauften Metalle[7] *die Wünsche der Aktionäre in erster Linie zu berücksichtigen.*

[1] Gesamtaufstellung, siehe Anlage Nr. 3. (S. 131.)
[2] KMA, Nr. 5.
[3] Protokoll über die Beratung der Kommission der KRA zur Feststellung der Richtlinien für die Beaufsichtigung der Geschäftsführung der Kriegsrohstoffgesellschaften durch ihre Aufsichtsorgane vom 20. Juli 1916, Akte KMA, Nr. 8, Bd. 9.
[4] Vgl. KMA, Nr. 4, Bd. 3.
[5] KMA, Nr. 8, Bd. 1.
[6] Vgl. KMA, Nr. 11, Bd. 1.
[7] Anm. Sämtliche deutsche Produzenten von Hüttenkupfer und Elektrolytkupfer hatten sich bereit erklärt, die Verteilung der von ihnen hergestellten Kupfermengen durch die Schätzungskommission der KMA vornehmen zu lassen, was auch geschah. Vgl. KMA, Nr. 8, Bd. 1.

4. Gutachten zu erstatten, ob Anträge auf Freigabe beschlagnahmter Metalle oder Überweisung verfügbarer Bestände zum Zwecke von Friedensarbeit anzunehmen oder abzulehnen sind.

5. In Zweifelsfällen Entscheidungen darüber zu treffen, ob bestimmte Arbeiten als Kriegs- oder Friedensarbeit zu betrachten sind.

6. Auf Wunsch der Behörden Gutachten darüber abzugeben, ob die ihnen seitens der Lieferanten berechneten Preise angemessen sind.

7. Gutachten über die Ausfuhrerlaubnis metallhaltiger Waren zu erstatten. Diese Aufgabe wurde faktisch so gehandhabt, daß die Kommission über die Ausfuhranträge aller Metallwarenproduzenten entschied.[1]

Die Schätzungs- und Verteilungskommission entschied unter dem Deckmantel der „Gemeinnützigkeit" und der „behördlichen Aufsicht", die Rathenau und v. d. Porten ausübten, zugunsten der größten Aktionäre der KMA und besonders der gewaltigen Elektrokonzerne.

Ein Beispiel hierfür ist die Zuteilung (Verkauf) von Kupfer durch die Kriegsmetall AG. Am 23. September 1914 wurde laut Protokoll der Schätzungs- und Verteilungskommission der Kriegsmetall Atiengesellschaft folgende Mengen Elektrolyt-Kupfer verkauft:

an AEG	150 t
Siemens	250 t
Bergmann	200 t
Felten-Carlswerk	100 t
Hirsch	150 t
und an weitere Aktionäre der KMA:	325 t.

Die Aktionäre erhielten 1175 t von insgesamt 1330 t, und nur der Rest von 155 t wurde an andere Firmen verkauft.[2] Das gleiche Bild zeigen auch die anderen Protokolle.[3] Somit erwies sich die Kriegsmetall AG schon in den ersten Tagen ihres Bestehens als eine wirksame monopolistische Organisation mit staatlich autorisiertem Rohstoffmonopol, welches sie im Interesse und im Auftrage ihrer bedeutenden Aktionäre, der Konzerne, handhabte. Ein Vertreter dieser Konzerne in der Kriegsrohstoffabteilung des Kriegsministeriums, v. d. Porten (Metallgesellschaft), erklärte auch ganz offen unter seinen Kollegen in der Schätzungs- und Verteilungskommission am 5. Januar 1915,

> „daß er die Härte, welche durch die von der Schätzungs- und Verteilungskommission angeregte Regelung der Verteilung der Kupferproduktion Deutschlands für einige Firmen (Nichtaktionäre der KMA, d. V.) besteht, nicht verkenne, sie aber für unvermeidbar halte."[4]

[1] Vgl. KMA, Nr. 11, Bd. 1, Protokoll der Schätzungs- und Verteilungskommission.

[2] KMA, Nr. 11, Bd. 1, Protokoll Nr. 3, Anm. Die Reichspost erhielt 500 t, welche auch den Konzernen zur Verarbeitung überlassen wurden. Die Firmennamen sind der besonderen Übersicht wegen abgekürzt.

[3] Vgl. ebenda.

[4] KMA, Nr. 18, Protokoll Nr. 16.

Und diese Äußerung tat er trotz der ihm bekannten Tatsache, daß die Kriegsrohstoffabteilung des KM den beiden Mammutkonzernen AEG und Siemens im November 1914 5000—6000 t Kupfer *zur beliebigen Verwendung* überlassen hatte.[1] Die unausbleibliche Folge einer solchen ungeheuren Bevorzugung, einer solchen monopolistischen Wirtschaftspraxis in Kriegszeiten, wo die herrschenden Klassen besonders an die Opferbereitschaft und die Unterordnung der Privatinteressen unter das gemeinsame Ziel, den Sieg zu sichern, apellierten, war: Diese weniger patriotisch als vielmehr profitgierige Haltung der Kapitalgewaltigen der Kriegsmetall AG rief die Unzufriedenheit *der* Teile der Bourgeoisie hervor, auf deren Rücken sich die Aktionäre der KMA Rohstoffe für Heeres- und Zivilaufträge sowie auch Ausfuhrerlaubnisse beschafften und sich dadurch Maximalprofite sicherten. Der Firma Körting und Matthiesen AG, Leutzsch-Leipzig, gestattete der Aufsichtsrat im Januar 1915 großzügigerweise zwei Tonnen Kupfer für Zivilaufträge zu verarbeiten, jedoch nur unter der Bedingung, daß die Firma 30 t der bei ihr lagernden Kupfervorräte der KMA sofort käuflich zur Verfügung stellte.[2]

Alle diese Machenschaften, die zugleich ein Ausdruck der Verschärfung des Widerspruchs zwischen der monopolistischen und der nichtmonopolistischen Gruppe der Bourgeoisie waren, riefen heftigen Protest und Beschwerden hervor.

Die Heckmann AG beschwerte sich bereits am 17. November 1914 bei der Königlichen Munitionsfabrik Spandau:

„Im übrigen haben wir bis jetzt von der KMA nur ein winziges Quantum Kupfer gegenüber unseren Anmeldungen erhalten. Diese Firma ist gar nicht in der Lage, uns Rohkupfer zu liefern, wie überhaupt die Gründung dieses Unternehmens unserer Ansicht nach ein Schlag ins Wasser gewesen ist.“[3]

Auch die Firma A. Lauer & Co., Berlin Reinickendorf, beschwerte sich im Dezember 1914 darüber, daß die Kriegsmetall AG ihr bis dahin noch kein Kupfer geliefert hatte, wie folgt: „Bisher haben wir noch kein kg erhalten, anscheinend reserviert solche das Metall nur für etliche große Firmen.“[4]

Das Eisenhüttenwerk Thale AG empörte sich am 5. Dezember 1914 über die Kriegsmetall AG und beschuldigte sie eines unkorrekten Verhaltens.[5] Die Schätzungs- und Verteilungskommission der KMA bezeichnete die Beschwerde als „Beleidigung“ und antwortete am 12. Dezember 1914: „Wir fordern Sie zu deren sofortige Rücknahme auf, bis dahin ruht jeder Verkehr mit Ihnen.“[6]

Schauen wir uns noch eine, die Beschwerde über die Kriegsmetall AG von der Firma Kölner Bleiwerk, Inhaber Victor Jaeger, an. Die Beschwerde wurde am 8. Dezember 1914 an den stellvertretenden Reichskanzler gerichtet, der sie an Rathenau und dieser an die Kriegsmetall AG weiterleitete, welche gleich durch

[1] KMA, Nr. 469, Schreiben Nr. 6837/11. 4. KRA, Anm. Diese beliebige Verwendung wurde bis August 1915 gewährt. Vgl. Akte KMA, Nr. 451.

[2] KMA, Nr. 18.

[3] KMA, Nr. 830. Die Firma wurde im März 1915 selbst Aktionär der KMA!

[4] Ebenda.

[5] KMA, Nr. 28.

[6] Ebenda, Anm. Die Zuteilung von Metallen wurde zunächst eingestellt.

ihren Rechtsanwalt Dr. Charles Beleidigungsklage erhob. — Ein Musterbeispiel für die Ausnutzung des Staatsapparates durch die monopolistische Großbourgeoisie. — Der Inhalt der Beschwerde nun war folgender:

„Beutemetalle gehen ausnahmslos in die Hände der KMA über, deren Mitglieder einzeln als Privatfirmen wieder diese Metalle zu enorm hohen Preisen an die für die Heereslieferung beteiligte Industrie abgeben. Die Empörung über die KMA ist so allgemein, daß wir hoffen, daß Ew. Exzellenz die von uns berührte Angelegenheit eingehend prüfen wird, um die Metallindustrie vor unberechtigten Schaden zu bewahren und zu schützen."[1]

Die Erhebung einer Beleidigungsklage seitens der Kriegsmetall AG gegen die Kölner Bleiwerke auf Grund dieser Beschwerde, die doch an das Reichsamt des Innern gerichtet war, zeigt uns deutlich, daß die Finanzoligarchie nicht nur eine ökonomische Monopolstellung, sondern auch eine juristische Vorzugsstellung hatte.

Diese ergab sich ja daraus, daß sie die wirtschaftlichen Kommandohöhen beherrschte, die militärische Organe waren und somit während des Krieges alleinige Exekutivorgane. Die Beschwerden über die Kriegsmetall AG wurden gar nicht mehr von den staatlichen Zivilbehörden behandelt, sondern von diesen über die Kriegsrohstoffabteilung der Kriegsgesellschaft zugestellt, die dann gegen den Beschwerdeführer mit allen ihr zur Verfügung stehenden ökonomischen und außerökonomischen Mitteln vorging. Der Beschwerdeschutz war über Bord geworfen worden, und alle Rohstoffkonsumenten waren den Rohstoffmonopolisten, den gewaltigen Konzernherren der Kriegsmetall AG schutzlos ausgeliefert. Die heftigen Proteste darüber, daß die KMA mit tatkräftiger Unterstützung der staatlichen Behörden ihren Aktionären so hohe Sondervorteile und -gewinne ermöglichte, zeitigten folgende Veränderung. Die Schätzungs- und Verteilungskommission der Kriegsmetall AG gab die wichtige Aufgabe der Metallverteilung an eine Vertrauenskommission der Kriegsrohstoffabteilung des KM anfangs 1915 ab[2], die im August 1915 in das Zuweisungsamt bei der Metallmeldestelle der KRA umgewandelt wurde.

Bedeutete es aber, daß das bisher gehandhabte Grundprinzip: die bevorzugte Zuteilung der Metalle an die Aktionäre der Kriegsmetall AG, die faktische Monopolisierung der kriegswichtigen Rohstoffe für die großen Konzerne, etwa aufgehoben wurde? Keinesfalls! Es änderte sich ja nur der Name der Metallverteilungsstelle, und sie wurde in eine militärische Behörde umgewandelt, die, über alle Kritik erhaben, doch „keinen" Anlaß mehr zur Beschwerde gab, weil sie als Kriegsbehörde im Kriege keine wirksame Beschwerdemöglichkeit zuließ. Die Stelle, die die Rohstoffe zentral erfaßte, lagerte und an die Betriebe zum Versand brachte, war und blieb die Kriegsmetall AG. Die Monopolherren, die die Metalle verteilten, blieben auch die gleichen, v. d. Porten, der ja ständig bei der KMA tätig war, Rathenau und Steinthal. Wenn jetzt auch nicht mehr einige Aufsichtsratsmitglieder der Kriegsmetall AG in der neuen Metallverteilungsstelle saßen, so doch drei ihrer Direktoren, die selbst Direktoren der Mammutkonzerne und an die Anweisungen des

[1] KMA, Nr. 28.
[2] KMA, Nr. 12, Bd. 2.

Aufsichtsrates der Kriegsmetall AG gebunden waren.[1] Neu gesellte sich noch der Direktor Buff von der Krupp AG hinzu.[2] Der Aufsichtsrat der Kriegsmetall AG übermittelte dann auch am 18. 2. 1920 M. Steinthal, Deutsche Bank, für seine „erfolgreiche Tätigkeit im Interesse der KMA den wärmsten Dank".[3] Und das war ja der Dank für die stete, auch von ihm mit durchgeführte, bevorzugte Berücksichtigung der Interessen der Finanzgewaltigen der KMA. Aber nicht nur in dieser Form haben wir einen Beweis dafür, daß die Verteilungsstelle für Metalle zwar ihren Namen und ihre Rechtsform änderte, aber nicht ihren Charakter, daß sie weiterhin stets ein Instrument zur Sicherung des Rohstoffbedarfs der Großaktionäre der Kriegsmetall AG war, auch die von ihnen gehandhabten Metallzuteilungen selbst bestätigen es.

Die bevorzugte Belieferung der Großaktionäre mit Rohstoffen.

Betrachten wir zunächst die Kupferzuteilung:

Die Vertrauenskommission der KMA		*Das Zuweisungsamt der KRA*
verteilte im August 1915:		verteilte im Oktober 1916:
insgesamt: 4208 t Kupfer an 67 Betriebe		insgesamt: 10232 t Kupfer an 131 Betriebe
davon erhielten die Aktionäre der KMA:		
AEG	268 t	810 t
Carl *Berg* AG	200 t	450 t
Basse & Selve	350 t	—
Bergmann E-Werke AG	150 t	650 t
Dürener Metallwerke	200 t	600 t
Felten & Guilleaume Carlswerke AG	200 t	250 t
Dr. Geitner's Argentanfabrik, F. A. Lange Auerhammer, Aue i. Sa.	150 t	—
Heddernheimer Kupfer- u. Südd. Kabelwerke AG	160 t	250 t
Hirsch AG	200 t	1000 t
Messingwerke Reinickendorf	150 t	—
	2028 t	4710 t

Die 10 Aktionäre der KMA = 15 $^0/_0$ der Betriebe erhielten die Hälfte des Metalls (48 $^0/_0$).[4]

Die 8 Aktionäre = 6 $^0/_0$ der Betriebe erhielten 46 $^0/_0$ des Metalls.[5]

Diese bevorzugte Belieferung erstreckte sich aber etwa nicht nur auf Kupfer, sondern auch auf alle anderen bewirtschafteten Metalle. Das Zuweisungsamt der

[1] Vgl. Gesellschaftsvertrag § 7 Akte KMA, Nr. 4, Bd. 3.

[2] KMA, Nr. 11, Bd. 1 u. 2, Nr. 18 u. 303, Bd. 3.

[3] Reichsschatzministerium, Nr. 7035.

[4] KMA, Nr. 12, Bd. 2. Anm. Firmennamen sind zur besseren Übersicht abgekürzt, volle Firmennamen siehe Anlage 1 und 2.

[5] KMA, Nr. 415.

Kriegsrohstoffabteilung führte diese Bevorzugung durch, oder richtiger, die Vertreter der Konzerne im Zuweisungsamt wiesen ihren Betrieben die größten Metallmengen zu, während sie die Anforderungen der meisten anderen Betriebe nur zum Teil erfüllten.[1]

Nehmen wir als Beispiel für die Arbeitsweise des Zuweisungsamtes noch die Aluminiumzuteilung für das Jahr 1917:[2]

jeweils a) für Kriegszwecke
und b) für „Friedenszwecke“[3]

Januar-Zuteilung[4]

a)	an AEG	11 t	6 Firmen von 120 erhielten 563 t von 1936 t
	Siemens	30 t	
	Basse	32 t	
	Berg	175 t	
	Dürener	165 t	
	Krupp	150 t	
b)	AEG	90 t	3 Firmen von 160 erhielten 231 t von 511 t
	Siemens	116 t	
	Berg	25 t	

März-Zuteilung

a)	AEG	135 t	6 Firmen von 130 erhielten 485 t von 1500 t
	Siemens	10 t	
	Berg	100 t	
	Dürener	120 t	
	Basse	60 t	
	Krupp	60 t	
b)	AEG	28 t	2 Firmen von 160 erhielten 70 t von 163 t
	Siemens	42 t	

Mai-Zuteilung

a)	AEG	20 t	5 Firmen von 65 erhielten 550 t von 807 t
	Basse	100 t	
	Dürener	80 t	
	Berg	60 t	
	Krupp	10 t	
b)	AEG	30 t	3 Firmen von 110 erhielten 143 t von 280 t
	Siemens	111 t	
	Berg	2 t	

[1] Vgl. KMA, Nr. 18 und Nr. 1155, Bd. 2.
[2] Anm. Aus Gründen der besseren Übersicht wird nur jeder zweite Monat genommen, die anderen ergeben das gleiche Bild. Vgl. KMA, Nr. 1155, Bd. 2.
[3] Anm. „Friedenszwecke“ heißt, daß diese Rohstoffe für den zivilen Inlandsbedarf oder Export verarbeitet werden durften.
[4] Die Firmennamen wurden der besseren Übersicht wegen abgekürzt, volle Bezeichnung siehe Anlage 1 und 2.

Juli-Zuteilung

a)	AEG	43 t	5 Firmen von 105 erhielten 300 t voninsgeamt 1602 t
	Siemens	11 t	
	Krupp	185 t	
	Berg	30 t	
	Dürener	31 t	
b)	AEG	50 t	3 Firmen von 90 erhielten 230 t von insgesamt 235 t
	Siemens	150 t	
	Heddernheimer	75 t	

September-Zuteilung

a)	AEG	40 t	3 Firmen von 118 erhielten 145 t von insgesamt 1400 t
	Krupp	50 t	
	Berg	55 t	
b)	AEG	70 t	2 Firmen von 130 erhielten 73 t von insgesamt 290 t
	Berg	3 t	

November-Zuteilung

a)	AEG	36 t	5 Firmen von 120 erhielten 412 t von insgesamt 1699 t
	Berg	100 t	
	Basse	101 t	
	Heddernheim	60 t	
	Krupp	115 t	
b)	AEG	14 t	3 Firmen von 80 erhielten 29 t von insgesamt 114 t[1]
	Heddernheimer	11 t	
	Berg	4 t	

Die Darstellung der Aluminiumzuteilung wurde deshalb das ganze Jahr 1917 hindurchgeführt, um zu zeigen, daß die Monopolstellung, die die Großaktionäre der Kriegsmetall AG hinsichtlich der Rohstoffversorgung ihrer Betriebe innehatten, keine zufällige oder kurzfristige war, sondern eine während des ganzen Krieges wirksame. Diese Aufstellung bestätigt also die Behauptung, daß die Herren der AEG, der Krupp AG und der Deutschen Bank das Zuweisungsamt maximal ausnutzten, um den Aktionären der Kriegsmetall AG, d. h. ihren Konzernen, bevorzugt Rohstoffe zuzuteilen und die gesamten Rohstoffvorräte monopolistisch zu bewirtschaften. Diese Behörde war aber gleichzeitig ein Instrument in den Händen dieser Herren zur Beeinflussung und Kontrolle der von den militärischen Beschaffungsstellen — deren Vertreter an den Sitzungen des Zuweisungsamtes teilnahmen — zu vergebenden Lieferungsaufträge.[2] Die Heeresaufträge durften mit der zunehmenden Rohstoffknappheit ab 1916/17 nur noch verteilt werden entsprechend der den einzelnen Firmen zugebilligten Metallkontingente. Somit beherrschten die Monopolkapitalisten, was sie in der Vorkriegszeit in solchem Ausmaß noch nie erreicht hatten, auf Grund ihrer Positionen in den Kriegswirtschaftsbehörden die ganze Metallindustrie (Nichteisenmetall), und zwar vom Rohstoff bis zum Fertigprodukt. Die Aufstellung zeigt weiter, daß die Aktionäre der Kriegs-

[1] KMA, Nr. 115, 5 Bd. 2.
[2] Die Pflicht der Ausschreibung der Heeresaufträge war im Krieg entfallen.

metall AG und die Firma Krupp die größten Metallverbraucher für Kriegszwecke waren, also viel Kriegsmaterial wie Geschütze, Munition, Feldkabel, Flugzeuge usw. produzierten.

Einige Apologeten des Kapitalismus stellen die Sache nun so dar, als wäre die bevorzugte Belieferung der Rüstungskonzerne mit Rohstoffen, die sie selbst tätigten, aus „patriotischen" Gründen erfolgt, um rationeller zu produzieren, um der Front mehr, billiger und schneller Kriegsmaterial geben zu können. Daß dies keineswegs ein entscheidender Gesichtspunkt war, sondern daß die von der Finanzoligarchie durchgeführte bevorzugte Belieferung ihrer Werke zuerst und ausschließlich zum Zwecke der Erlangung des Maximalprofits diente, das zeigt uns

a) die Art und Höhe der Metallzuteilungen für Kriegszwecke durch das Zuweisungsamt der Kriegsrohstoffabteilung. Das Amt behandelte und sicherte zuerst auf seinen Sitzungen den Metallbedarf der Aktionäre der KMA, besonders aber der AEG und Siemens und der Krupp AG. Das Zuweisungsamt erfüllte die Rohstoffbedarfsanforderungen dieser Konzerne voll. So z. B. für Kupfer im

Oktober 1916:	angefordert:	erhalten:
AEG	896 t	896 t
Bergmann	650 t	650 t
Siemens	82 t	82 t

Die Anforderungen über 15 t aller anderen Betriebe (im Durchschnitt monatlich 100), die also auch unmittelbar Kriegsmaterial gleicher Dringlichkeit herstellten und entsprechende Heeresaufträge bereits hatten und somit auch Anspruch auf volle Belieferung, wurden nur gekürzt beliefert. Selbst von den Betrieben, die unter 15 t angefordert hatten, erhielten die meisten Werke nur eine stark geschmälerte Zuteilung. Im Durchschnitt bewegte sich die zugeteilte Menge an die Nichtaktionäre zwischen $^2/_3$ bis $^1/_6$ der angeforderten Menge.[1]

b) die Art und Höhe der Zuteilungen für „Friedenszwecke", d. h. für den Zivilbedarf

Wie uns das Beispiel der Aluminiumzuteilung für das Jahr 1917, das Jahr des größten Metallbedarfs überhaupt, in dem sogar wegen Mangel an Aluminium zur Erfüllung der Heeresaufträge auf die Haushaltsgeschirre aus diesem Metall zurückgegriffen wurde[2], zeigte: die Monopolherren teilten ihren Betrieben, besonders der AEG und Siemens ständig je nach ihrem Bedarf 30—90% des Aluminiums, das für „Friedenszwecke" überhaupt freigegeben wurde, zu. Und auf die Vielzahl der anderen Betriebe ($\sim$ 110 monatlich) entfiel dann nur ein lächerliches Quantum der Speise, die im schier unersättlichen Magen der mächtigen Konzerne dennoch keinen Platz mehr gefunden hatte.

c) die Preise der zugeteilten Metalle

Hier müssen wir zur Beweisführung einen kurzen Überblick der Metallpreisentwicklung im Kriege geben.

[1] Vgl. KMA, Nr. 303, Bd. 3. Siehe auch oben S. 69.

[2] KMA, Nr. 19, Bd. 1.

Mit Ausbruch des Krieges stiegen die Preise aller Metalle, auch der im Inland reichlich vorhandenen, wie Zink und Blei, gewaltig in die Höhe, wie die folgende Übersicht zeigt:

Entwicklung der Metallpreise 1914

	Juni	Anfang September	Ende November
Kupfer	135,—	170,—	225,—
Aluminium	160,—	220,—	550,—
Blei	36,—	44,—	48,—
Feinzink	50,—	85,—	110,—
Zinn	260,—	350,—	650,—

(In Mark per 100 kg.)

Die allgemeine durch den Krieg hervorgerufene erhöhte Nachfrage hatte in Metallen zur wüsten Preistreiberei geführt. Eine mit den damaligen Verhältnissen bestens vertraute Person, Walter Rathenau, sagte am 4. November 1914 hierzu: Die Firmen — allen voran einige Aktionäre der KMA — haben „*unbekümmert um die allgemeinen Interessen und die gesunden kaufmännischen Grundsätze, ihre Forderungen beliebig gesteigert.* Es können auch nicht die Importpreise zur Erklärung der Inlandpreise herangezogen werden.“[1]

Ein Beispiel hierfür gibt auch *Goebel*:

„Auf die Beschwerde eines Käufers über einen Aktionär der KMA, der im Laufe einer Woche sein Angebot für einen bestimmten Posten Altmetall um etwa 40 v. H. heraufgesetzt hatte (üblich waren im Altmetallhandel Gesamtaufschläge von wenigen Prozenten), erklärte die KRA in ihrem Antwortschreiben eine derartige Handlungsweise für Wucher. Anstatt diese Haltung der KRA zu unterstützen, wie erwartet werden durfte, verwandte die KMA sich mit Erfolg für die Widerrufung dieses amtlichen Schreibens: der Begriff des Wuchers sei auf Warengeschäfte nicht anwendbar, die betreffende Firma hätte pflichtgemäß die ihr durch die Konjunktur gebotenen Vorteile ausgenützt.“

Der Leiter der Sektion Metalle der KRA, Tröger, fügte hinzu:

„*Die Nutzung der Landesnot im eigenen Interesse bedeutet keine Entartung des Kapitalismus,* sie bildet vielmehr die folgerichtige Auswirkung seiner Grundanschauung und ein fruchtbares Feld für die Betätigung kapitalistischer Geschicklichkeit.“[2]

Der schnelle, stets wachsende Preisanstieg erschwerte aber den Import von Metallen und führte dazu, daß die deutschen Firmen mit ihrem Lager zurückhielten, was gerade in Kupfer für die Aktionäre der KMA, die bedeutende Lieferanten für Kriegsmaterial waren, Versorgungsschwierigkeiten mit diesem Rohstoff bereitete. Darum war sich die Leitung der Kriegsmetall Aktiengesellschaft mit der der Kriegsrohstoffabteilung, d. h. alle Finanzgewaltigen der Metallindustrie einig, „daß daher eine behördliche Festsetzung der Maximalpreise für Rohstoffe eine unbedingte Notwendigkeit ist“[3], wie Rathenau darlegte. Der Direktor Vogelstein, KMA, schrieb hierzu:

[1] KMA, Nr. 271, Brief KRA, Nr. 7024/10.14.
[2] *Goebel*, a. a. O., S. 175.
[3] KMA, Nr. 271, ebenda.

„Wir gehen mit der Rohstoffabteilung darin einig, daß nur die Festsetzung von Maximalpreisen und wie wir hinzusetzen, die Requisition eine Besserung der Verhältnisse herbeiführen können, deren Herr zu werden die Privatindustrie, wie die KRA richtig bemerkt, nicht die Kraft besitzt.“[1]

Im Interesse dieser Gruppe der Finanzoligarchie legte die Kriegsrohstoffabteilung des KM die von der Direktion der KMA vorgeschlagenen Höchstpreise für die wichtigsten knappen Metalle, wie Kupfer, Messing, Aluminium u. a. fest[2], die in der Verordnung vom 10. Dezember 1914 und 1. August 1916 durch den Stellvertreter des Reichskanzlers bekanntgegeben wurden.[3]

Das bedeutete einmal, daß die beschlagnahmten Vorräte der kleinen Händler und Produzenten zu einem niedrigeren Preis als dem Marktpreis — der Höchstpreis für Kupfer wurde auf 170 bis 200 Mark festgesetzt, der Marktpreis hatte aber bereits im November 1914 = 225 Mark aufgewiesen[4] — den großen Metallkonzernen der Kriegsmetall AG zugeführt wurden. Und das bedeutete andererseits für sie, daß der feste Inlandspreis beim Metallkauf im neutralen Ausland günstig wirkte. Hieran waren ja vor allem die drei großen Händlerkonzerne der KMA, die Metallgesellschaft, Aron Hirsch und Beer, Sondheimer und Co. interessiert. Ausplünderung der Kleinen, der Nichtmonopolisten, und Bereicherung der Großen, der Monopolkapitalisten, das war der Klasseninhalt der Festsetzung der Höchstpreise, die auch nur so lange eine größere Bedeutung hatten, wie auf ihrer Grundlage diese Möglichkeit der Plünderung bestand.

Die Kriegsmetall AG setzte aber im Kampf gegen das Reichsamt des Innern durch, daß sie selbst ihre Metalle zum Durchschnittspreis (Summe aller verschiedenen Einkaufspreise und Kosten der KMA dividiert durch Menge) auch über den Höchstpreis abgeben durfte.[5] Das führte dazu, daß die Zuteilungspreise der KMA für Metalle, deren Beschaffungskosten stets stiegen, ebenfalls jeden Monat einen Anstieg aufwiesen.[6] Dieser Preisanstieg war den Aktionären der Kriegsmetall AG an der Erlangung ihres Maximalprofits hinderlich, weil bei der Ausführung einer größeren Heereslieferung zu festen, allerdings unerhört hohen Preisen sich dadurch die Rohstoffe laufend verteuerten und den kalkulierten Gewinn schmälerten. Die Kriegsmetall AG setzte daher ab Juli 1916 feste Verkaufspreise für die den Firmen zugeteilten Metalle durch.[7] Die Zuteilungspreise für die metallischen Rohstoffe veränderten sich nun während des ganzen Krieges entsprechend dem Willen der Konzernherren nur noch wenig nach oben, beim Kupfer blieben sie sogar konstant. Aber die Beschaffungskosten (Durchschnittspreise) der Kriegsmetall AG für die

[1] Ebenda, Brief KMA vom 7. November 1914.

[2] KMA, Nr. 469, Anm. Am 28. Dezember 1914 wurden auch Höchstpreise für Erzeugnisse aus Metallen durch den Reichskanzler erlassen (vgl. RGB 1914, Nr. 4595), S. 551, die jedoch dem Profitinteresse des Monopolkapitals widersprachen, umgangen und im Jahre 1916 wieder aufgehoben wurden. Vgl. Akte KMA 9, Bd. 1.

[3] RGB, 1914, S. 501 u. EGB S. 865.

[4] Vgl. KMA, Nr. 271.

[5] KMA, Nr. 2054.

[6] KMA, Nr. 8, Bd. 3.

[7] KMA, Nr. 2159, Verfügung des KM vom 6. Juli 1916, Nr. M 202/16, geheim.

Rohstoffe stiegen gewaltig. Die sich daraus ergebende Differenz bezahlte jeden Monat das Reichsschatzamt der KMA aus dem Kriegsfonds, Abschnitt XII. Das Reichsschatzamt leistete insgesamt einen Zuschuß von 255,6 Millionen[1], und diese viertel Milliarde diente nicht nur zur Preisstützung der von der Kriegsmetall AG verteilten Metalle für Heereslieferungen, sondern auch der Privatlieferungen. Hatte die Kriegsmetall AG bei Kupfer einen Durchschnittspreis (Beschaffungskosten) im Oktober 1916 in Höhe von 416,78 Mark, der sich bis September 1918 sogar noch auf 431,40 Mark erhöhte, so blieb trotzdem ihr Zuteilungspreis für Kupfer auch zwecks Privatlieferungen bis Kriegsende nur 350,— Mark.[2]

Diese viertel Milliarde staatlicher Zuschuß, indirekter Kriegsgewinn der Metallkonzerne, wurde aber *nur* für solche Metalle verwendet, die in erster Linie von den Aktionären der Kriegsmetall AG, vor allem den Elektrokonzernen, selbst verbraucht wurden, wie Kupfer, Aluminium und Zinn. Bei den anderen Metallen wie Chrom und Wolfram waren die Zuteilungspreise bedeutend höher, nämlich 700 bis 900 Mark, als die Beschaffungskosten (Durchschnittspreis) der KMA, die nur 398,— Mark betrugen.[3] Durch den Verkauf dieser Metalle machte die Kriegsmetall AG einen Gewinn, den sie neben den staatlichen Zuschüssen noch mit zur billigeren Belieferung ihrer Aktionäre mit dem von ihnen am meisten benötigten Metallen wie Kupfer, Aluminium und Zinn ausnutzte, deren Beschaffungskosten sehr hoch waren. Wie wir sehen, erhielten die Aktionäre der Kriegsmetall AG die größten Rohstoffmengen sowohl für Kriegs- als auch für „Friedens"zwecke, diese wurden ihnen bevorzugt (in der Reihenfolge und Menge) geliefert und stets billig, d. h. zu festen, unter den Beschaffungskosten der KMA liegenden Preisen. Das war eben möglich durch die enormen staatlichen Zuschüsse und durch die Abwälzung eines Teiles der Kosten auf kleinere Betriebe und andere Industriezweige.

Insgesamt wurden der deutschen Metallindustrie durch die Kriegsmetall AG während des Krieges folgende Mengen an den wichtigsten Metallen zugestellt:

Im Geschäftsjahr (vom 1. September bis 31. August):

	1914/15	1915/16	1916/17	1917/18
Kupfer	35552 t	68094 t	139782 t	78313 t
Aluminium	3667 t	11554 t	26074 t	23952 t
Zinn	1852 t	1835 t	2205 t	2664 t
Zink	—	4006 t	180617 t	20736 t
Blei	—	10097 t	21137 t	75118 t
Nickel	—	1327 t	2299 t	1020 t[4]

[1] Zusammengestellt an Hand der Akten: Reichsschatzministerium, Nr. 7092, 7093 u. KMA, Nr. 2159. Anm. Das Oberkommando in den Marken, Generaloberst v. Kessel, hatte im September 1914 nicht nur den vom Klassenkampf sprechenden „Vorwärts" verboten, sondern „im Interesse der öffentlichen Sicherheit" auch die Bekanntmachung der Bilanzen und der Gewinn- und Verlustrechnung der Kriegsrohstoffgesellschaften. Vgl. KMA, Nr. 7.

[2] KMA, Nr. 415 und Reichsschatzministerium, Nr. 7092.

[3] Ebenda.

[4] Vgl. KMA, Nr. 634, Stat. Zusammenstellung über die Tätigkeit der KMA.

Bezeichnend für die trotz der staatlichen Regulierung wirkende kapitalistische Anarchie ist, daß im Jahre 1917, dem Jahr der höchsten Metallzuteilung, vor allem die kleineren Kriegsmaterial produzierenden Betriebe so geringe Metallmengen und Hilfsstoffe bekamen, daß sie ihre Betriebe vorübergehend schließen mußten. So lagen im Februar 1917 die Neuwalzwerke AG, Bösperde in Westfalen, wegen Mangel an Messing 6 Wochen still, wegen Mangel an Rohzink die Firma Engelberg Isphording Altenberg i.W.[1] Selbst solche Werke wie die Zinnwerke Wilhelmsburg, Hamburg, hatten 1918 wegen Nichtbelieferung mit Rohmaterial (Metalle) ihre Abteilung Elektro-Zinn 152 Tage außer Betrieb.[2] Auch die Th. Goldschmidt AG, Aktionär der KMA klagte im April 1918 über unregelmäßige Belieferung mit Chrom und calcinierter Soda, so daß ein Mangel an Schnellstahl für die Maschinengewehrproduktion eintrat.[3]

Die Aufgabe der Kriegsmetall AG bestand aber nicht nur in der bisher geschilderten *Verteilung* der Metalle, sondern auch in der *Beschaffung* und *Verwertung* von Metallen und Metallfabrikaten.[4] Die Beschaffung der Metalle hatte sich von den bereits am 31. Januar 1915 beschlagnahmten Metallen[5]: Kupfer, Aluminium, Zinn, Nickel, Antimon, Blei, bis Juli 1916 auf Zink, Quecksilber, Platin, Cadmium, Chrom, Wolfram, Molybdän, Vanadium und Graphit ausgedehnt. Die Beschaffung der Metalle und metallhaltigen Gegenstände erfolgte zunächst durch freihändigen Ankauf im Inlande, wobei sich die KMA von Zeit zu Zeit der Unterstützung der Industrieverbände, wie z. B. Verein der Berliner Metallindustriellen oder des Vereins zur Wahrung gemeinsamer Wirtschaftsinteressen der deutschen Elektrotechnik bediente.[6]

Die Kriegsmetall AG hatte es sich zur Aufgabe gemacht, alle Metalle, die von ihren Eigentümern nicht für Heereszwecke verwendet wurden, in ihren Besitz zu bringen, und sie schuf zu diesem Zweck noch eigens eine Organisation: „Einkaufsvereinigung deutscher Metallhändler GmbH", die die höchstpreispflichtigen Sparmetalle durch Aufkäufer beschaffte und ausschließlich an die Kriegsmetall AG ablieferte.[7]

Der Aufkauf, die Lagerung und der Verkauf der Metalle fast ausschließlich durch die Organisation der KMA, führte zur Ausschaltung der nicht in der KMA aufgenommenen Metallhändler, zu einer ökonomischen Ruinierung des Kleinbürgertums und zur Verdrängung der nicht monopolisierten Bourgeoisie durch das Monopol. Das bestätigt auch ein verantwortlicher Mitarbeiter der Kriegsmetall AG, indem er ausführte: „Wir sind vielen Klagen seitens des allerdings ausgeschalteten

[1] KMA, Nr. 2131.
[2] KMA, Nr. 506.
[3] KMA, Nr. 2133.
[4] Vgl. Gesellschaftsvertrag § 2, KMA, Nr. 4, Bd. 3.
[5] Rathenau, „Wir schufen einen neuen Begriff der Beschlagnahme, mit etwas Willkür zwar, aber das Belagerungsgesetz stand uns zur Seite, und später ist alles auch unabhängig vom Belagerungszustand gesetzlich sanktioniert worden." a. a. O., S. 23.
[6] KMA, Nr. 19, Bd. 1.
[7] KMA, Nr. 2400, Bd. 1, Anm. Gesellschaften waren N. Levy und C. Netter.

Handels besonders im Altmetallen begegnet.“[1] Die von der Kriegsmetall AG angekauften Metalle wurden von ihr, soweit Höchstpreise bestanden, zumeist zu diesen Höchstpreisen, jedoch keineswegs immer einheitlich bezahlt. Die Gelsenkirchener Bergwerks AG erhielt im Juni 1917 für ausgebautes Kupfer 350 Mark pro 100 kg, die Brauereien dagegen für ihre ausgebauten Maisch- und Würzpfannen nur 185 Mark pro 100 kg.[2]

Diese monopolistische Preispolitik der KMA, die dem Monopolkapital hohe Preise und der nicht monopolisierten Industrie niedrige Preise für die gleichen abgelieferten Rohstoffe brachte, führte insbesondere zu einer Schädigung des Mittelstandes. In einer Zeitungsnotiz vom Juni 1918 heißt es hierzu: „Die Gebote der Kriegsmetall AG (bei Metallankauf) bewegen sich, soweit uns bekannt geworden ist, fast ausschließlich auf einer Grundlage, die dem Eigner noch nicht einmal die Selbstkosten deckt, für die seit 1915 beschlagnahmte Ware wird Vergütungspflicht für Zinsen seit 1. Februar 1915 abgestritten und geweigert.

Die bisherige Handlungsweise im Einkauf hat *insbesondere den Mittelstand* unter den Metalleignern um unzählige Millionen geschädigt und diese den Hinterleuten der KMA in Form billigen Metalls in die Hände gespielt.“[3]

Es schälen sich somit 3 angewandte Hauptmethoden zur Erlangung des Maximalprofits in der Preispolitik der Kriegsmetall AG heraus.

1. Die bedeutenden Aktionäre, die großen Konzerne in der KMA, kauften die metallischen Rohstoffvorräte der nichtmonopolisierten Industrie billig auf (der Preis lag unter den Wiederanschaffungskosten) mittels der KMA und teilten sie ihren eigenen Betrieben zu.

2. Sie verkauften ihre eigenen unbrauchbaren Rohstoffe zu einem hohen Preis an die KMA (z. B. Kupfer bis 800,— Mark pro 100 kg, ließen diese von ihrer Kriegsgesellschaft umarbeiten und kauften die Metalle billig zurück (z. B. Kupfer für 350 Mark pro 100 kg).

3. Die Konzerne kauften mittels der KMA auch die Rohstoffe, deren Beschaffungskosten besonders hoch waren, wobei die hohen Beschaffungskosten durch staatliche Zuschüsse finanziert wurden und die Konzerne so wiederum billige Rohstoffe einheimsten.

Die großen Metallkonzerne verschafften sich aber nicht nur durch die Zuteilung seitens der Kriegsmetall AG, sondern unter Ausnutzung ihrer alten, mustergültig aufgebauten Geschäftsverbindungen der Vorkriegszeit zusätzlich durch eigenen Aufkauf mit Billigung der KMA im Inland Metalle, so z. B. die AEG im März 1915, wie uns folgender Brief zeigt:

[1] Metall-Mobilmachung, Nr. 10.
[2] Reichsschatzmin., Nr. 7092.
[3] Reichswirtschaftsministerium, Nr. 3619.

„Walter Gartner“ Düsseldorf, 31. März 1915
An die Kriegsmetall AG
Berlin W 66
Mauerstraße 63—66

Betr.: Auftrag K 1013

Ich verkaufte an die AEG, Kabelwerk Oberspree, Berlin-Oberschöneweide, 1000 t Kupfer für Lieferung ultimo Juni des Jahres zum Preise von 400,— Mark frei deutscher Grenze. Die AEG teilt mir nun mit, daß eine Beschlagnahme des Materials wohl kaum zu befürchten sei. Da, wie Sie sich vielleicht denken können, ein gewisses Risiko mit dieser Lieferung verbunden ist, so bitte ich höflichst um Bestätigung, falls eine Beschlagnahme auf Grund gesetzlicher Bestimmung Ihrerseits erfolgen sollte, daß der vereinbarte Preis auch in bar nach Ankunft der Waren in Deutschland von Ihnen ausgezahlt wird.

Ihrer gefl. Rückäußerung hierüber sehe ich entgegen und zeichne

hochachtungsvoll

(Unterschrift)[1]

Die Antwort der Kriegsmetall AG hierauf lautete auch prompt, daß keine Schwierigkeiten entstehen werden[2], und sie entstanden nicht. Auch die Feldzeugmeisterei stellte ihre unbrauchbaren Patronen- und Kartuschhülsen im freien Verkauf den Großaktionären der KMA bevorzugt zur Verfügung. Bei einer Lieferung der Feldzeugmeisterei von 294 t solcher Materialien erhielten die Aktionäre der KMA, die Mansfeldschen Messingwerke, Hirsch AG, Dürener Metallwerke und Basse & Selve, insgesamt 209 t, dagegen 7 andere Betriebe nur 85 t.[3]

Wie wir also sehen, beherrschten die Finanzgewaltigen der Kriegsmetall AG alle Kanäle der Rohstoffbeschaffung, auch die des „freien“ Ankaufs und sorgten dafür, daß die größten Rohstoffmengen mit Hilfe der KMA oder durch Ausnutzung ihrer eigenen Vorkriegsbeziehungen, dann mit Einverständnis der KMA, in ihre Betriebe gelangten.

Da die durch den freihändigen Ankauf beschafften Metallmengen und die als Beute aus den von deutschen Truppen besetzten Gebieten herausgeschleppten für die Deckung des Bedarfs schon 1915 nicht mehr ausreichten, setzte die Kriegsmetall AG beim Kriegsministerium durch, daß die Qualitätsvorschriften für Heereslieferungen herabgesetzt wurden. Sie erreichte, daß zwecks Streckung der Vorräte Kupfer und andere Sparmetalle durch Zink, Aluminium oder Legierungen ersetzt wurden, was in der Elektroindustrie in der Produktion dazu führte, „daß manches Erzeugnis sich verbilligte“.[4] Ferner ging die Kriegsmetall AG ab Mitte 1916 dazu über, die bei allen gewerblichen Produzenten vorhandenen mobilen Metall-

1 KMA, Nr. 40.
2 Ebenda, Anm. Die AEG übertrug den Vertrag mit Gartner im Juni 1915 dem Metall-Konsortium. Vgl. KMA, Nr. 40.
3 KMA, Nr. 2216.
4 *Rathenau*, a. a. O., S. 39, Anm. Gemeint sind hier die Produktionskosten, nicht der Preis des Produkts.

bestände, die für Heereszwecke nicht benutzt und von denen am 1. November 1914 bereits 55000 t beschlagnahmt worden waren[1], nunmehr zu enteignen und auf ihre Lager zu überführen. Schließlich wurde das Kupfer, das in verarbeiteter Form, in immobilen Metallfabrikaten in Deutschland vorhanden war, deren Gesamtkupferinhalt auf 2 Millionen t geschätzt[2] wurde, der Kriegsmetall AG zur Verfügung gestellt. Das geschah entweder durch freie Vereinbarung — wozu eine Geschäftsstelle für freiwillige Angebote in Kriegsmetall (Vorsitzender E. v. Borsig) errichtet wurde — oder durch Zwangsenteignung. Die Zwangsenteignung „Requisition" der beschlagnahmten Metalle — von Prof. Heymann als Sozialisierung des Eigentums gepriesen[3] — wurde auf Grund der Bekanntmachung über die Sicherstellung von Kriegsbedarf vom 24. Juni 1915[4] vorgenommen, durchschnittlich 1300—1500 Enteignungen im Monat[5], und durch die Kriegsrohstoffabteilung des KM[6] verfügt. Durch die Enteignungsverfügung ging das Eigentum bestimmter Waren von dem Voreigentümer auf die KMA über, die die enteigneten Waren sofort, unabhängig von der Preiseinigung, abrief. In den Preiseinigungsverhandlungen wurden, soweit Höchstpreise bestanden, diese, anderenfalls von der Kriegsmetall AG Preise festgelegt. Diese waren in den meisten Fällen niedriger als die Kosten für die Anschaffung des Ersatzmaterials. War der Voreigentümer mit dem gebotenen Preis der KMA nicht einverstanden, so stand ihm formell die Beantragung der Festsetzung des Übernahmepreises beim Reichsschiedsgericht (ab 1919 Reichswirtschaftsgericht) offen[7], das aber stets im Interesse der Kriegsrohstoffgesellschaft entschied. Ein Beispiel hierfür ist die Beschwerde von A. Pätzold, Dresden, am 24. April 1918 beim Reichskanzler:

> Meine Blitzschutzanlage ist „durch eine Verfügung des Generalkommandos enteignet worden. Die Herstellungs- und Anbringungskosten einer Ersatzblitzschutzanlage betragen 264,— Mark. Das Reichsschiedsgericht verweigerte mir aber bis jetzt die volle Zurückerstattung dieser Kosten".[8]

Das ist um so verständlicher, wenn man weiß, daß sogar 1918/19 Dr. C. Netter, Mitinhaber der Metallwarenfabrik Wolf & Netter, der ja Aktionär der Kriegsmetall AG war und der auch im engen Vertrauensverhältnis zum Aufsichtsrat[9]

[1] KMA, Nr. 469.

[2] Vgl. KMA, Nr. 83, Denkschrift: „Der Vorrat von Kupfer in Deutschland und die Mittel, Kupfer für Heereszwecke freizumachen."

[3] *Heymann*, Die Rechtsgrundlagen der Kriegswirtschaft unserer Heeresverwaltung, Kriegsamt, Amtl. Mitteilung und Nachrichten Nr. 20.

[4] RGB 1915, Nr. 4776, S. 357.

[5] KMA, Nr. 19, Bd. 1.

[6] Anm. Zwecks Erledigung der sich aus der Freimachung der eingebauten Metalle ergebenden Arbeiten war am 1. Mai 1915 eine Metall-Mobilmachungsstelle bei der KRA gebildet worden.

[7] KMA, Nr. 19, Bd. 1, Anm. Das Schiedsgericht wurde bei 10000 Enteignungen in 340 Fällen angerufen.

[8] Reichswirtschaftsgericht 1, Sicherstellung von Gegenständen des Kriegsbedarfs, ohne Lagernummer.

[9] KMA, Nr. 18 und Nr. 1249.

stand, zugleich Mitglied dieses Gerichts war. Also hier war Richter und Angeklagter dieselbe Person.

Eine weitere Form der Beschaffung im Inland und in den vorübergehend okkupierten Gebieten, besonders Polen[1], war die sogenannte Metallmobilmachung, d. h. die Beschlagnahme und Zwangsenteignung der metallischen Haushaltsgegenstände, die eine Form der rücksichtslosen Ausplünderung der Werktätigen und die Entwürdigung der Kulturstätten durch Demontage von Denkmälern, Orgelpfeifen und Bronzeglocken waren. Das Glockenmetall, das die gläubigen Krieger einst mit seinem Ruf zur Segnung herbeirief, hat diese Gesegneten mit seinem Ruf auf dem Schlachtfeld (jetzt allerdings in Gestalt von Geschützen) für die Interessen einer Handvoll Millionäre ins Grab begleitet. Und es waren so viele alte und schöne Glocken für diesen abscheulichen Zweck von den Konzernen, insbesondere der Metallgesellschaft, in Geschützrohre verwandelt worden, daß es 20 Nachkriegsjahre bedurft hätte, um allein diese quantitativ wiederherzustellen.[2]

Auch in der Nazizeit plünderten die gleichen Rüstungskonzerne die Kirchen aus. Die Adenauerjustiz sanktionierte sogar 1955 noch diese Kirchenplünderung, indem die Wiedergutmachungsstelle beim Oberlandesgericht, in Hamburg die Forderung der beiden christlichen Kirchen auf Rückgabe von 3000 kg Glockenbruch ablehnte. Der Schrott stammt von zahlreichen Glocken, die während des letzten Krieges beschlagnahmt und für 270000 Mark von den nazistischen Behörden an die Zinnwerke Wilhelmsburg und die Norddeutsche Affinerie Hamburg (Konzern Metallgesellschaft Frankfurt/Main) verkauft worden war. Die Werke hatten nach der Währungsreform 1948 den Kirchen, „die seinerzeit ohne einen Pfennig Entschädigung geblieben waren, den Rückkauf des Schrotts für 900000,— Mark angeboten".[3]

Im Rahmen der Metallmobilmachung wurde während des ersten Weltkrieges auch der Kupferschiefer von den Hausdächern gerissen, sogar der Ausbau von Messingtürdrückern und Fenstergriffen war bereits eingeleitet worden und hatte zu wüsten Preistreibereien und zu einer spekulativen Produktionsaufnahme von Millionen Ersatzdrückern geführt. Diese Maßnahmen erregten breite Kreise des Kleinbürgertums, vor allem die durch die Metallmobilmachung geschädigten Hausbesitzer mächtig, so daß sie in der Presse die anklagenden Fragen stellten:

„Ist es nötig, daß die Ankäufer, die schon an den Ofentüren und Waschkesseln Millionen verdient haben, weitere Millionen anhäufen? Ist es nötig, daß die Werke, denen das Reich die Metalle überläßt, an ihre Aktionäre 20—30 v. H. Dividende in Kriegszeiten verteilen? Für Großberlin sind die Verluste, die aus der Enteignung und ungenügenden Entschädigung erwachsen, auf 80—100 Millionen Mark berechnet worden. Es ist von den Hausbesitzern dem Kriegsamt entgegengehalten worden, daß das Reich den Herstellern von Kanonen, Granaten und Autos keine ‚tunlichste', sondern volle Entschädigung zu leisten hat; was den Kanonenlieferanten recht, das sollte dem Hausbesitz billig sein."[4]

Die Kriegsmetall AG regelte mit den einzelnen Kommunalverbänden die Ablieferung und Bezahlung der durch die Mobilmachung aufgebrachten Metalle, und

[1] Vgl. KMA, Nr. 752.
[2] Mobilmachung, Nr. 15, Bd. 4.
[3] Vgl. BZ am Abend v. 7. Januar 1955.
[4] Vossische Zeitung, 9. Juli 1918, Nr. 345.

sämtliche bei den Kommunalbehörden eingegangenen Metalle wurden auf die Lager der KMA übergeführt.

Auch im neutralen Ausland versuchte die Kriegsmetall AG unter Ausnutzung der alten Geschäftsverbindungen ihrer Aktionäre ein größtmögliches Quantum Metalle aufzukaufen und nach Deutschland zu schaffen. Zum Ankauf von Kupfer, Nickel, Ferrochrom und anderen Rohstoffen in Übersee und die Verschiffung dieser für die deutsche Metall- insbesondere Elektroindustrie rief sie im August 1915 unter Leitung von Steinthal, Deutsche Bank[1], ein „Metallkonsortium" ins Leben, woran sich nicht nur Aktionäre der KMA, sondern auch andere Metallindustrielle beteiligten. Die Konzerne AEG, Siemens und Krupp, waren auch hier die größten Aktionäre.[2]

Auffallend, aber nicht verwunderlich ist, daß die Krupp AG, mit Schreiben Hugenbergs vom 26. September 1914 an Rathenau „auf eine Beteiligung" an der Kriegsmetall Aktiengesellschaft „mit Dank verzichtet" hatte, weil sie sich verpflichtet glaubte,

„in bezug auf die Beschaffung der fraglichen Rohstoffe in keiner Weise, auch nicht durch die Rücksichten zu beschränken, die sich aus der Beteiligung an einer gemeinsamen Beschaffungsstelle unter Umständen ergeben können."

Nunmehr trat sie allerdings diesem Metallkonsortium, das doch eine gemeinsame Beschaffungsstelle darstellte, bei. Die Krupp AG hatte aber auch bereits vor diesem Zeitpunkt eng mit der KMA zusammengearbeitet, z. B. zur Bekämpfung unerwünschter Konkurrenz, wie der folgende Auszug eines Briefes der Krupp AG an die Kriegsmetall AG vom 7. November 1914 zeigt: Aluminium-Werke GmbH Freudenberg haben 25 t Aluminium vorrätig, „für das sie Aufträge in Aluminiumzündern suchen, die sie bisher nicht hergestellt, für die sie auch einen Auftrag nicht vorliegen haben. Es wäre m. E. dringend geboten, daß derartige Mengen durch die Regierung mit Beschlag belegt und denjenigen Firmen zugeführt würden, die tatsächlich Aufträge auf Zünder vorliegen haben."[3]

Daß die Krupp AG aber der Kriegsrohstoffgesellschaft nicht beigetreten war, lag daran, daß sie glaubte, sich „durch den Umfang der im Frieden vorbereiteten Versorgung mit den fraglichen Metallen"[4] genügend für den Kriegsbedarf eingedeckt zu haben. Jedoch der unerwartet hohe Metallverbrauch für die enorme Rüstungsfabrikation zehrte Krupps Vorräte bald auf[5], so daß dann die Krupp AG mit der Kriegsmetall AG eng zusammenarbeitete und in der Folgezeit von ihr — obwohl nicht Aktionär — genauso wie die großen Elektrokonzerne bevorzugt beliefert wurde. Die nunmehr erfolgte Beteiligung am Metallkonsortium brachte der Firma Krupp sogar noch den Hochseedampfer „Gunberg" ein, welchen das Metallkonsortium der Firma zu 400—500000 Kronen *unter* dem Marktpreis über-

[1] KMA, Nr. 8, Bd. 1.
[2] KMA, Nr. 25, Bd. 3.
[3] KMA, Nr. 755, Bd. 1.
[4] KMA, Nr. 4.
[5] Vgl. KMA, Nr. 2056, Bd. 2, Schreiben KMA an KRA vom 8. Dezember 1914. „Selbst Krupp behauptet, durch unvorhergesehenen Verbrauch an Nickel allmählich knapp zu werden."

ließ, „mit Rücksicht auf die Verwendung im vaterländischen Interesse".[1] Das Metallkonsortium kaufte vor allem in Amerika Metalle, welche es jedoch nur zum Teil durch Transporte, die „offiziell" nach Norwegen gingen oder z. B. durch das Tauchboot „Deutschland" abtransportieren konnte. Bei diesen Unternehmen hatte die Kriegsmetall AG in jeder Hinsicht die volle Unterstützung des Chefs des Admiralstabs der Marine.[2]

Zum Zweck des Metallankaufs in den neutralen Staaten Europas, wie z. B. in der Schweiz, in Holland und in den skandinavischen Ländern, schuf die Kriegsrohstoffgesellschaft der Metallkonzerne, die KMA, eine eigene umfangreiche Organisation, die alle erfaßbaren Metalle aufkaufte. Das geschah legal, d. h. mit Zustimmung der Regierungen der neutralen Staaten, oder illegal, d. h. durch den Kurierdienst der deutschen diplomatischen Gesandtschaften[3], und durch Schmuggeltransporte. So ging z. B. legal die ganze norwegische Metallproduktion des Jahres 1915 in Höhe von 4200 t Kupfer und 1200 t Nickel nach Deutschland.[4] Illegal wurden z. B. im Mai 1917 durch den Vertrauensmann der Kriegsmetall AG, Roehl, von der Schweiz auf dem Schmuggelwege 40 t Zinn nach Deutschland gebracht und wiederholt unter Mißbrauch des diplomatischen Kurierdienstes aus Holland Quecksilber sowie aus der Schweiz Platin und Zinn.[5]

Eine weitere Quelle der Metalleinfuhr ergab sich daraus, daß alle deutschen Firmen verpflichtet waren, bei der Ausfuhr von Metallwaren ein entsprechendes Quantum an diesen Sparmetallen vom ausländischen Empfänger zurückliefern zu lassen und an die Kriegsmetall AG abzuliefern. Ein Musterbeispiel dafür, wie wenig sparend diese Verpflichtung bei ihrer *bürokratischen Handhabung* sein konnte und auch oft war, zeigt das folgende Beispiel:

Die Firma Julius Busse, Berlin C 19, hatte im Sommer 1917 die Absicht, auf Grund eines Geschäftsabschlusses zwei Klappkameras an eine Firma in Luxemburg zu liefern. Nachdem das Freigabeformular in achtfacher Ausfertigung gewissenhaft ausgefüllt und von der staatlichen Bürokratie (R. d. I.) noch gewissenhafter und lange geprüft worden war, konnten diese zwei Klappkameras — gegen Rücklieferung des in ihnen verarbeiteten Sparmetalls seitens des Luxemburger Empfängers — ausgeführt werden. Das Sparmetall: 550 Gramm Messing und 150 Gramm Aluminium, wurde dann von der deutschen Gesandtschaft in Luxemburg an das Auswärtige Amt in Berlin geschickt — man bedenke den hiermit verbundenen Arbeitsaufwand der deutschen Behörden — und von diesem dann wiederum mit großem Begleitschreiben und nicht weniger großem Siegel versehen, an die Kriegsmetall AG weitergeleitet.[6] Auf Grund des energischen Protestes beim Kriegsministerium durften später die Elektrokonzerne und die anderen bedeutenden Aktionäre der Kriegsmetall AG ohne achtfaches Formular direkt Lieferungen nach

[1] KMA, Nr. 25, Bd. 3.
[2] Vgl. KMA, Nr. 136.
[3] Vgl. KMA, Nr. 215.
[4] KMA, Nr. 23, Bd. 2 und 7.
[5] KMA, Nr. 186, Brief Roehl an KMA, Nr. 1045, Bd. 6 und Nr. 1171.
[6] KMA, Nr. 34, Bd. 2 und Bd. 1171.

dem neutralen Ausland, besonders der Schweiz, vornehmen.[1] Jetzt mußte nur noch der Nachweis erbracht werden, daß vor Lieferungserfüllung bereits der Sparstoff aus dem Ausland eingeführt worden war. Die bedeutenden Schweizer Konzerne wie Brown, Boveri & Co. und die Maschinenfabrik Oerlikon, die mit Einverständnis der deutschen Regierung seit 1916 aus deutschem Material hergestellte Werkzeugmaschinen (3000 Stück) an die Ententeländer exportierte[2], legten bei derAEG, Werk Oberspree, und bei den Heddernheimer Kupferwerken (Metallgesellschaft) gleich eigene Metallager an[3], um also schnell, ungehindert und außerhalb des staatlich geregelten Kompensationsverkehrs, ihre Waren zu beziehen. „Es soll", wie es in einer Aktennotiz vom 15. September 1916 hierzu heißt: „dadurch unbedingt erreicht werden, den Veredlungsverkehr wieder zu heben, und der Vorzug, den die deutschen großen Kupferwerke bisher hatten, ihnen zu wahren".[4] Diese Lager, wie auch das für den übrigen Veredlungsverkehr in Mannheim angelegte, boten den Rüstungsindustriellen auch die Möglichkeit, illegal Metall nach Deutschland hereinzuschaffen, und Dr. Vogelstein betonte in diesem Zusammenhang nach Absprache mit Nationalrat Schmidheiny, Schweiz: *„Schwindeleien in großem Maßstabe sind zulässig."*[5]

In Verbindung hiermit hat die Kriegsmetall AG die gesamte Metalleinfuhr und -ausfuhr und faktisch überhaupt den ganzen Austauschverkehr des Deutschen Reiches mit den neutralen Staaten, der im Kriege die Hauptform des Handels war, bei sich konzentriert und kontrolliert und insbesondere für ihre Großaktionäre eine vom behördlichen Bürokratismus befreite Ausfuhr in die Wege geleitet. Diese Kontrolle war wiederum eine Kontrolle der großen Konzerne, welche sie wirksam ausnutzten, um ihren Export vor allem nach der Schweiz und Norwegen zu erhöhen. Diese Kontrolle, die vielmehr bewirken sollte, daß aus Deutschland keine Sparmetalle wie überhaupt kriegswichtige Produkte ausgeführt wurden, die mit nationalem Verantwortungsgefühl gehandhabt werden sollte, hinderte die deutschen Konzernherren nicht daran, selbst Kriegsmaterial über neutrale Staaten nach Frankreich und England zu liefern. So erhöhte der Siemens-Konzern seine Ausfuhr ab April 1915 an Elementstiften von 300 t auf 404 t im Jahr 1916 und an Kohlenplatten von 320 t auf 516 t[6] im gleichen Zeitraum. Die Ausfuhr an

[1] KMA, Nr. 1171.

[2] KMA, Nr. 157, Anm. Die Lieferung von 1600 t Dynamobleche an Brown, Boveri — davon 800 t für Ententelieferung— erfolgte 1917: da „die verhältnismäßig geringe Produktion der Maschinen aus deutschen Dynamoblechen keine beunruhigende Stärkung des Gegners bedeutete" und „da Brown, Boveri auf den Bundesrat weitestgehenden Einfluß hat, und eine Stillegung der Betriebe von Brown, Boveri auf die ganze politische Stellung des Bundesrats in unübersehbarer Weise einwirken können."
Eisenausfuhr Zentrale, Nr. 29, Bd 2.

[3] Anm. Rathenau saß ja auch im Verwaltungsrat von Brown, Boveri und der Maschinenfabrik Oerlikon, die von den Familien Huber und Schindler beherrscht werden. Vgl. Pollux, Elektrizität, Zürich 1945, S. 51 u. S. 84.

[4] KMA, Nr. 1171.

[5] KMA, Nr. 23, Bd. 2, Aktennotiz vom 2. August 1915.

[6] Reichswirtschaftsmin., Nr. 9.

Elektrodenkohle (für Scheinwerfer der englischen Flotte) erhöhte der Konzern wie folgt:

Juli 1916	96 t
August 1916	146 t
September 1916	165 t.[1]

Die erste Lieferung ging zwar offiziell an die Firma Helesons Enke, Kopenhagen, die zweite an die Privatfirma: Usines Electrochimiques in Hasslund (Norwegen). Jeder Fachmann jedoch wußte, und schon lange der Kriegsgewinnler Siemens, daß diese großen Quanten von den Import-Firmen nicht selbst verbraucht wurden, sondern zum größten Teil nach England gingen.[2]

Gemäß der deutsch-schweizerischen Vereinbarung von 1915 erfolgte eine Ausfuhr von Zink und Blei nach der *Schweiz* lediglich durch die Kriegsmetall AG, und alle anderen Firmen erhielten keine Ausfuhrbewilligung hierfür. Trotzdem ist es den deutschen Metallkonzernen gelungen, in größerem Umfang Zink nach der Schweiz auszuführen, um es von dort zu sehr hohen Preisen nach Frankreich weiterzuverkaufen.[3] Die ungeheuer hohen Preise im neutralen Ausland und die noch höheren in Frankreich und England[4] für diesen kriegswichtigen Rohstoff und die sich daraus ergebende Möglichkeit, Maximalprofite zu erzielen, war die Ursache dafür, daß die deutschen Monopolisten die staatliche Regulierung durchbrachen.

Vor allem war es der Kriegsmetall AG gelungen, den gesamten Metalleinkauf im neutralen Ausland in ihrer Hand zu zentralisieren, die Märkte unter ihre Kontrolle zu bringen[5], und die privaten deutschen kleineren Händler durch ihr Monopol von der Ein- und Ausfuhr zu verdrängen, weil, wie es in einer Denkschrift vom 21. Juni 1915 motiviert wird, „die freie Konkurrenz den deutschen Interessen" — (die Finanzoligarchie meint hier, wie oft, wenn sie deutsch sagt, sich selbst, d. V.) — „nicht mehr entspricht."[6]

Die Kriegsmetall AG hat es dadurch geschafft, die spekulativen Preistreibereien, die auf Grund der steigenden Nachfrage besonders für das von den deutschen Rüstungsgewaltigen benötigte Kupfer bald nach Beginn des Krieges im neutralen Ausland eingesetzt hatten und die die Rohstoffe für die deutsche Industrie so sehr zu verteuern drohten, einzuschränken.[7]

[1] Ebenda.

[2] Ebenda, Schreiben des Kgl. Preuß. Oberzollamts an den Finanzminister v. 25. Oktober 1916.

[3] Vgl. KMA, Nr. 1171, Brief Allgemeines Kriegs-Departement des KM an das stellvertretende Generalkommando, XIV. Armeekorps, Karlsruhe.

[4] Vgl. unten Seite 116.

[5] Anm. Die KMA hatte auch in Konstantinopel und Budapest eigene Geschäftsstellen errichtet, die den Aufkauf auf dem Balkan besorgten.

[6] KMA, Nr. 334.

[7] Vgl. KMA, Nr. 19, Bd. 1. Bericht vom 31. Juli 1916.

Die Zuschüsse aus dem „Staatssack" an die Aktionäre, zur Erweiterung ihrer Produktionsanlagen

Eine weitere beachtliche Quelle der Metallbeschaffung aus dem Ausland war *die Ausraubung* der von den deutschen Truppen okkupierten Länder. Diese vollzog sich so, daß alle größeren, bei gewerblichen Unternehmungen lagernden Metallmengen vom Kriegsministerium als „Kriegsbeute" erklärt, nach Deutschland transportiert und der Kriegsmetall AG gegen ein Spottgeld zur Verfügung gestellt wurden. Mit schönen Worten und militärischem Terror wurden die Metallgegenstände aus den französischen, belgischen und polnischen Haushalten herausgeholt, und es wurde schließlich auch hier versucht, mit wertlosen Papierscheinen die versteckt gehaltenen Metalle hervorzulocken und aufzukaufen. Die aus den besetzten Gebieten im Osten und Westen herausgeschleppten „Beute-Metalle" betrugen während des ganzen Krieges insgesamt an:

Kupfer	Kupferlegierungen	Aluminium	Nickel	Zinn
51504 t	88659 t	1840 t	877 t	1013 t

und an sonstigen Nichteisenmetallen, Erzen etc.: 228459 t.[1] Es waren also enorme Mengen, die sich die Rüstungsgewaltigen der Metallindustrie zu niedrigen Preisen mit Hilfe der Kriegsrohstoffabteilung verschaffte und in klingende Münze verwandelte. Trotz dieser unumstößlichen Tatsachen behauptet aber Gustav Stolper in bezug auf die Rohstoffbeschaffung: „Quantitativ wurde Deutschland streng auf seine eigenen Hilfsquellen beschränkt" [2], womit er offensichtlich die von Deutschland praktizierte Ausplünderung der besetzten Gebiete vertuscht. Zur Lagerung und Nutzbarmachung der angekauften Metalle hatte die Kriegsmetall AG eigene Lager errichtet in Hamburg, Berlin, Köln, Duisburg, Leipzig, Nürnberg, Ludwigshafen und Karlsruhe und die „Metalltreuhand GmbH" als ihre Kommissionärin ins Leben gerufen.[3] Sie war mit der Abnahme, Einlagerung und Sortierung der Metalle auf den genannten Lagern, in welchen auf ausdrücklichem Wunsch der Kriegsrohstoffabteilung des KM größere Bestände gehalten wurden [4], betraut. Da mit zunehmender Dauer des Krieges der weitaus größte Teil der beschafften Metalle aus Altmetallen, Abfällen und ausgebauten Metallgegenständen bestand, mußten diese erst einem Raffinationsprozeß unterworfen werden, um sie für Heereszwecke brauchbar zu machen. Da in Friedenszeiten diese Arbeit nicht in einem solchen Umfange durchgeführt wurde, also nicht genügend Kapazitäten für einen so qualitativ stark gewachsenen Raffinationsprozeß vorhanden waren, schuf die Kriegsmetall AG neue Raffinationsanlagen. In denen wurden die eingegangenen Altmetalle, Legierungen, Abfälle und Erze gereinigt und auf hüttenmännischem oder elektrolytischem Wege nutzbar gemacht. Um reine Metalle selbst aus solchen Legierungen und Rückständen zu gewinnen, deren Verwendbarkeit man in der

[1] Zusammengestellt an Hand der Akte KMA, Nr. 473 (vgl. auch Nr. 338).

[2] *Stolper*, Deutsche Wirtschaft 1870—1940, Stuttgart 1950, S. 70.

[3] Insgesamt beschäftigte die KMA in der Verwaltung, Lagern etc. am 31. August 1918 2128 Beamte und 7124 Arbeiter, KMA, Nr. 7, Bd. 4.

[4] KMA, Nr. 2346, Brief Nr. Z 384/2,15 KRA.

Vorkriegszeit praktisch für unmöglich oder unrentabel hielt, mußten erst neue Methoden entwickelt werden. Es handelt sich hierbei um die Gewinnung von Nickel und Kupfer aus Neusilber, von Zinn und Kupfer aus Rotguß, Bronze und Messing sowie von Chrom und Wolfram aus niedrighaltigen Erzen und Rückständen. Alle die hierfür erforderlichen neuen, erheblichen Anlagen wurden auf Anregung der KMA vor allem bei ihren Aktionären auf dem Wege des Vertrags-Abschlusses[1] geschaffen.

So z. B. schlossen die Kriegsmetall AG und die Metallgesellschaft 1915 einen Vertrag über die Umarbeitung von Nickel- und Kupfernickelmaterial.[2] Hierin verpflichtete sich die Metallgesellschaft, ihre neu erworbene Nickelhütte Duffel in Betrieb zu setzen und die hierzu notwendigen Instandsetzungsarbeiten baldmöglichst vorzunehmen. Die Kosten der Instandsetzungsarbeiten in Höhe von 145 000,— Mark zahlte die KMA aus Reichsmitteln. Die Metallgesellschaft betrieb dann die Nickelhütte für Rechnung der Kriegsmetall AG, wofür sie außer den Betriebskosten einen Zuschlag auf diese in Höhe von 10% als industriellen Gewinn erhielt. Abgesehen davon, daß dieser Teil des Vertrages jeglicher rationeller Betriebsführung widerspricht, können wir feststellen, daß die Aktionärin der KMA, die Metallgesellschaft, durch die ihr von der KMA geschenkten Reichsmittel den Ausbau und die Modernisierung eines Teils ihrer Produktionsanlagen vornehmen konnte. Und das brachte der Metallgesellschaft nicht nur den vertraglich garantierten Gewinn im Kriege ein, sondern auch gesteigerte Profitmöglichkeiten für die Nachkriegszeit. Auf Grund eines ähnlichen Vertrages vom 27. März 1916 errichtete der Frankfurter Metallkonzern auch eine neue Zinnhütte, die bis zu 1000 t Zinnmaterialien mit Gehalten von 4—30% Zinn auf 90% verarbeitete und ihre Produktion am 1. März 1917 aufnahm.[3] Bestätigt doch hier die Metallgesellschaft selbst: „Die Duisburger Zinnhütte konnte als ein wertvolles Aktivum in die Friedenszeit überführt werden.“[4] Carl Berg, Aktionär der KMA, erwarb ebenfalls mit Hilfe eines solchen Vertrages eine neue Kupfer-Elektrolyse in Eveking mit 180 t monatlicher Leistungsfähigkeit.[5]

Schauen wir uns bei der Vielzahl dieser Verträge noch den zwischen der Kriegsmetall AG und den Hirsch Kupfer und Messingwerke, AG, vom 5. Juni 1915 an:

Die Hirsch AG verpflichtete sich, ihre Kupfer-Raffinieranstalt in Ilsenburg zu erweitern und während der Dauer des Krieges in nachstehendem Umfang für die KMA gegen einen angemessenen Raffinierlohn zu arbeiten:

Juni	1915	für	400 t	Kupfer-	Anoden	monatlich
Aug.	1915	für	600 t	„	„	„
Sept.	1915	für	800 t	„	„	„
ab Okt.	1915	für	1000 t	„	„	„

[1] Anm. Es wurden auch die vorhandenen Kapazitäten ausgenutzt, so daß insgesamt mit 80 Umarbeitungswerken, allen voran mit den Aktionären der KMA, Verträge abgeschlossen wurden. Vgl. KMA, Nr. 263.
[2] Vgl. KMA, Nr. 2596.
[3] KMA, Nr. 2535.
[4] Fünfzig Jahre Metallgesellschaft, a. a. O., S. 221.
[5] KMA, Nr. 2479.

Die Herstellungskosten von 250000,— Mark für diese neue Anlage, die auch nach dem Kriege im freien Eigentum und zur freien Verfügung der Firma Hirsch blieb, bezahlte die KMA natürlich ihrer Aktionärin.[1] Für die kapitalistische Wirtschaftspraxis war diese Erscheinung neu, daß privatrechtliche, aber mit behördlichem Charakter versehene Monopolorganisationen wie die Kriegsmetall AG entstanden waren. Neu war auch, daß diese Gesellschaften ihren Aktionären aus Staatsmitteln die Errichtung gewaltiger Produktionskapazitäten finanzierten und ihnen diese faktisch schenkten. Eine solche Machenschaft war eben nur deswegen möglich, weil die Finanzgewaltigen die hierfür entscheidenden Positionen des Staatsapparates sowie die „gemeinnützigen" Kriegsgesellschaften beherrschten und sie für die Erlangung des Maximalgewinns, besonders in Form von neuen staatlich finanzierten Produktionsanlagen, hemmungslos ausnutzen konnten und auch ausnutzten. In dieser Hinsicht trat in der Metallindustrie neben der AEG die Metallgesellschaft besonders hervor. Dieser Konzern stellte zwei Direktoren und ein Aufsichtsratsmitglied für die KMA und den Kommissar der KMA, v. d. Porten. Und diese Herren finanzierten mit bedeutenden verlorenen staatlichen Zuschüssen ihrem Konzern doch den Ausbau der Nickelhütte Duffel, den Neubau der Duisburger Zinnhütte, die Erweiterung der Norddeutschen Raffinerie sowie die Modernisierung der Heddernheimer Kupferwerke.[2]

Ein weiteres Beispiel dafür, wie gründlich die Aktionäre der Kriegsmetall AG ihre Rohstoffgesellschaft dazu ausnutzten, einen Maximalprofit herauszuschlagen und wie gewissenhaft sie vom Aufsichtsrat und von der Direktion dieser Kriegsgesellschaft dabei unterstützt wurden, ist der Kampf der Th. Goldschmidt AG, Essen, um die monopolistische Beherrschung der Entzinnung und der völligen Verdrängung ihrer Konkurrenten. In Deutschland waren zu Beginn des ersten Weltkrieges sechs Weißblechentzinnungsanstalten vorhanden[3], von denen über die größte die Th. Goldschmidt AG (Aktionär der KMA) verfügte, die 1913 von insgesamt 144000 t Weißblechabschnitte 72% entzinnte. Nach Kriegsausbruch sorgte Goldschmidt als Aufsichtsratsmitglied der Kriegsmetall AG für eine bevorzugte Belieferung seines Werkes mit Weißblechabfällen — bei denen nämlich im Gegensatz zu den anderen Metallen weniger Raffinationsmaterial als im Frieden anfiel, also ein Rohstoffmangel vorhanden war. Hierüber beschwerte sich die Entzinnungsanstalt Elektro-Metallwerke Rheinau im Januar 1915 bei der Kriegsrohstoffabteilung.[4] Empört wurde die Klage zurückgewiesen, da „von einer Bevorzugung der Firma Th. Goldschmidt AG, Essen/Ruhr, niemals die Rede sein konnte und sein kann".[5] Doch auch die weiteren Tatsachen strafen diese Behauptung Lügen. Th. Goldschmidt schloß mit der Kriegsmetall AG am 5. April 1916 einen Zinn-

[1] KMA, Nr. 2491.

[2] „Heddernheim" erhielt mit Staatsmitteln finanziert, durch die Unterstützung der KMA einen modernen Raffinierbetrieb und „warf während der ganzen Kriegszeit gute Erträge ab". Fünfzig Jahre Metallgesellschaft, a. a. O., S. 227.

[3] KMA, Nr. 2056, Bd. 2.

[4] KMA, Nr. 88.

[5] Ebenda.

lieferungsvertrag (I. Vertrag), bei dessen Erneuerung (II. Vertrag) im März 1917 Goldschmidt folgende Sonderbestimmung durchsetzte: „KMA übernimmt die Verpflichtung, daß alle Entzinnungsanstalten außer St. Thönis Chemische Fabrik v. d. Linde (in St. Thönis-Krefeld, d. V.) den Betrieb einstellen, so daß die Entzinnung im Reiche nur von Goldschmidt und St. Thönis in Zukunft ausgeübt wird.“[1]

Die gesamte Rohstoffmenge: Büchsen und Weißblechabfälle wurden von der Kriegsmetall AG *nur* an diese zwei Firmen im Verhältnis 3½ an Goldschmidt und 1 an Thönis geliefert.[2] Aber nachdem Goldschmidt sämtliche Konkurrenten ausgeschaltet hatte, verlangte er nunmehr einen Preis von 10,90 Mark p. kg gegenüber dem bisherigen von 7 Mark.[3] Trotz des — allerdings wohlwollenden — Widerstandes der Direktion der Kriegsmetall AG, — wie der Brief von Direktor Flatow an Goldschmidt vom 8. August 1917 zeigt: „Ich hätte ohne weiteres auch die Erledigung durch die Gerichte in Vorschlag gebracht, wenn nicht die Rücksicht auf ihre Angehörigkeit zum Aufsichtsrat der KMA mich daran gehindert hätte“[4], — setzte Goldschmidt diesen Preis durch. Er schraubte ihn im IV. Vertrag am 24. Oktober 1918 sogar auf 17,25 Mark pro kg Zinn, also von 7,— auf 17,25 Mark, wobei ihm noch dazu der Hauptrohstoff, die Metallabfälle, weiterhin zu einem gleichbleibenden Preis von der KMA geliefert wurden.[5] Man höre und staune, trotzdem behauptete Goldschmidt im September 1918, bei dieser für die Kriegsmetall AG durchgeführten Weißblechentzinnung einen Verlust von 300000,— Mark gehabt zu haben, und verlangte eine Rückvergütung „aus Gründen der Kulanz“.[6] Daraufhin schickte die Kriegsmetall AG ihren Revisor Neumann zu der Firma Th. Goldschmidt AG, Essen, der dann am 6. September 1918 einen Revisionsbericht über die Weißblechentzinnung lieferte. Hierin vermittelt er uns einen Einblick in die Kalkulation, die man wohl als durchaus typisch für die Kriegsgewinnler-Konzerne ansehen kann. Zunächst stellte Neumann allgemein fest, „ein Verlust lag nicht vor, das Hauptbuch weist einen Gewinn von 42000 Mark auf“.[7] Die Behauptung Goldschmidts erwies sich somit als unrichtig. Im einzelnen bemerkte Neumann: Eine nationale Stiftung von 42000,— war als Verlust gebucht, verkaufte Maschinen (Buchwert 1,— Mark) wurden mit 46000,— Mark verkauft und als Verlust gebucht. Für Gehälter von Beamten, die im Felde standen, wurden 30000,— berechnet.

„Es ist außer Frage für eine große Firma eine Ehrenpflicht, den Beamten, die im Felde stehen, ein Gehalt zu zahlen. Die Firma gibt aber selbst zu, daß sie dabei auch noch den egoistischen Grund hat, die Beamten später für ihre Friedensarbeit zurückzubekommen. Es ist mir aber nicht ganz klar, warum *die KMA* bei der Kalkulation *diesen ganzen Posten* für Beamte, die doch für die jetzige Arbeit nichts leisten, mitbezahlen muß.“[8]

[1] KMA, Nr. 2355, Bd. 2.
[2] Ebenda.
[3] KMA, Nr. 2416.
[4] KMA, Nr. 2355, Bd. 2.
[5] KMA, Nr. 2416.
[6] KMA, Nr. 380.
[7] Ebenda.
[8] Ebenda.

Der Herr Revisor findet es also selbstverständlich als „Ehrenpflicht", daß die großen Firmen für ihre Beamten, die im Felde stehen, Gehälter zahlen und in die Kalkulation einsetzen, er wehrt sich nur, daß der Kriegsmetall AG der ganze Betrag in Rechnung gesetzt wird, wobei er nicht einmal geprüft hat, auch nicht durfte, ob dieser Gesamtbetrag bei anderen Heereslieferungen seitens der Firma Goldschmidt nicht etwa auch voll eingesetzt wurde. Im Revisionsbericht heißt es weiter:

Für das wissenschaftliche Laboratorium wurden 70000,— Mark berechnet, obwohl „hier in erster Linie wissenschaftliche Arbeiten für die spätere Friedensarbeit gemacht wurden".[1]

Und der Revisor fügte hinzu: „Die Firma schleppt ferner einzelne hochbezahlte Beamte mit, die heute entsprechend ihrem Können kaum zu verwerten sind, die sie aber behält, um nach dem Frieden eben die Leute zu haben, die sie braucht."[2]

Der Bericht zeigt uns ebenfalls, daß die Aktionäre der Kriegsrohstoffgesellschaft wie hier die Firma Goldschmidt AG, durch die Verträge mit der KMA nicht nur einen unerhörten Nominalgewinn erzielten, sondern gleichzeitig noch zusätzlich neue moderne Produktionskapazitäten sowie Entwicklungsarbeiten auf weite Sicht usw. mit Staatsgeldern finanzierten, um auch die Nachkriegskonkurrenzfähigkeit und Gewinnmöglichkeiten enorm zu steigern.

Es versteht sich, daß bei der Reihe der durch die Direktion der Kriegsmetall AG bedachten Firmen die Krupp AG, obgleich nicht Aktionär, so doch enger Geschäftspartner der KMA, wie bei allen großen Geschäften, auch hier nicht unberücksichtigt blieb. Diesem Rüstungskonzern hat die Kriegsmetall AG zur „Errichtung eines zweiten Schachtofens zur Verhüttung von Chromerzen auf Ferrochrom (für Krupp selbst, d.V.) aus eigenen Mitteln einen verlorenen Zuschuß von 100000,— gewährt".[3]

Auf Grund dieser Geschäftsgebaren der Kriegsmetall AG erzielten die Aktionäre riesige Rüstungsprofite. Der *offizielle* Kriegsgewinn[4] der bedeutendsten Aktionäre der Kriegsmetall AG betrug allein im Jahre 1915:

AEG	34,5 Mill.	Für die gesamte Elektroindustrie 103 Mill. gegenüber 77 im Jahre 1913
Siemens	17 „	
Bergmann	21 „	
Hirsch-Kupfer	15,7 „	
C. Berg	1,5 „[5]	

und das Hüttenwerk Niederschöneweide (Beer, Sondheimer): erzielte — 2 Mill. Mark Gewinn und machte in Höhe von 4,4 Mill. Mark Rückstellungen bei einem Aktienkapital von nur 3 Mill. Mark. An die Aktionäre wurden 1,7 Mill. Mark ausgezahlt.[6]

[1] Ebenda.
[2] KMA, Nr. 380
[3] KMA, Nr. 292, Brief KRA an KMA vom 12. April 1917.
[4] Die großen Abschreibungen sowie die stillen Reserven etc. kommen hierin nicht zum Ausdruck!
[5] Vgl. Frankfurter Zeitung, Abendblatt vom 12. Oktober 1916 und 3. Januar 1917.
[6] Geschäftsbericht, Hüttenwerk Niederschöneweide AG, 2. Geschäftsjahr 1915, Akte 1/6/53 des Betriebsarchivs der VEB Berliner Metallhütten- u. Halbzeugwerke.

Allein die offiziellen Gewinne des ökomonisch stärksten Aktionärs der Kriegsmetall AG, der AEG, zeigen folgendes Bild:

Geschäftsjahr (30. Juli abgeschlossen)	*Reingewinn* (in Millionen Mk)	*Dividende*
1913/14	18,75	10%
1914/15	21,29	11%
1915/16	29,12	12%
1916/17	30,37	12½%

Der Kampf um die Sprengung des Aluminium-Syndikats

Die Kriegsmetall AG beschränkte ihre Metall-Beschaffungstätigkeit aber nicht nur auf die bereits vorhandenen Rohstoffe und deren teilweise Umarbeitung, sondern verschaffte sich auch einen bestimmenden Einfluß auf die Urproduktion der sowohl für die Erfüllung von Rüstungs- als auch von Exportaufträgen der monopolistischen Großbetriebe wichtigen, oft an die Stelle des Kupfers tretenden Sparmetalle: Aluminium und Zink.

Im Gegensatz zum Kupfer wurde vor Kriegsbeginn das Aluminium nicht aus Übersee, sondern aus der Schweiz eingeführt. So bestand die Möglichkeit, ohne wirksamen Einfluß der Entente, die vergeblich versuchten, einen Teil der Schweizer Produktion für Frankreich und Rußland zu bekommen[1], dieses weiterhin der Versorgung der deutschen Industrie zuzuführen.

Das war um so leichter möglich, weil ein beachtlicher Teil des Aktienkapitals der bedeutenden Schweizer Produktionsstätte, Aluminium-Industrie AG, Neuhausen (AIAG), in den Händen der deutschen Finanzmagnaten Rathenau, v. Siemens und Fürstenberg lag und ihr Leiter, Schindler, in enger Geschäftsbeziehung zu den deutschen Elektro-Konzernen stand.[2] Der größte Teil des Aluminiums von „Neuhausen" ging auf Grund von Lieferungsabschlüssen, die in die Kriegszeit hineinreichten, an die Aluminium-Einkaufsvereinigung. Diesem Syndikat gehörten die folgenden Firmen an.

Basse, Selve	Felten u. Guilleaume
Carl Berg AG	Krupp AG
Wilhelm Berg	Gruson AG (Krupp)
Julius Erbslöh	Vereinigte Deutsche Nickelwerke
Th. Goldschmidt AG	

Diese Werke, von denen uns der größte Teil doch schon als Aktionäre der KMA bekannt ist, wollten natürlich die aus dem bisherigen Syndikat erhaltenen Vor-

[1] Vgl. KMA, Nr. 307, Bd. 1.

[2] Anm. Rathenau, Fürstenberg u. Siemens waren die Gründer gewesen. Die Elektro-Konzerne waren auch Teillieferanten der großen, von der AIAG benötigten elektrotechnischen Einrichtungen. Der Präsident der Aluminium-Industrie AG, Huber, war ein „großer Freund von Rathenau und Fürstenberg". Pollux, ebenda.

teile, wie regelmäßige, direkte und billige Belieferung von „Neuhausen", wegen ihres sprunghaft wachsenden Aluminiumbedarfs, nicht aufgeben. Andererseits drängten die großen Elektro-Konzerne, die nicht Mitglieder dieses Syndikats waren und deren wachsender Aluminiumbedarf sich erst aus der im Kriege eingetretenen Kupferknappheit ergab, darauf, den von den Syndikatsmitgliedern zwar von Neuhausen bezogenen, jedoch nicht selbst verbrauchten Teil für sich in Anspruch zu nehmen. Daher schloß die Kriegsmetall AG als wirksamer Interessenvertreter der Großkonzerne mit dem stärksten Mitglied der Aluminium-Einkaufs-Vereinigung, der Krupp AG, am 24. November 1914 einen Vertrag, wonach Krupp den Verkauf des gesamten Aluminiums übernahm[1], der aber schon durch einen neuen Vertrag zwischen der KMA und den Mitgliedern der Aluminium-Einkaufs-Vereinigung am 15. Januar 1915 abgelöst wurde. Sie schlossen nun einen Vertrag, der den oben angeführten Interessen beider Gruppen, den bisherigen Aluminium-Großverbrauchern und den neuen, den Elektro-Konzernen, entsprach. Hierin wurde vereinbart: die Kriegsmetall AG setzt sich dafür ein, daß, von den Mitgliedern der Vereinigung abgesehen, alle Verbraucher auf den direkten Bezug aus „Neuhausen" verzichten. Die Einkaufsvereinigung andererseits verpflichtete sich, die gesamte Produktion Neuhausens für die Zeit des Krieges zu erwerben. Das eingegangene Aluminium wurde verteilt durch eine Aluminium-Verteilungskommission bei der KMA[2] (ab August 1915 beim Zuweisungsamt), in der ja auch der Direktor Buff von der Krupp AG saß.[3] Diese Kommission mußte zuerst den Bedarf der staatlichen Institute und der Krupp AG sicherstellen, dann der Großaktionäre der KMA und erst dann durfte der Rest an die übrigen Rüstungsindustriellen abgegeben werden.[4] Für jede Tonne Aluminium, welche an Nichtmitglieder ging, erhielt die Aluminium-Einkaufsvereinigung 100,— Mark.

Im März 1916 gelang es der Einkaufs-Vereinigung, auch mit „Neuhausen" einen Vertrag zu schließen, worin sie die ganze Produktion in Höhe von 15000 t jährlich bei einem Zugeständnis beachtlicher Preiserhöhungen

Oktober 1916 = 1,40 Fr.,
Oktober 1917 = 3,80 Fr.[5],

und bei der Lieferung der kalzinierten Tonerde an „Neuhausen" für die Dauer des Krieges erwarb.[6]

Die Tonerde aus Deutschland an die AIAG Neuhausen lieferte das Martinswerk GmbH (AIAG) und die Firma Gebr. Giulini, die in Ludwigshafen das größte Werk in Deutschland zur Herstellung von kalzinierter Tonerde, dem Vorprodukt

[1] Vgl. KMA, Nr. 2470.
[2] Ebenda.
[3] Vgl. KMA, Nr. 11, Bd. 1 u. 2, Nr. 18 u. 203, Bd. 3.
[4] KMA, Nr. 2470.
[5] KMA, Nr. 2160.
[6] Anm. „Neuhausen" brauchte keinerlei Steuern und Abgaben für die in Deutschland erzielten Gewinne zu zahlen. Die Auszahlungen an Neuhausen erfolgten also ohne jeden Abzug. Vgl. Reichswirtschaftsministerium, Nr. 3644.

des Aluminiums, betrieb. Die Geschäftsmoral dieser Firma wird gekennzeichnet durch einen Brief Rathenaus vom 3. Februar 1915 an das stellvertretende Generalkommando in Würzburg:

„Die Firma steht in Verdacht, daß sie weniger Tonerde herstellt als sie in der Lage ist, um den Eindruck einer Knappheit hervorzurufen und in dieser Weise spekulative Preise zu erzielen.“[1]

Und daß dieser sicherlich nicht unbegründete Verdacht Rathenaus auch den Tatsachen entsprach, dafür zeugt die Bemerkung Direktor Vogelsteins, KMA, vom 8. Dezember 1917, „daß Giulini in der Geschäftswelt ungefähr den gleichen Namen wie Beer, Sondheimer & Co. hätte, und für außerordentliche Schärfe, Anwendung aller Mittel und Rücksichtslosigkeit bekannt seien.“[2]

Die in der Schweiz gelegene Aluminium-Industrie AG Neuhausen vergrößerte ihre Tonerdefabrik in Deutschland, das Martinswerk GmbH in Bergheim, auf Grund des Vertrages von 540 auf 18000 t monatlicher Leistungsfähigkeit[3], ebenso Guilini sein Werk in Mannheim, wofür der Staat noch einen Zuschuß von 7,2 Mill. zahlte.[4]

Diesen Vertrag zwischen „Neuhausen“ und dem Aluminium-Syndikat hat dann die Kriegsmetall AG im August 1916 übernommen und so strikt eingehalten, daß sie der AIAG im September 1917 sogar „als Entschädigung für die durch den Streik in Chippis verursachten ‚Unkosten‘ einen Betrag von (zahlbar in der Schweiz) Fr. 600000,—“ zahlte.[5]

Die Garantie für die gesamten finanziellen Verpflichtungen der Kriegsmetall AG an „Neuhausen“ einschließlich der Frankenzahlungen während und nach dem Kriege übernahm namens des Deutschen Reiches das Reichsschatzamt.[6]

Jetzt kommt der springende Punkt!

Nachdem die Aluminium-Großverbraucher ihre bevorzugte Belieferung[7] gesichert hatten, das Aluminium von der KMA zu festen Preisen für die Rüstungsproduktion bekamen, da wurde ihnen der Vertrag mit Neuhausen über; denn „Neuhausen“ verlangte einen Abschluß für längere Zeit und höhere Preise.[8] Die deutsche

[1] KMA, Nr. 2057.

[2] KMA, Nr. 2501, Bd. 2, Anm. Beer und Sondheimer, Aktionär der KMA, hat sich auch seit 1917 mit KMA geklagt und auf dem Wege eines Vergleiches von der KMA 1919 3270000 Mark erhalten. Vgl. Akte KMA, Nr. 1189, Bd. 1.

[3] KMA, Nr. 2470, Anm. Der AIAG gehörte auch das Aluminiumwerk in Badisch-Rheinfelden mit jährlich 1000 t Produktion.

[4] KMA, Nr. 1165.

[5] KMA, Nr. 452, Anm. Also auch hier haben die Elektro-Konzerne AEG und Siemens große Gewinne erzielt.

[6] Reichsschatzmin. 7093, Anm. Je mehr das Deutsche Reich an „Neuhausen“ zahlte, um so mehr „Dividende bekamen auch die deutschen Elektro-Konzerne als Aktionäre „Neuhausens“. 1918 gewährte die AIAG bei 20% Dividende ihren Aktionären noch Gratisaktien im Verhältnis 5:1.

[7] Bevorzugt durch größere Mengen und vorrangiger Berücksichtigung. Sie hatten auch den Vorzug, daß sie das an sie zum Versand gelangende Material erst nach Abgang desselben zu begleichen brauchten. Vgl. KMA, Nr. 1152.

[8] Vgl. KMA, Nr. 29.

Valuta aber sank und kündete ein Verlustgeschäft an.[1] Deshalb hatten sie also diesen Vertrag an ihre gemeinnützige AG, die Kriegsmetall AG, abgetreten. Und es lag noch ein anderer Grund vor: die AIAG und ihre Zulieferbetriebe wie Guilini erweiterten ihre Aluminium-Produktionsanlagen, und diese Neuanlagen wurden durch Aluminium-Überpreise in kurzer Zeit abgeschrieben. Durch die Übernahme des Vertrages seitens der Kriegsmetall AG wurden die hohen Preise einerseits leichter auf das Reichsschatzamt abgewälzt[2], und andererseits konnte die Großindustrie weiterhin zu festen Rohstoffpreisen produzieren.

Für die wachsenden Bedürfnisse der deutschen Industrie reichten die Lieferungen „Neuhausens“,

1915 = 8600 t
1916 = 10000 t
1917 = 10000 t
1918 = 11000 t[3]

aber nicht aus, so daß die Finanzgewaltigen der Kriegsmetall AG und Kriegsrohstoffabteilung des KM auf die Errichtung von Aluminiumhütten in Deutschland drängten, was sie vor Schindler, AIAG Neuhausen, zunächst geheim hielten.[4] Die Direktion der Kriegsrohstoffgesellschaft übertrug den beiden monopolistischen Großunternehmen, der Chemischen Fabrik Griesheim Elektron (Aktionär der Kriegschemikalien AG) und der Metallgesellschaft (Aktionär der KMA) den Bau von drei Aluminiumwerken mit insgesamt 12000 t jährlicher Leistungsfähigkeit, die in Rummelsburg bei Berlin (geographisch günstig für AEG und Siemens), in Horrem bei Köln und in Bitterfeld errichtet wurden und zur Verkürzung ihrer Bauzeit an dort bereits vorhandene Kraftwerke angeschlossen wurden.[5]

Zu den Bau- und Einrichtungskosten dieser drei Werke gab die Kriegsmetall AG einen Zuschuß von 15,4 Mill. Mark aus der „Staatskasse“, ferner noch für Optionsausübungen, Reugelder etc. — 6 Millionen, so daß das gesamte Projekt über 20 Millionen Mark schluckte.[6] „Das ist eine unerhörte Summe, dabei spielt aber eine Million mehr keine Rolle“[7], wenn sie nötig ist, um das Projekt zu sichern, so

[1] Anm. Die Schuld an „Neuhausen“ in Höhe von 31 Mill. Franken halste die KMA als „gemeinnützige“ Gesellschaft am 1. Oktober 1919 dem Reichsschatzamt auf. Vgl. Reichsschatzministerium, Nr. 7093.

[2] Vgl. KMA, Nr. 29.

[3] KMA, Nr. 1162.

[4] Anm. So schrieb Vogelstein an Lauber am 20. Oktober 1915: Schindler „weiß von Horrem, d. h. er hat von einer kleinen Anlage gehört, die er auf 50—100 t (monatlich, d. V.) schätzt, tatsächlich soll sie aber über 200 t machen, während er von Rummelsburg oder von dem neuen Bitterfelder Projekt vorläufig nichts ahnt“. KMA, Nr. 29.

[5] Vgl. KMA 1142, Anm. Die Elektro-Konzerne machten hierbei ein großes Geschäft. Einmal deckten sie z. T. den großen Strombedarf der neuen Aluminiumhütten und zweitens lieferten sie Maschinen und Geräte, wie elektrische Schmelzöfen etc., ferner noch große Mengen Elektroden.

[6] KMA, Nr. 292, Anm. Günther gibt für die Baukosten und staatlichen Zuschüsse viel zu niedrige Zahlen an. Vgl. Günter a. a. O., S. 18.

[7] KMA, Nr. 29.

äußerte sich Direktor Vogelstein, KMA. Es war ja nicht das Geld der Aktionäre der KMA — wohl aber angelegt in ihrem Interesse — sondern es waren Staatsmittel, und bei deren Ausgabe kam es den Kriegsgewinnlern auf eine Million nicht an.

Die drei Werke wurden im Frühjahr 1917 von den Aktionären in die neugegründete Vereinigte Aluminiumwerke AG eingebracht, das Aktienkapital betrug 50 und der staatliche Zuschuß 38 Millionen Mark. Die Aktionäre, die je zur Hälfte beteiligt waren, der Staat einerseits und Griesheim Elektron sowie die Metallgesellschaft andererseits, bauten noch eine vierte Hütte, das Lautawerk (Lausitz) mit einer Kapazität von 12000 t jährlicher Leistungsfähigkeit.

Die Monopolherren der Metallindustrie finanzierten auf Kosten der „Staatskasse" aber nicht nur die neuen Aluminiumhütten, sondern gaben auch reichliche Staatsgelder aus zur Sicherstellung der für die Produktion des Aluminiums notwendigen Hilfsmaterialien, wie Kryolithe, Pechkoks, Elektroden, Filtertücher etc. Für die finanziellen Aufwendungen, z. B. die bei der Tonerdefiltration durch den Verbrauch von Papierfiltern, als Ersatz von Baumwollfiltern, bei der Firma Curtius GmbH Werk Huckingen, Duisburg, entstanden waren, zahlte die Kriegsrohstoffabteilung über die Kriegsmetall AG einen Betrag von 1,2 Millionen Mark. Selbst die durch den Krieg bedingten erhöhten Produktionskosten flossen also aus dem „Staatssack" in die Taschen der Unternehmer.[1] Die deutschen Tonerdefabriken erhielten auch für die Umstellung ihrer Naphthalin-Feuerungsanlage auf Gasgeneratorenanlagen verlorene Zuschüsse in Höhe von insgesamt 755000,— Mark.[2]

Der stets steigende Aluminiumbedarf für die Kriegsmaterialproduktion machte aber noch die Errichtung weiterer Neuanlagen erforderlich. Das Erftwerk, eine Großanlage mit einer Erzeugungsmöglichkeit von 12000 t, einer Elektrodenfabrik und einem metallurgischen Institut, wurde in der Zeit vom 1. September 1916 bis Dezember 1917 geschaffen.

Als Aktionäre traten auf: Giulini mit 3 Mill. Mark, die Rhein-Westfälischen Elektrizitätswerke AG Essen (Stromlieferant) und das Reich, welches ferner noch für 16 Mill. Mark Aktien übernahm und ein Darlehen von 44 Mill. Mark bewilligte. Man muß voller Bewunderung feststellen, welche hervorragenden Leistungen die deutschen Werktätigen mit der Errichtung solcher gewaltigen Produktionskapazitäten vollbrachten, und das noch dazu in den letzten Kriegsjahren, den Jahren der höchsten psychischen und physischen Unterdrückung durch die Kriegsgewinnler, bei ständig sinkendem Reallohn.[3]

Der Bau einer weiteren Produktionsanlage, der Innwerk, Bayrische Aluminiumwerke AG, wurde noch auf Initiative der Kriegsmetall AG in Angriff genommen, und als Aktionär traten bei einem Stammkapital von 13,2 Mill. Mark diesmal die Elektro-Konzerne, AEG und Siemens-Schuckert mit 4 Mill., Gebr. Giulini sowie das Reich mit je 4 Mill. Mark und der bayrische Staat mit 1,2 Mill. Mark auf. Den Hauptteil der finanziellen Anforderung trug wieder der Staat, er übernahm noch

[1] KMA, Nr. 1147, Bd. 3.
[2] KMA, Nr. 1147, Bd. 2.
[3] Vgl. *Kuczynski*, Die Geschichte der Lage der Arbeiter in Deutschland, Bd. 1, Berlin 1949, S. 295.

16 Mill. Mark Teilschuldverschreibungen und gab 30 Millionen Mark Darlehen.[1] Die Innwerke mit 10000 t jährlicher Leistungsfähigkeit wurden erstmalig auf die Verwertung des aus hydraulischer Energie erzeugten Stroms eingerichtet. Diese Tatsache zeigt sehr anschaulich, daß die Großindustriellen trotz des hohen Metallbedarfs im Kriege lieber eine längere Bauzeit hinnahmen — denn ein Dampfkraftwerk hätte in einer kürzeren Zeit hergestellt werden können —, um diesem Werk für die Nachkriegszeit eine größere Rentabilität zu verleihen.[2] Die Innwerke AG konnte daher nicht mehr vor Kriegsende (erst im Jahre 1925) in Betrieb genommen werden.

Es wurden also während des ersten Weltkrieges in Deutschland zur Versorgung der Rüstungskonzerne die Monopolstellung des Syndikats beim Aluminium-Import aufgehoben und im Inland Produktionsstätten, mit einer Kapazität von insgesamt 46000 t jährlich, gebaut — und in der Hauptsache mit Staatsmitteln (160 Mill. Mark) — finanziert.

Es gab allerdings „Rechenkünstler", die aus einer vergleichenden Multiplikation der staatlichen Zuschüsse einen Gewinn für den Staat machten. Das geschah z. B. im Oktober 1916 in der Metallmeldestelle so.

„Zwei neue Aluminiumwerke mit je 12000 t im Jahre produzierten 24000 t Aluminium. — Diese 24000 t haben einen Wert von 24000 × 3500 = 84 Mill. Mark. Würden diese Werke nicht gebaut, so wäre ungefähr die dreifache Menge Kupfer bzw. Messing im Jahr notwendig, also 72000 t im Werte von 215 Millionen."[3] Es ergibt sich hieraus die trügerische Schlußfolgerung, daß der Staat durch die verlorenen Zuschüsse für die Errichtung der Aluminiumhütten noch 190 Mill. Mark eingespart hätte. Dieses Rechenexempel hatte nur einen, allerdings grundlegenden Fehler — obgleich es mathematisch exakt ist — nämlich den, daß es mit der Wirklichkeit nichts gemein hat.[4] Auch Günter posaunt in dieser Hinsicht die gleiche Unwahrheit aus, indem er behauptet, diese Werke haben „dem Reiche, das darf nicht übersehen werden, große Ersparnisse gebracht", und er begründet das: „denn der Preis des roten Metalls überholte den des Aluminiums".[5] Diese Unwahrheiten sind nur ein Glied in der endlosen Kette der Maßnahmen, die die deutschen Werktätigen — wie überhaupt die uneingeweihte Öffentlichkeit — darüber hinwegtäuschen sollen, daß die neu errichteten großen Aluminiumproduktionsstätten den Großkonzernen enorme Gewinne brachten und den Werktätigen Lasten. Aufschlußreich ist in diesem Zusammenhang — aber auch dafür, wie die Finanzoligarchie das bürgerliche Parlament nach ihrem Belieben ausschaltete — die Akten-

[1] Günther, Die deutsche Rohaluminiumindustrie, Leipzig 1931, S. 19, Anm. Hierbei machten die Elektro-Konzerne nicht nur als Aktionäre, sondern auch wiederum als Lieferanten der umfangreichen Elektroanlagen ein gutes Geschäft.

[2] Vgl. ebenda, S. 20.

[3] KMA, Nr. 1152. Eine Tonne Kupfer = 3500 Mk.

[4] Man benötigt an Stelle von Aluminium nicht die dreifache, sondern höchstens nur die zweifache Menge Kupfer bzw. Messing.

[5] Günter, a. a. O., S. 20, Anm. Die KMA teilte 1917/18 der Industrie das Kupfer stets zu 450 Mk p. 100 kg, Aluminium dagegen zu 700 bis 750 Mk zu.

notiz der KMA vom 8. Dezember 1917: Geheimrat Lueck, Reichsschatzamt, verlangte einen „recht hohen Aluminiumpreis" — für das Metall der Vereinigten Aluminiumwerke und des Erft-Werkes — „damit gegen das Reichsschatzamt nicht zu viele Angriffe im Parlament erfolgen wegen der hohen Zuschüsse. Er sei sich durchaus darüber klar, daß de facto ein hoher Aluminiumpreis dem Reichsschatzamt keine Entlastung bringe, aber er ermögliche es doch, die Summen auf den Kriegsfonds zu übernehmen und damit der Diskussion (des Reichstages — d. V.) zu entziehen." Wir (die Konzernherren in der KMA) sind *nur* bereit höhere Preise zu genehmigen, „wenn man offen erkläre, daß in diesem Preis eine hohe Amortisationsquote enthalten sei. Dagegen ohne eine solche ratio einen hohen Preis zuzustehen, werde noch viel mehr Kritiken im Reichstag hervorrufen, als das offene Eingeständnis, daß man Werke mit einem Zuschuß des Reiches gebaut habe, denn jeder Industrielle und kleine Pinscher werde einen Abgeordneten finden, der im Parlament die Beschwerde vorbringen werde, daß er seine Ware mit 5% oder 10% Nutzen habe abgeben müssen, während die großen Leute — Herr Stinnes und die Metallbank — 100% erhalten."[1]

Auffallend hierbei ist, daß der Staat nicht nur auf Kosten der Werktätigen den Hauptteil der finanziellen Mittel aufbrachte, sondern in diesem Industriezweig das Miteigentum an den Werken und, nach dem Krieg bis zum Jahre 1925, an den meisten Aluminiumhütten das vollständige Eigentum erwarb. Es handelte sich hier um Produktionskapazitäten, die ausschließlich aus den Bedürfnissen des Krieges heraus notwendig und geschaffen wurden. Ihre Rentabilität war im Frieden sehr zweifelhaft, denn die Kraftfahrzeugbau- und Flugzeugindustrie sowie die Aluminiumlegierungen selbst steckten noch in den Kinderschuhen, und der erhöhte Aluminiumbedarf der Elektro- und der anderen metallverarbeitenden Industrie war ja vor allem während des Krieges ein Ausdruck des Mangels an Kupfer und seines Ersatzes durch Aluminium. Daher überließ die Finanzoligarchie diese Betriebe dem Deutschen Reich nunmehr als volles Eigentum[2] und machte das Reich zum Träger der zu erwartenden Verluste, nachdem sie es ja schon reichlich als Geber der finanziellen Zuschüsse ausgenutzt hatte.

Das bedeutete allerdings nicht, daß die bisher aus den Werken während des Krieges gezogenen Vorteile der Konzerne und ihr Einfluß auf die Aluminiumindustrie verlorengingen. Ein Beweis dafür ist z. B. der Vertrag vom 22. September 1919 zwischen dem Reich (Reichsschatzminister) einerseits und der Chemischen Fabrik Griesheim-Elektron sowie der Metallgesellschaft AG Frankfurt/Main andererseits. Hierin wurde festgelegt, daß die sich im Besitz der beiden Firmen befindenden Aktien der Vereinigten Aluminiumwerke AG (Nominalwert 25 Mill.) durch Kauf in den Besitz des Reiches übergingen, wobei das Reich das eingezahlte Aktienkapital, die Gründungskosten + 5% Zinsen auf beides bezahlte. Den beiden

[1] KMA, Nr. 2501, Bd. 2.

[2] Anm. Nach dem Kriege produzierten von den reichseigenen Werken nur das Lautawerk und Erftwerk. Die Elektrolyse in Bitterfeld, die bis 1925 als Pachtwerk des Reiches betrieben wurde, ging an die Metallgesellschaft Frankfurt zurück. Rummelsburg und Horrem stellten den Betrieb ein. Vgl. Fünfzig Jahre Metallgesellschaft, a. a. O., S. 225.

Firmen wurde die „sachverständige“ Beaufsichtigung und Beratung der gesamten technischen und kaufmännischen Geschäftsführung aller Anlagen der Vereinigten Aluminiumwerke übertragen und hierfür jährlich eine Vergütung von 500000 Mark gezahlt.[1]

Auch beim Absatz seines Aluminiums nach dem Kriege nahm der Staat die „mustergültige Verkaufsorganisation der Metallgesellschaft“ in Anspruch.[2]

Die unter der aktiven Mitwirkung der Finanzoligarchie geschaffenen Staatsbetriebe der Aluminiumindustrie waren Reservepolster, die zunächst für die Deckung des Kriegsbedarfs an Rohstoffen gedacht waren und deren Erhaltung für einen erneuten späteren Kampf um die Erringung der Weltherrschaft, wie ihr die Erfahrung des I. Weltkrieges lehrten, absolut notwendig waren.

Deutsches Zink für englische Munition

Anders als in Kupfer und Aluminium war die Lage in der Zinkbeschaffung. Die deutschen Hütten, die im Zinkhüttenverband[3] mit den drei Großhändlern: Metallgesellschaft, Beer & Sondheimer und Aron Hirsch, vereinigt waren und den Zinkbedarf zu Kriegsbeginn mühelos decken konnten, bildeten im Januar 1915 die Zinkhüttenvereinigung mbH „zwecks Erzielung angemessener Preise“.[4] Mit diesem Syndikat schloß die Kriegsmetall AG im August 1916 einen Vertrag ab, der nur die Auslandslieferungen beinhaltete, und erst im Mai 1917, als ein Zinkmangel eintrat[5], einen Vertrag über die Inlandslieferungen. Hierin verpflichtete sich die Zinkhüttenvereinigung, ausschließlich nur auf Grund von Zuweisungen durch das Zuweisungsamt, Zink zu den von dieser Behörde, die ja von den Konzernherren der Kriegsmetall AG beherrscht wurde, festgesetzten Preisen zu verkaufen.[6] Die Zwangsbewirtschaftung des Zinks wurde also erst sehr spät vorgenommen, aber die Zinkhüttenvereinigung war bereits vorher verpflichtet, monatlich 5000 t Zink an die Kriegsmetall AG zu liefern, ständig einen größeren Bestand zu halten, und seit 1915 nach dem neutralen Ausland nicht unter 80,— Mark pro Tonne zu verkaufen.[7] Die Kriegsmetall AG andererseits unterstützte alle Bemühungen der Zinkhüttenvereinigung, deren Mitglieder wie Metallgesellschaft, Beer & Sondheimer und Aron Hirsch ja auch bedeutende Aktionäre der KMA waren, bei ihrem Bestreben, möglichst hohe Quanten zu exportieren und den Widerstand des Reichsamtes des Innern — aus Furcht vor zu hohen Inlandspreisen auf dem Inlandsmarkt[8] — gegen den ungehemmten *Export nach England*[9] zu überwinden, wo die Zinkpreise von 31 auf 115 in der Zeit von Juli 1914 bis Juni 1915 gestiegen waren.

[1] Reichsfinanzministerium, Nr. 7094.
[2] Günther, a. a. O., S. 28.
[3] Anm. Als Mitglied des europäischen Zinkhüttenverbandes (Syndikat).
[4] KMA, Nr. 1354, Bd. 1.
[5] Vgl. KMA, Nr. 1744.
[6] KMA, Nr. 2473.
[7] KMA, Nr. 2057.
[8] Vgl. KMA, Nr. 334, Behördensitzung vom 30. Juni 1915, Leitung Oberstleutnant Gießler.
[9] Über Norwegen und Schweden.

Eine Unterstützung des Zinkexports nach England durch die Kriegsmetall AG entsprach zugleich auch den Interessen der Elektrokonzerne; denn ihr Bedarf an Zink war durch das an die KMA zu liefernde Pflichtquantum gedeckt, und zum anderen erhielten sie als Tauschobjekt gegen das Zink ein bestimmtes Quantum Kupfer von den englischen Rüstungskonzernen. In einer Denkschrift der KMA über die Organisation der Ein- und Ausfuhr von Metallen vom 21. Juni 1915 legen die deutschen Finanz- und Rüstungsgewaltigen diese Auffassung dar:

„Durch die Absperrung des Zinks die Munitionsbeschaffung der feindlichen Staaten zu beeinträchtigen, erscheint uns leider infolge der Produktionsfähigkeit der USA ausgeschlossen. Unter diesen Umständen glauben wir, Austauschgeschäfte mit dem neutralen Ausland selbst unter der Voraussetzung vorschlagen zu wollen, daß das von uns gelieferte Zink nach England, Frankreich und Rußland weitergeht, wenn andererseits diese Staaten die Lieferung von Kupfer, Aluminium oder Nickel an uns zulassen."[1]

Noch Ende 1914 waren Tausende Tonnen Zink über Norwegen und Schweden von den deutschen Konzernherren nach England exportiert worden, z. B. von A. Hirsch 1400 t über Drontheim. Deshalb hatte die Zinkraffinerie Berlin-Oberspree GmbH am 15. September 1914 ein striktes Ausfuhrverbot beim KM gefordert.[2] Die Kriegsmetall AG teilte in diesem Zusammenhang dem Kriegsministerium mit, daß „gegen Ausfuhr von Rohzink bei der großen deutschen Produktion kein Bedenken" bestehe, sondern „im Gegenteil sogar Interesse an der Ausfuhr."[3]

Als im Juli 1915 die Deutsche Bank ein Valutaabkommen mit Schweden abgeschlossen hatte und hierin die Lieferung von 3000 t Zink und 2000 t Zinkbleche an Schweden nur für den Eigenverbrauch festgelegt war, was die Möglichkeit nahm, es nach England weiter zu verkaufen und dafür, wenn auch ein geringeres Quantum Kupfer zu bekommen, war der Direktor der Kriegsmetall AG, Vogelstein, äußerst empört.

„Jedes Austauschverhältnis, selbst 4 : 1, jeder Preis wäre ein Glück gewesen gegenüber der jetzigen Situation, die uns jede Möglichkeit, Zink als Austauschobjekt mit Schweden zu benutzen, genommen hat, es sei denn, daß wir endlich bei den Behörden den *Weiterverkauf nach England* durchsetzen."[4]

Und daß die Bemühungen der Großkonzerne der Kriegsmetall AG auf Durchsetzung der Ausfuhr nach England, die ihnen wiederum Sparmetalle als Gegenlieferung brachte, erfolgreich waren, zeigte z. B. der Export von 300 t Zink im Juli 1917 nach Schweden gegen entsprechende Menge Messinggekrätze.[5] Somit wurde durch die Geschäfte des Monopolkapitals das während des Krieges gelieferte deutsche Zink zu englischer Munition, durch deren tödliche Wirkung das Leben vieler junger Deutscher vernichtet wurde und umgekehrt, die deutschen Kriegswucherer verdienten auch unverschämt daran, daß sie aus englischem Kupfer deutsche Geschosse herstellten, die die englischen und französischen Soldaten hinwegrafften. Die Werktätigen fielen, die Gewinne der Großbourgeoisie dagegen stiegen!

[1] KMA, Nr. 23, Bd. 2.
[3] KMA, Nr. 271.
[2] KMA, Nr. 23, Bd. 2.
[4] Ebenda.
[5] KMA, Nr. 310.

Die skrupellosen Geschäftsgebaren der Monopolherren der Kriegsmetall AG

Die Kriegsrohstoffgesellschaft hat nun, um den Metallhunger ihrer Aktionäre zu befriedigen, auch alle Anstrengungen gemacht, um die Gewinnung der noch ungehobenen Rohstoffe, der Erze, zu steigern und errichtete eigens zu diesem Zweck im Mai 1916 eine Abteilung Bergbau, die sich diesen Fragen widmete. Die Abteilung Bergbau hatte sich bis zum 1. Januar 1918 mit insgesamt 335 Bergwerksobjekten befaßt, von denen sich 269 = 80,3% als ungeeignet für die Bewirtschaftung im Kriege erwiesen.[1] Hierbei ist zu berücksichtigen, daß die Konzerne, wie Krupp und AEG, bereits Verträge mit einzelnen Gruben abgeschlossen hatten und auch während des ganzen Krieges ihr Metall von dort bezogen. Diese Gruben unterlagen nicht der direkten Bewirtschaftung durch die Abt. Bergbau. So z. B. bekam die AEG Kupfer von der Grube Danielszug oder die Krupp AG die gesamten Nickelerze aus Duffel. „Nach Ansicht der Firma Krupp“, so sagt eine Aktennotiz der KMA vom 11. März 1915 hierzu:

„handelt es sich um ein definitiv festgelegtes Abkommen, in welches wir uns nicht mehr hineinmischen können. Wir haben in den letzten Tagen versucht, auf gütlichem Wege Krupp zur Hergabe eines wenn auch nur beschränkten Quantums Nickel zu bewegen und hoffen, von ihm einen Posten in Form von Nickelstahl zu bekommen.“ [2]

Von den restlichen 66 Objekten, die von der Abt. Bergbau bearbeitet wurden, waren bei 35 bis zum 1. Januar 1918 die Verhandlungen noch nicht zum Abschluß gebracht, und diese Bergwerke spielten daher in der Metallbeschaffung auch bis zum Kriegsende kaum eine Rolle.

In Betrieb standen 31 Bergwerke, die von der Kriegsmetall AG finanzielle Zuschüsse sowie Unterstützung bei der Beschaffung von Material und Arbeitskräften erhielten. Von diesen haben jedoch nur 20 produziert — hierbei waren auch die ausländischen Unternehmungen, die Kupferbergwerke Bor (Serbien) und Plakalnitza (Bulgarien), die die KMA bereits als „ihre“ bezeichnete[3], und das Bleibergwerk Balia (Serbien)[4] — und insgesamt eine Menge von 48620 t Erze = 7000 t Metall gefördert.[5]

Für die Aufschlußarbeiten, Anschaffung neuer Betriebsmittel in bereits stillgelegten Gruben, Förderung minderwertiger Erze etc., zahlte die Kriegsmetall AG insgesamt einen verlorenen Zuschuß von 60 Mill. Mark.[6] Hiervon entfiel der größte Teil auf die preußische Industrie.[7] Die Kriegsrohstoffgesellschaft ließ sich die Metallbeschaffung für ihre Aktionäre allerhand kosten, jedoch nicht ihr Geld oder

[1] KMA, Nr. 3172.
[2] KMA, Nr. 2058.
[3] KMA, Nr. 8, Bd. 1, Blatt 29.
[4] Der Generaldirektor der „Balia“-Gesellschaft, Ralli, erhielt am 23. Dezember 1919 hierfür vom Reichsschatzministerium eine Entschädigung.
[5] KMA, Nr. 3172.
[6] Anm. Ermittelt auf Grund der Akten KMA 263, 292, 396, 522 und 1552, wobei diese Summe als Minimum anzusehen ist.
[7] Siehe Verzeichnis über die Unterstützung der preußischen Industrie während der Metallbewirtschaftung. Anlage Nr. 4.

etwa das ihrer Aktionäre, sondern wiederum Gelder aus dem schon allzu durchlöcherten und notdürftig, aber reichlich mit Papierscheinen überklebten Staatssack.[1] Eine solche Politik verschärfte die Ausplünderung der Werktätigen, ihre Abspeisung mit wertlosem Papiergeld, mit dem sie nicht einmal die notwendigen Mittel für den Lebensunterhalt bestreiten konnten. Die deutschen Monopolherren benutzten die staatlichen Mittel des Kriegsfonds auch in diesem Fall, um wieder Untersuchungsarbeiten zu finanzieren, die ausschließlich ihren Nachkriegsinteressen dienten. Das bestätigt der folgende Brief des Kriegsministeriums vom 8. Mai 1917 an die Kriegsmetall AG.

„Wie aus dem gemeinschaftlichen Schreiben des Herrn Kommissars der KMA und der KMA selbst hervorgeht, ist mit den Untersuchungsarbeiten an der Nahe nicht so sehr das Ziel verfolgt worden, für die unmittelbare Kriegswirtschaft nennenswerte Mengen Kupfer zu schaffen, sondern vielmehr Deutschland (Deutschland sagen sie immer und meinen ihren Profit, d. V.) in der dem Kriege folgenden Übergangswirtschaft in seiner Kupferversorgung unabhängiger zu machen. Unter diesem Gesichtspunkt war die Gewährung eines Betrages von 315000 Mark befürwortet worden.“[2]

In dieser Summe von 60 Mill. Mark sind auch die Zahlungen an die Mansfeldsche kupferschieferbauende Gewerkschaft noch nicht enthalten. Die Mansfeldsche Gewerkschaft hatte mit der KMA im September 1915 einen Vertrag abgeschlossen, worin sie sich verpflichtete, das Umkläuben alter Halden vorzunehmen und die Förderung von armen Erzen zu steigern, deren Verarbeitung in der Vorkriegszeit keinen Gewinn brachte und folglich nicht durchgeführt worden war. Die hierfür notwendigen Hüttenanlagen, eine Schmelzanlage für drei Wassermantelöfen auf der Krughütte, errichtete „Mansfeld“ und lieferte das so gewonnene Kupfer gegen einen nur ihr gewährten Überpreis an die Kriegsmetall AG ab.[3] Die Kosten für die Neuanlagen trug, wie stets in diesen Fällen für ihre Aktionäre, die KMA aus Staatsmitteln, diesmal nicht als Zuschuß, sondern eben in Form von Überpreisen in Höhe von insgesamt 37253023,— Mark.[4]

Mit all diesen Machenschaften begingen die deutschen Finanz- und Rüstungsgewaltigen, wie Lenin es treffend formulierte[5], einen „Staatskassendiebstahl“ ersten Grades. Die Geschäftspraxis der Kriegsmetall AG im allgemeinen zeigt auch anschaulich den Charakter der Monopolgesellschaft und besonders die rücksichtslose Ausnutzung des staatlich geschützten Monopols[6] zur Bereicherung des an ihr beteiligten Finanzkapitals. Schon allein die Lieferungsbedingungen, die in ihrer Verbindlichkeit nur gegenüber den Nichtaktionären wirksam waren, sind ein deutliches Spiegelbild hierfür. Die wichtigsten Bestimmungen waren:

[1] Anm. Diese wurden aus dem Kriegsfonds gezahlt.
[2] KMA, Nr. 292.
[3] KMA, Nr. 2497.
[4] KMA, Nr. 263. Diese Summe ist die Differenz zwischen den amtlichen Höchstpreisen und den an „Mansfeld“ gezahlten Überpreisen einschließlich nachträglich gewährter höherer Preise.
[5] *Lenin*, Sämtliche Werke, Wien-Berlin 1928, Bd. XX, S. 165.
[6] Das Reich hatte auch die Bürgschaft und die Garantie über alle finanziellen Verpflichtungen der KMA übernommen. Reichsschatzmin., Abt. III, Nr. 1565 und KMA, Nr. 1147, Bd. 3.

1. „Das gelieferte Material darf nur im eigenen Betrieb des Käufers verwendet werden. Ein Weiterverkauf oder eine Weitergabe des unverarbeiteten Metalls ist demnach dem Käufer ohne schriftliche Genehmigung der KMA nicht gestattet und unter Umständen als Verstoß gegen die Beschlagnahmevorschriften strafbar.
2. Sollen zugewiesene Metalle zur Ausführung von Auslandsaufträgen benutzt werden, so ist die Genehmigung der KMA hierfür einzuholen."
3. Für jeden Fall der Zuwiderhandlung gegen eine der vorstehenden Bestimmungen ist der Käufer verpflichtet, der KMA eine Konventionalstrafe von 50 von 100 des Einkaufswertes des Materials zu zahlen.
4. Alle Preise verstehen sich netto Kasse *vor* Ablieferung der Ware.
5. Lieferungsort nach *Wahl der KMA*, der Versand für Rechnung und Gefahr des Käufers. Nur das Abgangsgewicht ist maßgeblich.[1]

Daß der Metallverkauf der Kriegsmetall AG an ihre Kunden keineswegs mehr den Charakter eines zweiseitigen Rechtsgeschäftes trug, sondern das bedingungslose Diktat der Monopolisten, die über den Rohstoff verfügten, darstellte, wird hiermit offensichtlich. Und wie die Direktion diese Monopolstellung in ihrer Lieferungspraxis handhabte, zeigt uns der folgende Auszug aus der Abnehmerliste[2] der Abteilung H, Aluminium, dieser Kriegsrohstoffgesellschaft:

A. Nichtaktionäre

„*Auerbach & Co., Fürth:*	An diese Firma sind aus Konkurrenzrücksichten keine Bleche zu liefern. Die Bleche bekommt Benda, Nürnberg. Inh. Löwengaard ist sehr neugierig und versucht, einen über seine Konkurrenz auszufragen. Vorsicht!
Adolf Baer & Co., Fürth:	Innerhalb seiner Branche heißt er der Totengräber, da er jeden Preis unterbietet.
Bergisches Metallwerk Gottfried Barmen, Elberfeld:	Firma vor dem Kriege am Zusammenbruch. Stützung durch Bankhaus Station Nierenhof. Ohne vorherige Zahlung niemals liefern!
Max Kraft & Co., Nürnberg	Frecher Patron! Unter keinen Umständen Bleche liefern!

[1] KMA, Nr. 1157, Anm. Die Lieferungsbedingungen aller anderen Kriegsrohstoffgesellschaften, wie das Beispiel der Kriegsleder AG zeigt, waren ähnlich. Die Nichtaktionäre mußten folgenden Verpflichtungsschein unterschreiben: „Wir erkennen Kriegsleder AG als die für uns maßgebliche Vertretung an, werden gegen die von ihr zu treffenden Maßregeln keinen Widerspruch erheben und die uns zuzuweisenden Rohstoffe zu den festzusetzenden Preisen und Bedingungen annehmen." Zuwiderhandlungen wurden mit Strafe und Rohstoffentzug geahndet. Kriegsleder AG, Nr. 100.

[2] Anm. Liste datiert sehr wahrscheinlich Ende 1917 bis Anfang 1918, vgl. KMA, Nr. 1157.

Karl Schmotter, Mariendorf	Unter keinen Umständen vorherige Lieferung ohne Geld. Sehr unangenehmer Geschäftsverkehr. Darauf achten, daß der Kontrakt baldmöglichst gestrichen wird."[1]

B. Aktionäre der *KMA*

„*AEG, Dr. Josephin, Einkäufer Martens*	Letzterer Herr ist mit Vorsicht zu genießen.
Basse, Selve	Sehr angenehmer Geschäftsverkehr.
Karl Berg, Eveking	Uneingeschränkter Kredit. Drängt stets auf Lieferung. Begründeter Verdacht, daß er Aluminium hamstert.
Dr. Cassierer & Co., Berlin	Zuweisungen für diese Firma lauten meistens auf Siemens oder AEG.
Th. Goldschmidt AG, Essen	Kann überliefert werden, nimmt dann den Rest für uns auf Lager.
Fr. Krupp AG, Essen	Besondere Art der Verrechnung. Erhält alles Aluminium zum Preise von Mark 4,30."[2]

Diese Gegenüberstellung zeigt deutlich, daß die Kriegsmetall AG ihren Aktionären schon in den Bedingungen des Geschäftsverkehrs Vorteile, wie Kredit, hohe Zuteilungen etc., gewährte, gegen die kleineren Firmen aber streng vorging. Aber selbst da, wo die Direktoren der KMA aus einem Geschäft mit einer anderen monopolistischen Gruppe einen Gewinn herausschlagen konnten, schreckten sie vor keiner noch so unsauberen Machenschaft zurück. Dies zeigt uns auch die Aktennotiz der KMA über das Valuta-Abkommen mit der Schweiz betr. die Aluminiumlieferungen. Und diese Notiz läßt zugleich den im Kapitalismus ständig vorhandenen, jedoch im Kriege zeitweilig zurückgetretenen Widerspruch zwischen den verschiedenen Gruppen des Monopolkapitals erkennen. Sie lautet:

„Es ist in unsern Büchern ein Konto á meta einzurichten: Dieses Konto á meta heißt: KMA-Neuhausen: Diesem Konto sind Markzinsen zu 4% zu kreditieren. In Wirklichkeit jedoch bekommt die KMA auf das bei der Berliner Handelsgesellschaft gestellte Depot 4½%, so daß wir allein einen Zinsgewinn von ½% per annum haben. (Was bei einer Summe von 30 Mill.[3] ganz ansehnlich war! d. V.) Damit nun die Berliner Handelsgesellschaft und Neuhausen nicht merken, daß wir 4½% bekommen, während wir nur 4% vergüten..."[4],

[1] KMA, Nr. 1157. Zusammenstellung nach Aktionären bzw. Nichtaktionären wurde von mir vorgenommen, d. V.

[2] Ebenda, Anm. Krupp war ja den Aktionären der KMA gleichgestellt und in der Aluminiumzuteilung sogar noch besonders bevorzugt, indem er stets zum gleichen niedrigen Preis bezog.

[3] Vgl. Reichsschatzamt, Nr. 1199.

[4] KMA, Nr. 1152, Dr. M/Mö an Dir. Flatow, 31. März 1916.

und nun folgt die Beschreibung der finanztechnischen Durchführung dieses Gaunertricks.

Die einflußreichen Aktionäre der Kriegsmetall AG, wie z. B. Goldschmidt, nutzten ihre Stimme dazu aus, um aus den umfangreichen Geschäften der KMA den Betrieben, an denen sie interessiert waren, noch zusätzlich Gewinne zukommen zu lassen, wie aus folgendem Briefverkehr ersichtlich ist:

Dr. Karl Goldschmidt schrieb am 3. November 1916 an Direktor Vogelstein, KMA:

„Die Mitteldeutsche Creditbank, deren Aufsichtsratsmitglied ich bin, teilt mir mit, daß sie trotz ihrer regen Beziehungen zur Metallindustrie nicht für die Kriegsmetall AG einen Teil des Bankverkehrs besorgen könne, obgleich sie sich schon seit längerer Zeit darum bemüht habe. Da Sie bei der Mitteldeutschen Creditbank zweifellos ebenso gut, billig und sicher bedient werden wie von anderen Banken, so möchte ich bitten, die Bank auch ihrer Bedeutung entsprechend für die Bankgeschäfte mit heranziehen zu wollen."[1]

Direktor Flatow, KMA, wies gleich die Bank- und Buchhaltungsabteilung darauf hin, die Mitteldeutsche Kreditanstalt zu berücksichtigen.[2]

Die Konzernherren der Kriegsmetall AG werteten ihre alten Geschäftsbeziehungen auch dazu aus, um ausländische Kredite für die KMA in enger Zusammenarbeit mit der Deutschen Bank aufzunehmen. Sie verwendeten die Kredite vor allem dazu, um im Ausland damit Metalle für ihren eigenen Bedarf aufzukaufen. Als z. B. die deutsche Valuta in Holland Ende 1915 rapide sank und die KMA bei ihren Metallankäufen trotz relativ günstiger Preise in holländischer Währung zu hohen Gestehungspreisen, umgerechnet in Mark, kam, verschaffte sie sich mit ausdrücklicher Genehmigung der Kriegsrohstoffabteilung und des Reichsbankdirektoriums holländische Kredite. Allein bis zum Oktober 1916 nahm sie über 30 Millionen Gulden auf, deren Fälligkeit auf ein Jahr nach Friedensschluß zwischen England und Deutschland festgesetzt wurde.[3] Dadurch war es den Konzernen möglich, sich mit billigen Rohstoffen zu versorgen, deren absolute Mehrkosten nach dem Kriege der Staat trug.

Angesichts dieser Geschäftspraxis wirkten die Monopolkapitalisten der Metallindustrie auf ihre Vertreter in der Kriegsrohstoffabteilung ein, daß sie der Öffentlichkeit gegenüber die „Gemeinnützigkeit" ihrer Kriegsmetall AG betonten, und das um so mehr, als die Klagen über sie nicht aufhörten.[4] Daher erschien z. B. im November 1917 eine von der Kriegsmetall AG selbst entworfene Pressenotiz als Veröffentlichung der Kriegsrohstoffabteilung weil, wie es darin hieß, „nach zweijähriger Tätigkeit die KMA noch immer durch unbegründete Vorurteile in der Erfüllung ihrer vaterländischen Pflicht behindert wird".[5]

[1] KMA, Nr. 43.

[2] Ebenda, Brief vom 14. November 1916, Akten über die Auswirkung dieses Hinweises fehlen, sie sind sehr wahrscheinlich Opfer der groben Kassation geworden.

[3] KMA, Nr. 162, Anm. Die Rückzahlung aller Kredite nach dem Kriege beschleunigte die Inflation.

[4] Vgl. z. B. Deutsche Installateur- und Klempnerzeitung, Nr. 18, Düsseldorf, 10. Mai 1916 und Rheinisch-Westfälische Zeitung, 22. August 1918.

[5] KMA, Nr. 19, Bd. 1. Vgl. auch Akte KMA, Nr. 8, Bd. 1, Blatt 29.

In dieser Notiz wurde weiter dargelegt:

„Die Abgabe von Metallen aus den Beständen der Kriegsmetall AG erfolgt auf Anweisung einer amtlichen Stelle (gemeint ist: Zuweisungsamt, d. V.), auf deren Entscheidung die Kriegsmetall AG selbst keinen Einfluß hat. Die Lieferungsbestimmungen der Gesellschaft sind vom Reichskanzler einheitlich festgelegt. Demnach ist jede Bevorzugung einzelner Personen oder Firmen und Berücksichtigung von Sonderinteressen bei der Geschäftsführung der Kriegsmetall Aktiengesellschaft grundsätzlich ausgeschlossen.

Wer entbehrliche Metallvorräte für Zwecke der Landesverteidigung zur Verfügung stellen kann, dient also den vaterländischen Interessen am besten, wenn er sie an die Kriegsmetall AG abgibt. Die Befürchtung, daß durch einen Verkauf an die Kriegsmetall AG den privaten Interessen der Aktionäre der KMA Vorschub geleistet werden könne, entbehrt jeder Begründung." [1]

Diese Zwecklüge der Kriegsrohstoffabteilung, sowie die apologetischen Darlegungen der bürgerlichen Professoren[2] und die Lobpreisung der staatlich regulierten Kriegswirtschaft als „Sozialismus", was natürlich auch die Organe der Kriegswirtschaft zu „sozialistischen Organen" machte, reichte den Herren der KMA nicht aus, um der wachsenden Empörung der Werktätigen entgegenzutreten. Sie nahmen daher im September 1917 noch zwei Mitglieder des Reichstages in ihrem Aufsichtsrat auf, und zwar W. Hirsch, Syndikus der Handelskammer Köln, und den rechten SPD-Führer Gustav Noske.[3] Noske hatte sich doch schon im Januar 1916 im Reichstag als Interessenvertreter der Kapitalisten ausgezeichnet durch seine Rede, „die das Niederträchtigste an Roheit und Verrat am Sozialismus enthielt, was je aus dem Munde eines Sozialdemokraten entfloß", wie *Karl Liebknecht* sie einschätzte.[4] Dieser Sozialchauvinist Noske hat dann auch die auf ihn gesetzten Hoffnungen der Konzernherren nicht enttäuscht. Ein Brief des Vorstandes der Kriegsmetall AG vom 11. Dezember 1919 bestätigt, daß „Herr Noske jederzeit aufs wärmste für die Interessen der KMA ... eingetreten" ist und der Gesellschaft seinen „bewährten Schutz" angedeihen ließ.[5] Die Verbindungen der Konzernherren mit rechten SPD-Führern, die sich auch auf gemeinsame Abendessen im Hotel Bristol[6] erstreckten, hatte zur Folge, daß sie ungeschoren durch die Novemberrevolution gingen.

Oberstleutnant Koeth, Leiter der Kriegsrohstoffabteilung des KM, der Noske 1917 zum Aufsichtsratsmitglied gemacht hatte[7], wurde von Noske in den Revolutionstagen 1918 zum Minister gemacht. Eben dieser Koeth, der Vertrauensmann der Finanzoligarchie, veranlaßte damals sofort, daß die Höchstpreise für Metalle

[1] Ebenda.

[2] Vgl. *Hirsch*, a. a. O., *Stolper*, Deutsche Wirtschaft 1870—1940, Stuttgart 1950, S. 75.

[3] KMA, Nr. 8, Bd. 1. Die schriftliche Zustimmung Noskes *(siehe Beilage 2)* erfolgte erst am 10. März 1918, aber seit September 1917 arbeitete er im Aufsichtsrat der KMA mit.

[4] *Liebknecht*, a. a. O., S. 342.

[5] KMA, Nr. 200. Anm. Der Bluthund Noske schlug auch bekanntlich die revolutionären Arbeiter Berlins 1919 mittels konterrevolutionärer Truppen nieder.

[6] KMA, Nr. 7, Bd. 4.

[7] Anm. Koeth hatte der KMA ausdrücklich empfohlen, Noske Auskünfte über die vergangene Geschäftsführung und die laufende zu geben, nicht jedoch über die zukünftige. KMA, Nr. 200.

außer Kraft gesetzt wurden[1], was den Konzernen die Möglichkeit gab, unter Berufung auf die schnell steigenden Marktpreise für Rohstoffe enorme Preise für Halbfabrikate und Fertigprodukte zu verlangen. Koeth, der für die wirtschaftliche Demobilmachung verantwortlich zeichnete, veranlaßte aber nicht, daß mit Kriegsende auch die Zuschüsse an die Kriegsmetall AG eingestellt wurden, die sie ja dann verwendete, ihren Großaktionären weiterhin die Rohstoffe billig zu liefern. So wurden für diesen Zweck der Kriegsrohstoffgesellschaft von November 1918 bis Juli 1919 insgesamt 64,7 Millionen Mark gezahlt.[2]

Das ist ein anschauliches Beispiel dafür, wie die zum Diener der Großbourgeoisie herabgesunkene rechte SPD-Führung durch die Belassung der reaktionären Bürokratie im Staatsapparat den monopolistischen Kriegsgewinnlern, die ja im Kriege selbst die für sie wichtigsten Ressorts der Wirtschaft und Finanzen besetzt hatten, selbst im Frieden immer noch Kriegsgewinne zubilligte, die Werktätigen betrog und die Revolution meuchlings mordete.

Der ehemalige Sektionsleiter der Kriegsrohstoffabteilung für Metalle und Kommissar der Kriegsmetall AG v. d. Porten, organisierte dann im Mai 1919 den Dachverband B der Metallwirtschaft, der die „Ein- und Ausfuhrfragen, die Kontingentierung der Metalle und die Beratung der Regierung bei allen einschlägigen Gesetzen“ durchführte, als „Selbstverwaltungskörper“. Er organisierte ihn so, daß die führenden Konzernherren, wie Peierls, Aron Hirsch, Sondheimer, Goldschmidt, Merton etc., in diesem Dachverband sowohl den Gesamtausschuß als auch den Arbeitsausschuß beherrschten.[3]

Nachdem nun die eben genannten Befugnisse in den Händen der gleichen Personen blieben und dem neuen, der Friedenszeit angepaßten „Selbstverwaltungs“-Organ übertragen worden waren, hatte die Kriegsmetall AG ihre Schuldigkeit getan. Und das war um so mehr der Fall, weil sie nach Kriegsende den größten Teil ihrer Metallvorräte — Bestand am 1. Juni 1919 noch 120000 t Metalle —[4] den Metallkonzernen: Metallgesellschaft, Aron Hirsch und der AEG[5] zu Preisen, die weit unter den Weltmarktpreisen lagen, überlassen hatte.[6] Dagegen protestierten selbst die übergangenen Aktionäre Beer und Sondheimer sowie Levy[7]; denn angesichts der unaufhaltbaren Inflation im Inland und dem Sturz der deutschen Valuta im Ausland war das ein Riesengewinn.

Die großen Metallkonzerne nahmen die Rohstoffbeschaffung wieder unmittelbar selbst in ihre Hand. Die Kriegsmetall AG trat am 1. Juni 1919 in die Liquidation

[1] RGB, 1918, S. 1387, Verordnung vom 15. November 1918.
[2] Reichsschatzministerium, Nr. 7093. Anm. Eine weitere Quelle der Inflation!
[3] KMA, Nr. 1180. In diesen Ausschüssen saßen auch einige rechte Gewerkschaftsführer.
[4] Reichswirtschaftsmin., Nr. 3290.
[5] Reichsschatzmin., Nr. 7104, Anm. Direktor Peierls erklärte am 17. April 1919 „er könne mit den bei ihnen lagernden Vorräten noch etwa 5 Monate ausreichen!“
[6] Reichswirtschaftsmin., Nr. 3290. Vgl. KMA, Nr. 9, 2173 und 2174, Reichsschatzmin., Nr. 7103.
[7] Vgl. KMA, Nr. 9.

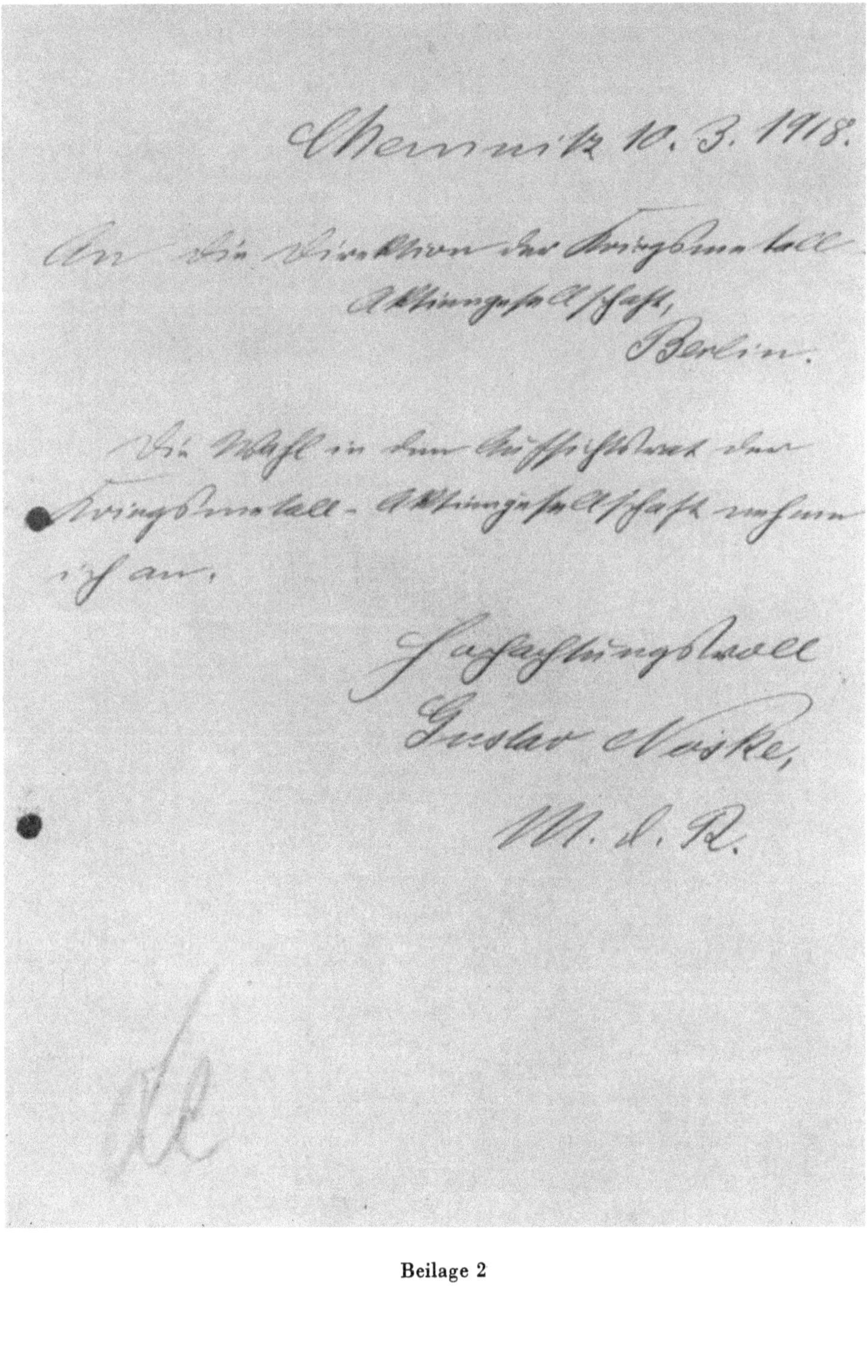

Chemnitz 10. 3. 1918.

An die Direktion der Kriegsmetall-
Aktiengesellschaft,
Berlin.

Die Wahl in den Aufsichtsrat der
Kriegsmetall-Aktiengesellschaft nehme
ich an.

Hochachtungsvoll
Gustav Noske,
M. d. R.

Beilage 2

ein und wurde am 27. September 1921 gelöscht. Damit fand die Zwangsbewirtschaftung der Metalle — bis zum Wiederaufleben der deutschen Kriegswirtschaft unter den Nazis — ihr Ende.

2. Die Kriegschemikalien AG (KCA), Vorläufer des IG Farbentrusts

Der wichtige Rohstoff für die Pulvererzeugung, Stickstoff, stand bei Ausbruch des Krieges der deutschen Industrie fast ausschließlich auf dem Wege der Einfuhr von Salpeter zur Verfügung.

Der durch den Krieg bedingte Fortfall des Imports an Chilesalpeter, Einfuhr 1913 = 746811 t und Kalksalpeter, Einfuhr 1913 = 58141 t[1], die wichtige Ausgangsstoffe bei der Gewinnung von Stickstoff für die Munitionsherstellung waren, gab den Anlaß zur Gründung der Kriegschemikalien AG. Sie erfolgte[2] am 28. September 1914 mit einem Aktienkapital von 6 Millionen Mark durch die Vertreter der *großen* Chemischen Anilin- und Sprengstoff-Fabriken Deutschlands.[3] Die bedeutendsten Aktionäre[4], die bereits eng miteinander zusammenarbeiteten und das Grundgerippe des späteren IG Farben-Konzerns schon deutlich erkennen lassen,[5] waren zwei Gruppen. Erstens waren es die Pulverkonzerne: Köln — Rottweiler Pulverfabriken, Deutsche Sprengstoff AG, Hamburg, Dynamit AG, vormals Nobel, Hamburg, und zweitens die Anilin-Konzerne wie: Höchster Farbwerke, vorm. Meister, Lucius & Brünning in Höchst am Main, Leopold Casella & Co. in Frankfurt/Main, die Badischen Anilin- und Sodafabriken in Ludwigshafen a. Rh. und die Farbenfabriken, vorm. Fr. Bayer & Co. in Elberfeld. Diese Riesenbetriebe beherrschten die Kriegsrohstoffgesellschaft der Chemieindustrie völlig, die Majorität der Stimmen lag in ihrer Hand und vor allem auch die Organe der neuen Gesellschaft. Aufsichtsratsvorsitzender war Dr. Aufschläger von der Pulvergruppe und Stellvertreter Dr. Oppenheim von der Anilingruppe, und im Aufsichtsrat saßen ferner die bekannten Monopolherren wie: Duisberg, Dr. Duttenhofer, Dr. ter Meer, Plieninger, Th. Goldschmidt[6] und v. Moellendorf, letzterer als Vertreter des Kriegsministeriums, später Kommissar bei der Kriegschemikalien AG und andere.[7]

Der Vorstand, als die unmittelbare Geschäftsführung, setzte sich ebenfalls nur aus den Vertretern der Riesenkonzerne zusammen. Direktoren waren: Born,

[1] Statistisches Jahrbuch für das Deutsche Reich, Berlin 1915, S. 205/6. Anm. Die Importmengen sind unter Abzug der Exportmengen angegeben.

[2] Anm. *Rathenau* äußerte über die Gründung der KCA: „Schon anders war es mit den Chemikern. Das sind ganz große Herren aus dem Rheinland, selbstbewußt, Träger großer Verantwortung, Chefs unzähliger Arbeitsbataillone; denen war das neue Wesen anfangs nicht ganz geheuer.“ *Rathenau*, a. a. O., S. 20.

[3] KCA, Nr. 11.

[4] Verzeichnis aller Aktionäre: Siehe Anlage Nr. 5.

[5] Vgl. KCA, Nr. 11.

[6] Anm. Th. Goldschmidt saß zugleich auch im Aufsichtsrat der KMA. Er als Pionierunternehmer der Elektro-Chemie war ein Bindeglied zwischen den eng zusammenarbeitenden Elektro- und den Chemiekonzernen.

[7] KCA, Nr. 11.

Berliner, Marquardt und Erlanger. Der erste dieser Herren kam von der Farbenfabrik vorm. Bayer & Co. und der letzte, Erlanger, von der *Metallgesellschaft* Frankfurt/Main.[1] Sie alle erhielten während des ganzen Krieges von ihren Konzernen weiterhin ihr Gehalt, und zwar mit ausdrücklicher Genehmigung der Kriegsrohstoffabteilung des KM, welche sich hierzu ...

„im Hinblick auf das Vertrauen zu den ihr seit längerer Zeit bekannten und bewährten Herren des Vorstandes und mit Rücksicht auf die Unentbehrlichkeit derselben" entschloß ...[2]

An der Gründungsversammlung, wie auch häufig später bei den Aufsichtsratssitzungen, nahmen Rathenau und Peierls (AEG) teil.[3] In der Schätzungs- und Verteilungskommission[4] saßen u. a. Hugo Natalis (Siemens-Schuckert-Werke, auch KMA) und Dr. Mosler, Direktor der Diskonto-Gesellschaft.[5] Hieraus läßt sich schon ableiten, wie eng die Zusammenarbeit zwischen den beiden Gruppen der Finanzoligarchie: Elektroindustrie (Nichteisenmetalle) und Chemieindustrie — gefördert durch die Großbanken als Vermittler — war und wie sie gerade im Verlauf des Krieges noch ausgeweitet wurde.[6]

Bei der Gründung der Kriegschemikalien AG war die Haltung der Westfälisch-Anhaltinischen Sprengstoff AG interessant. Sie gab zunächst keine feste Zusage wegen einer Beteiligung an der KCA und begründete ihre Zurückhaltung am 22. September 1914 wie folgt:

„Inzwischen haben wir aber bereits mit unserem Vorsitzenden Hugo Stinnes, Mühlheim, wegen der Angelegenheit Rücksprache genommen, der nicht nur von unserer etwaigen Beteiligung, sondern überhaupt von der Gründung der ganzen Gesellschaft abrät. Abgesehen davon, daß Herr Stinnes grundsätzlich ein Gegner derartiger Gründungen ist," — was ihn jedoch nicht daran hinderte, Aktionär und Aufsichtsratsmitglied der Zentralen Einkaufsgesellschaft am 5. Januar 1915 zu werden[7] — „hält er in diesem Falle eine solche für bedenklich; denn im Auslande einschließlich des feindlichen, wird man zweifellos davon erfahren und darauf aufmerksam gemacht werden, was bei uns fehlt und knapp ist. Diese Ansicht des Herrn Stinnes scheint uns sehr einleuchtend zu sein, außerdem sind wir der Meinung, daß sich die Beschaffung des Rohmaterials und die richtige Verteilung, wie sie der Kriegsbedarf erfordert, ohne AG ermöglichen lassen sollte."[8]

Soweit die „einleuchtende" Argumentation; faktisch jedoch nahm die Westfälisch-Anhaltinische Sprengstoff AG an der konstituierenden Sitzung teil unter der Bedingung: „mit Beteiligung 400000,— Mark einverstanden, vorausgesetzt,

[1] Die Metallgesellschaft ist uns bereits bekannt als Großaktionär der KMA.
[2] KCA, Nr. 17, Protokoll 32.
[3] KCA, Nr. 13.
[4] Anm. Gesellschaftsvertrag und Organe waren bei der KCA, wie bei allen Kriegsgesellschaften, nach dem Beispiel der KMA geschaffen und wiesen keine wesentliche Abweichung auf.
[5] KCA, Nr. 13.
[6] So z. B. haben die Farbenfabriken vorm. Bayer für den Siemenskonzern neue Isoliermittel (Ersatzmaterial für Rohgummi) geliefert. Vgl. vor allem oben S. 142/43.
[7] Vgl. oben S. 50, Anm. 1.
[8] KCA, Nr. 11.

daß Sitz in der Verwaltung erhalten".[1] Nachdem das geschehen, nämlich Direktor Landmann von der Westfälisch-Anhaltinischen Sprengstoff AG in den Aufsichtsrat der Kriegschemikalien AG gewählt worden war[2], trat das „einleuchtende" Argument zurück. Sechs kleinere chemische Werke, welche eine Einladung zur Beteiligung an der KCA erhalten hatten, konnten sich wegen Mangel an Mitteln nicht beteiligen. Eine andere Firma, die Rütgerswerke AG, Berlin, versuchte hartnäckig, nicht nur einen Aktienanteil zu erwerben, sondern zwei Plätze im Aufsichtsrat zu erobern. Schauen wir uns den Briefverkehr daraufhin an: Die Rütgerswerke AG schrieb am 9. Dezember 1914 an die Direktion der Kriegschemikalien AG:

„Im Auftrag und im Namen der Deutschen Benzol-Vereinigung GmbH Bochum, wie auch in unserem eigenen Namen teilen wir Ihnen ergebenst folgendes mit: Die Verhandlungen, die wir mit Bezug auf die Lieferung von Kriegsmaterial mit den in Betracht kommenden Behörden ständig führen, und die Stellung, die Ihre Gesellschaft mit Bezug auf gleiche Fragen einnimmt, lassen es uns erwünscht erscheinen, uns auch unsererseits mit Kapital sowohl wie mit Arbeitskraft an Ihrer Gesellschaft zu beteiligen. Wir setzen voraus, daß es angängig sein wird, daß Sie dem Direktor der Deutschen Benzol-Vereinigung GmbH, Herrn Direktor Sohn und unserem Generaldirektor, Herrn Konsul Segall, Sitz und Stimme in Ihrem Aufsichtsrat einräumen können! In dieser Annahme erklären wir uns bereit, uns mit Kapital an Ihrer Gesellschaft zu beteiligen. Wir bitten Sie daher ergebenst, sich in unserem Interesse freundlichst mit den Großaktionären der Kriegschemikalien AG darüber verständigen zu wollen, welche Beträge die Herren uns abtreten wollen unter gleichzeitiger Zusicherung, daß Aktionäre mit ausschlaggebenden Aktienbesitz in der Generalversammlung dafür eintreten werden, daß die Herren Sohn und Segall in den Aufsichtsrat gewählt werden."[3] — „Das letztere ist für uns das Wesentliche."[4]

Die Finanzgewaltigen der Chemieindustrie gaben hierfür aber keine Zusicherung, und so blieben die Rütgerswerke AG der Kriegschemikalien AG fern.[5]

Ebenso haben die Gewaltigen der KCA den Antrag des Kriegsausschusses Breslau vom Oktober 1914 abgelehnt, den Direktor Odenbach von der Silesia AG Breslau in den Aufsichtsrat aufzunehmen.[6] Diese *souveräne* Stellung der Monopolherren der Chemieindustrie, dieser Pulverkönige, ist überhaupt typisch für die Industriezweige, in denen die Konzentration und Zentralisation des Kapitals und der Produktion einen hohen Grad erreicht hat, und das war — neben der Eisen- und Stahl- sowie Elektroindustrie — gerade hier der Fall. Diese *souveräne* Stellung der Rüstungsgewaltigen fand in der Kriegschemikalien AG darin ihren Ausdruck, daß die Herren alle entscheidenden Fragen, die ihren Industriezweig betrafen, selbst lösten und militärischer Behörden, wie etwa eines Zuteilungsamtes, zur Überwindung des Widerstandes der anderen Teile der Bourgeoisie nicht bedurften. Die Beschlagnahme, Freigabe, Preisfestsetzungen und das Meldewesen waren hier bei der KCA Bestandteile ihrer Geschäftsführung, die als „amtlich" bezeichnet

[1] Ebenda.
[2] Ebenda.
[3] KCA, Nr. 13.
[4] Ebenda, Brief vom 17. Dezember 1914 an Dr. Aufschläger.
[5] Ebenda.
[6] KCA, Nr. 17.

wurde.[1] Um aber „die Kritik auszuschalten, oder wenigstens von der KCA abzulenken“[2], die sich aus der monopolistischen Geschäftspraxis ergab, setzten die Finanzgewaltigen dieser Kriegsrohstoffgesellschaft Vertrauensmänner (Einzelpersönlichkeiten oder Berufsvereinigungen) ein, welche dieFreigabe- und Zuteilungsanträge der Industrie auf Chemikalien für den Zivilbedarf annahmen, bei der Beratung der Schätzungs- und Verteilungskommission der KCA über diese Fragen zugegen waren und der Industrie das Ergebnis mitteilten. Auf den Sitzungen der Kommission zur Verteilung der Chemikalien für den Zivilbedarf, wo also die jeweils hierfür zuständigen „Vertrauensmänner“ anwesend waren, stand den kleineren Rohstoffverbrauchern keine anonyme Kriegsrohstoffgesellschaft gegenüber, sondern die großen Monopolisten, wie Oppenheim, Plieninger u. a. selbst, die die entscheidenden Beschlüsse faßten und mit ihrer Autorität innerhalb dieses Gremiums jede Kritik erstickten und andererseits jede Kritik von außen leicht auf die „Vertrauensmänner“ abwälzen konnten.[3] In die von der Kommission ebenfalls vorgenommene Verteilung der Chemikalien für Kriegszwecke, und die meisten wurden zur Sicherung des Heeresbedarfs verwendet — „die geringen Überschüsse reichten kaum aus, die allernotwendigsten Erfordernisse des bürgerlichen Bedarfs zu decken“ —,[4] ließen die Konzerne der Kriegschemikalien AG, die ja Großproduzenten und zugleich Großverbraucher waren, niemand einsehen.

Die wichtigsten Aufgaben der Schätzungs- und Verteilungskommission, die ihre Tätigkeit bis zum April 1920 ausübte, waren:

1. Verteilung der von der KCA gekauften chemischen Rohstoffe und Erzeugnisse an die Industrie.
2. Freigabe beschlagnahmter Rohstoffe für „Friedens“produktion.
3. Gutachten über Preise und Qualität der Rohstoffe sowie Festsetzung der Preise der beschlagnahmten Rohstoffe.

Daß dieses Organ wie alle dieser Art ein wirksames Instrument der Konzernherren zur Befriedigung ihres Dranges nach Maximalprofiten war, zeigt das folgende Beispiel der bevorzugten Zuteilung an die Pulverkönige: „Exz. Engler beantragt die Freigabe von *geringen Mengen* Salpeter für die Zelluloidindustrie und bezeichnete es als eine wirtschaftliche Notwendigkeit, damit die vorhandenen Arbeiter weiter beschäftigt werden können. Freigabe von Salpeter zu dem besagten Zweck abgelehnt und auf die im Lande befindlichen Vorräte von Roh-Abfall-Zelluloid hingewiesen.“[5]

Die wichtigsten von der Kriegschemikalien AG bewirtschafteten Rohstoffe waren: Stickstoff, Schwefel, Schwefelkies, Salzsäure, Glycerin, Dynamitglycerin und Toluol.

[1] Vgl. Akte KCA, Bericht vom 5. Januar 1920.
[2] Ebenda.
[3] KCA, Nr. 17, Anm. Die Zuteilung der Rohstoffmengen an die einzelnen Firmen geht nicht aus den Protokollen der Schätzungs- und Verteilungskommission hervor.
[4] KCA, Nr. 17, Protokoll Nr. 48.
[5] KCA, Nr. 19, Bd. 1, Protokoll der Schätzungs- und Verteilungskommission 19. März 1916.

Wie ging nun die Beschaffung der knappen kriegswichtigen Rohstoffe vor sich? Einmal wurden die bei allen kleineren Unternehmungen lagernden Vorräte beschlagnahmt und den Chemiekonzernen zur Verfügung gestellt. So wurden z. B. auch die Landwirte und Gutsbesitzer gezwungen, ihre Vorräte an Norgesalpeter an die Chemiekonzerne abzuliefern. Hierbei versuchten die Gutsbesitzer einen Sondergewinn herauszuschlagen, indem sie den seit Kriegsbeginn rasch gestiegenen, um vieles höher als die Anschaffungskosten liegenden Marktpreis verlangten und oft zur Durchsetzung dieser — von den Konzernen keineswegs anerkannten — Preise das Schiedsgericht für Kriegsbedarf anriefen[1], welches aber ein bewährtes Instrument des Monopolkapitals war. Diese Tatsache[2] wird bestätigt durch die Worte des Präsidenten des Reichsschiedsgerichts für Kriegsbedarf vom 31. 1. 1918: „Auch die Anrufung des Reichsschiedsgerichts kann den Eigentümer nicht davor bewahren, daß er infolge der Enteignung Schaden leidet; aber dieser Schaden ist ein Kriegsschaden, den nach allgemeinen Grundsätzen der davon Betroffene selbst zu tragen hat.“[3]

Eine weitere Form der Beschaffung der knappen Rohstoffe war neben der Beschlagnahme die Einfuhr, die allerdings mit dem Kriegseintritt Amerikas und der längeren Dauer des Krieges zurückging. Aber allein bis zum 22. April 1915 ist es der Kriegschemikalien AG, die das Monopol in der Einfuhr von Rohstoffen der Chemieindustrie ausübte[4], gelungen, folgende Mengen zu importieren:

Salpeter	2000 t	aus	Schweden
Nitrit Nitrat	5000 t	„	Schweden
Chilesalpeter	9500 t	„	Holland
Schwefel	27000 t	„	Italien
Schwefelkies	60000 t	„	Italien
Schwefelkies	90000 t	„	Norwegen
Schwefelkies	15000 t	„	Schweden
Glycerin	250 t	„	unbekannt
Harz	5500 t	„	Belgien
Baumwoll-Linters	600 t	„	USA[5].

Ferner wurden 1914—1918 insgesamt noch 65000 t Kalksalpeter[6] aus Norwegen sowie 7000 t Carbid aus Schweden[7] eingeführt.

Sind diese Mengen in Anbetracht des hohen Kriegsbedarfs auch relativ gering, so sind sie dennoch beachtlich und groß genug, um das bürgerlich nationalistische Geschwätz von der bereits während des ersten Weltkrieges „verwirklichten

[1] Vgl. KCA, Nr. 145, 151, 153, 171 und 184.
[2] Vgl. auch oben S. 85.
[3] Reichswirtschaftsgericht Nr. 1, Sicherstellung von Gegenständen des Kriegsbedarfs Nr. 654.
[4] Vgl. KCA, Nr. 628.
[5] KCA, Nr. 21.
[6] KCA, Nr. 1.
[7] KCA, Nr. 22. Die Aufstellung erhebt keinen Anspruch auf Vollständigkeit, es handelt sich hierbei nur um die Importmengen, die auf Grund der Akten nachweisbar sind.

Autarkie" Deutschlands und der „gezeigten Durchhaltefähigkeit" der deutschen Wirtschaft bei der angeblichen Abschneidung von jeglicher Zufuhr aus dem Ausland[1] der Lüge zu überführen.

Millionengeschenke zur Erweiterung der Produktionskapazitäten der Anilin- und Pulverkonzerne

Die dritte Hauptform der Rohstoffbeschaffung war die verstärkte Eigenproduktion. Hier gelang es den deutschen Chemikern und Technikern, neue, für die Großproduktion bisher in der Hauptsache importierter Rohstoffe geeignete Herstellungsmethoden zu entwickeln, mit denen es möglich war, Schwefel aus Gips oder Stickstoff aus der Luft zu gewinnen[2] und so den Bedarf vor allem der Munitionsindustrie zu decken. Die synthetische Herstellung von starker Salpetersäure zeigte folgendes Bild:

1915	*1916*	*1917*	*1918*
216 t	15 120 t	43 440 t	104 000 t[3]

Und die Neuanlagen zur Umwandlung synthetisch erzeugter dünner Salpetersäure in Kunstnatronsalpeter zeitigten folgendes Produktionsergebnis:

1915	*1916*	*1917*	*1918*
121 266 t	415 179 t	407 445 t	320 000 t[4]

Ferner wurden große Neuanlagen errichtet zur unmittelbaren Überführung der synthetisch gewonnenen dünnen Säure in Ammonsalpeter, die folgende Mengen produzierten:

1916	*1917*	*1918*
7 743 t	41 109 t	62 000 t[5]

Die hierfür notwendigen neuen Produktionskapazitäten wurden mit Staatsgeldern und, soweit sie den Chemiekonzernen dazu dienten, ihre bisherige Rohstoffabhängigkeit vom Ausland zu beseitigen und ihre Rentabilität auch im Frieden gesichert schien, oder staatlich garantiert wurde[6], als Eigentum der Riesenkonzerne erbaut. Direktor Erlanger von der Kriegschemikalien AG, der ja zugleich leitender Angestellter im Konzern Metallgesellschaft Frankfurt/Main war, sorgte z. B. dafür, daß die KCA der Metallgesellschaft 10000 Mark für Versuche zur Gewinnung von Schwefelsäure aus Gips und im Juni 1918 einen Baukostenzuschuß von 1,25 Mill.

[1] Vgl. *Goebel*, a. a. O., S. 188, Dix, a. a. O., S. 160 und *Stolper*, ebenda.

[2] Die Konzerne bauten auch neue Carbidfabriken mit einer so großen Kapazität, daß sie nach dem Kriege vom Ausland unabhängig waren.

[3] KCA, Nr. 1.

[4] Ebenda.

[5] Ebenda.

[6] Vgl. 2. Vertrag zwischen Reich und Badische Anilin- und Sodafabrik vom Dezember 1916, worin vereinbart wurde, daß die „Erweiterungsanlagen bis 1938 zu erhalten sind und die „Badische" bei Stillstand eine jährliche Reichsvergütung von 300000 Mark bekommen sollte. Photokopie, Parteikabinett der SED Kreisleitung der Leuna-Werke.

Mark zur Errichtung einer Schwefelsäureanlage zahlte.[1] Die Badische Anilin- und Sodafabrik erhielt durch die besonders aktive Mitwirkung des Ltn. Schmitz[2], Referenten der Kriegsrohstoffabteilung für Chemie — der auch aus dem Konzern Metallgesellschaft kam — für die Errichtung des Leuna-Werkes, welches nach und nach zum größten Stickstoffwerk der Welt mit einer Kapazität von 200000 t Stickstoff jährlich ausgebaut wurde, einen staatlichen Bauzuschuß von insgesamt 350 Mill. Mark. Hiervon waren 12 Mill. Mark als verlorener Zuschuß gewährt worden. Das Darlehen war erst zurückzuzahlen, wenn das Werk eine Jahresproduktion von 120000 t Stickstoff erreichte.[3] Die Produktion hatte im Dezember 1918 erst einen Stand von 100000 t Stickstoff erreicht und wurde — wie im Vertrag festgelegt — auf 200000 t ausgebaut.[4] Die während des Krieges investierte Summe von 350 Millionen wurde so erst 1923 fällig, in der Blütezeit der Inflation, und ist als ein durch die bewährte Form des Staatskassendiebstahls gewonnener Kriegsgewinn des Chemietrusts anzusehen.

Aber der Staatskassendiebstahl der Chemiekonzerne beschränkte sich nicht hierauf. Die Köln-Rottweiler Pulverfabriken AG erhielt zur Erweiterung ihrer Anlagen einen staatlichen Zuschuß von insgesamt 129 Millionen Mark, wovon sie 1919/1920 nur 40% dieser Summe zurückzuzahlen brauchte.[5] In der gleichen Zeit stellte der Konzern, also nach Kriegsende, die mit dem Staatsgeld subventionierten Betriebsanlagen auf die Stapelfasererzeugung um. Der Konzern erteilte 1919 großzügigerweise auch dem Reich die Lizenz für die Produktion der Stapelfaser gegen entsprechende Bezahlung und überließ dem Staat ein Pflichtquantum zu einem Übernahmepreis, welcher dem Konzern noch einen angemessenen Gewinn sicherte.[6]

Bei den Verhandlungen zum Abschluß dieses Vertrages machte Prof. Dr. Flechtheim vom Köln-Rottweiler-Konzern die aufschlußreichen Bemerkungen:

„Im Konzern treiben starke Kräfte dahin, amerikanischen Industriellen, die mit einem diesbezüglichen Angebot an uns herangetreten sind, unsere sämtlichen Stapelfaserpatente zu verkaufen, denen damit dieser ganze Industriezweig ausgeliefert wird. Besonders die an dem Konzern interessierten Bankgruppen drängen darauf, da es ihnen gleich ist, ob sie Gewinne aus Lizenzen oder aus der Fabrikation selbst beziehen.“[7]

Auch der AEG-Konzern stieg mit ins Pulvergeschäft ein und errichtete 1916 mit 9,7 Millionen Mark aus Staatsmitteln in Henningsdorf eine Ammonpulverfabrik,

[1] Reichsschatzmin., Nr. 1085/6. Auch die anderen Vorstandsmitglieder haben die besonderen Interessen ihrer Konzerne wahrgenommen. Vgl. Akte KCA, Nr. 293.

[2] Schmitz saß ab Juli 1917 im Beirat des Reichsschatzministeriums. Schmitz erwirkte auch auf Drängen von Bosch (BASF) in einem ½stündigen Telefongespräch mit der KRA, daß der gerade erst gefaßte Beschluß, das Werk in Oppau zu bauen, aufgegeben und die Errichtung in Leuna begonnen wurde.

[3] Vgl. Reichsfinanzmin., Nr. 22, KCA, Nr. 17 und Reichsschatzmin., Nr. 3133.

[4] Reichswirtschaftsmin., Nr. 3133.

[5] Anm. Sämtliche Neubauten sind vorweg als Betriebskosten abgeschrieben worden. Vgl. Frankfurter Zeitung I. M. v. 2. Mai 1916.

[6] Reichsschatzmin., Nr. 1086/1.

[7] Ebenda.

die er 1920 für 2,3 Millionen Mark dem Staate abkaufte.[1] Die zwecks Erfüllung des Hindenburgprogramms mit einem Reichszuschuß von 52,5 Millionen Mark gebauten Pikrin-Säurefabriken in Leverkusen und Worringen überließ das Reich im Mai 1921 faktisch kostenlos den Farbenfabriken Leverkusen vorm. Bayer und zahlte noch für den Umbau 3,5 Mill. Mark dazu.[2] Die Forderung des Staates von 2,664 Mill. Mark an die Farbenfabriken wurden „aus außerpolitischen Gründen" nicht aufgerechnet, d. h. diese Millionen wurden den überreichen Kriegsgewinnlern noch dazu „geschenkt".[3]

Diese Millionengeschenke erhöhten auch die internationale Konkurrenzfähigkeit des deutschen Monopolkapitals in der Nachkriegszeit gewaltig.

Die über den unmittelbaren Bedarf der Chemiekonzerne hinausgehende Produktionskapazität an Stickstoff, deren Auslastung in der Nachkriegszeit sehr unwahrscheinlich, deren Vorhandensein für einen neuen Krieg aber notwendig war, überließen die Konzernherren als Eigentum dem Reich, der Bau und die Ausnutzung lag jedoch auch hier wieder in ihren Händen.[4] So gab das Reich für den Bau des Stickstoffwerkes in Piesteritz, Mitteldeutsche Stickstoffwerke AG (nach dem Kriege: Reichsstickstoffwerke) insgesamt 137156606 Mark aus.[5]

Die Neuproduktion an Salpeter lief aber, wie auch die obigen Zahlen zeigen, erst 1916 stärker an, so daß 1915 noch eine Reihe von Sprengstoff- und Pulverfabriken darüber klagten, daß sie ihre Kapazität nicht voll auslasten konnten, wegen Mangel an Salpetersäure.[6]

Die zunehmende Knappheit in den einzelnen Rohstoffen und ihre Bewirtschaftung benutzten die Herren der Kriegschemikalien AG nicht nur zur vollständigen Ausschaltung des Groß- und Kleinhandels, sondern auch zur scharfen Kontrolle der Produktion der Nichtaktionäre und der Verfügung über die Produkte, wodurch selbst die erzeugende Industrie die Verkaufstätigkeit der Kriegsrohstoffgesellschaft überlassen mußte.[7]

So z. B. beschlagnahmte die Kriegschemikalien AG am 1. August 1915 die Produktion der Meggener Schwefelkies AG und übernahm die Verteilung der Produkte. Die KCA erweiterte die Leistung von 42263 t Schwefelkies im Dezember 1915 auf 83072 t im August 1918 durch umfangreiche maschinelle Neuanlagen (Neue

[1] Ebenda, Nr. 1086/3.

[2] Ebenda, Nr. 1086/7, Anm. Ein verantwortlicher Mitarbeiter des Reichsschatzministeriums äußerte hierüber: „Die Farbwerke sind außerordentlich günstig gestellt, es wurde ihnen für die Bauausführung etwa 100% Bauzuschuß gewährt. Dieses Verfahren bedeutet eine außerordentliche Begünstigung der Firma und steht so ziemlich einzig da. Kaum eine andere Firma hat unter so günstigen Bedingungen Neubauten errichtet." Reichsschatzmin., Nr. 1086/7 vom 28. Januar 1921.

[3] Ebenda.

[4] Vgl. Reichswirtschaftsmin., Nr. 997.

[5] Reichsfinanzmin., Nr. 22.

[6] KCA, Nr. 17.

[7] Vgl. Pantlen, Die Kriegschemikalien AG, Inventare d. Reichsarchivs, Serie II, Heft 6, Potsdam 1936.

Turbinen, 2 Dampfkessel, Transformator, Kompressoren, Bohrhämmer etc.), die durch einen Zuschuß von 4 Mill. aus Reichsmitteln finanziert wurden.[1]

KCA, ein neues Mittel zur Erlangung des Maximalprofits. — Chlor zur Vergiftung der Werktätigen, zur Bereicherung der Millionäre

Die chemische Großindustrie war zwar mit Kriegsausbruch von der Einfuhr des Salpeters aus Übersee abgeschnitten, sie war aber auch mit einem Vorrat an vielen im Inland produzierten Rohstoffen in den Krieg gegangen. Daher nutzten die Konzerne ihre Kriegsgesellschaft nicht nur dazu aus, um mit ihrer Hilfe schnell die fehlenden Produktionskapazitäten für Salpeter zu schaffen, sondern auch dazu, die Vorräte, deren Verbrauch den Monopolisten nicht schnell genug vor sich ging, zu mindern. Die KCA als ein wirksames Instrument dieser Herren zur Erlangung großer Kriegsgewinne machte alle Anstrengungen, um den Absatz der Produkte ihrer Aktionäre zu beschleunigen. So lehnte die Kriegschemikalien AG z. B. Ende 1914 die Bewirtschaftung von Toluol ab, „da Toluol, um dessen Herstellung man gedrängt hat, nicht genügend abgenommen werde. Es müsse dafür gesorgt werden, daß die vorhandenen Mengen verbraucht werden“. Diese absatzsteigernde Haltung führte innerhalb eines halben Jahres zu einer weitaus höheren Nachfrage gegenüber dem Angebot an Toluol und damit zu einem Mangel.[2]

Oder im Dezember 1915 klagten die Herren der KCA über einen Überfluß an Chlor, „da die Abrufe des Heeres zur Zeit gering sind“, klagten also über den nicht intensiv genug betriebenen Verbrauch an Chlor im Gaskrieg und regten seine Intensivierung an[3]: zwecks Erhöhung ihrer Millionenprofite — zwecks Vergiftung der Werktätigen auf den Schlachtfeldern. Und daß sie nicht nur ein Interesse an der Ausschaltung der vergifteten französischen und englischen Soldaten aus den unmittelbaren Kriegshandlungen hatten, sondern auch an der Minderung von deren Arbeitskraft in der Nachkriegszeit interessiert waren, wird durch einen „Bericht über die Beobachtungen zur Pathologie der Gasvergiftungen vom ‚Kaiser-Wilhelm-Institut‘ für physikalische Chemie“ vom 1. Juni 1917 enthüllt, der sich in den Akten der KCA befand, worin es heißt:

„*Dauerschädigungen nach Kampfgasvergiftungen*

Kampfgasvergiftungen sind in mannigfacher Hinsicht *geeignet*, den Ausgangspunkt für chronische Krankheitszustände zu geben.“ Es folgt eine ausführliche Beschreibung der Wirkungen der Gifte, wie Schädigung des Herzens, des Nierengewebes etc. „Nach mehrfachen übereinstimmenden Beobachtungen von Truppenärzten über nach Kampfgasvergiftungen genesene Soldaten zeigten diese verminderte körperliche Leistungsfähigkeit.“[4]

[1] KCA, Nr. 430.
[2] KCA, Nr. 17, 3. Protokoll des Aufsichtsrats.
[3] Ebenda, 22. Protokoll.
[4] KCA, Nr. 17, 22. Protokoll.

Ein letztes Beispiel: Dr. ter Meer, ein Aufsichtsratsmitglied der KCA, jammerte am 13. April 1916 darüber, daß seine Sulfatanlage zwar voll ausgelastet sei, er aber Überfluß an Sulfat habe, und er drängte auf Minderung seiner Bestände durch die KCA, was dann geschah.[1]

Andererseits jedoch hielten die Finanzgewaltigen der Chemieindustrie bereits während des Krieges solche begehrten Produkte wie Teerfarben bewußt zurück: „Zwecks Schonung ihrer Lagerbestände zu Konkurrenzzwecken für die erste Friedenszeit."

Alle diese Manipulationen dienten den Herren: Aufschläger, Duisberg, Plieninger, ter Meer & Co. offensichtlich nur dazu, den Maximalprofit rauszuschlagen. Wie glänzend den bedeutendsten Aktionären der KCA das auch gelang, riesige Profite zu machen, zeigen auch die von ihnen veröffentlichten Kriegsgewinne des Jahres 1915.

Firma	Grund-kapital	Rein-gewinn	Rückstel-lungen
	in Millionen Mark		
Badische Anilin- und Sodafabrik	54	17	4
Casella Farbenfabriken vorm. Bayer	54	15	4
Höchster Farbwerke	50	14	7
Dynamit AG, vorm. Nobel	36	17	9
Cöln-Rottweiler Pulverfabrik	16	13	7
Westfälische-Anhaltinische Sprengstoff AG (Stinnes)	10	5	0,4[2]

Insgesamt erzielten die Anilin- und Pulverkonzerne 1915 (nach reichlichen Abschreibungen) einen Gewinn von 134,9 Mill. Mark gegenüber 95 Mill. Mark im Jahre 1913.[3]

Daß die Herren der Chemieindustrie ihren Kollegen der Metallindustrie in den skrupellosen Methoden zur Erlangung des Maximalprofits in nichts nachstanden, zeigt uns zum Beispiel auch die Durchsetzung der Frachtermäßigung für Salpeter. Das Protokoll des Aufsichtsrats der Kriegschemikalien AG sagt hierzu folgendes: „Es soll beantragt werden, daß alle Salpetersorten bei Bahnversand als Düngersalpeter deklariert und die Fracht dementsprechend (niedriger, d. V.) berechnet wird. Herr Geheimrat Oppenheim bemerkt, daß ein dahingehender Beschluß im Ministerium bereits gefaßt worden sei."[4] Wahrhaft, eine bemerkenswerte Bemerkung des Finanzmagnaten Oppenheim, sie zeigt uns nämlich, daß die Regierung tanzte, wie die monopolistische Großbourgeoisie pfiff, daß sie den Staat hemmungslos ausnutzte, um ihre Profite aufs äußerste zu steigern.

Ein weiteres Beispiel hierfür ist der Ausbau der Staatsorgane im Kriege entsprechend den Bedürfnissen und Forderungen der Chemiekonzerne. Duisberg teilte noch in der Aufsichtsratssitzung vom 19. Oktober 1916 mit, daß „die Chlor-

[1] Ebenda, 26. Protokoll.
[2] Vgl. Frankfurter Zeitung, Abendblatt, a. a. O.
[3] Ebenda, Nr. 285, 1916.
[4] KCA, Nr. 17 und 4. Protokoll.

kommission eine Eingabe an die Oberste Heeresleitung gerichtet habe, mit dem Antrag, die Gründung eines Zentralarbeitsamtes zur Beschaffung von Arbeitskräften für die Fabriken zu veranlassen"[1], und bereits am 1. November erfolgte auf Veranlassung der Obersten Heeresleitung die Eingliederung eines zentralen Kriegsersatz- und Arbeitsdepartements beim neu errichteten Kriegsamt.[2]

Die Kriegschemikalien AG verschaffte ihren Aktionären auch Gewinne, indem sie ihnen Rohstoffe zu niedrigen Vorzugspreisen gewährte. Sie kaufte z. B. Glycerin, welches aus Zucker hergestellt wurde, von ihrer Tochtergesellschaft, der „Protol GmbH", zu 2,50 Mark pro kg, und gab es mit ganz geringem Aufschlag an ihre Aktionäre weiter, obwohl die Produktionskosten 12,— Mark pro kg betrugen.[3] Den so entstandenen Verlust der Protolgesellschaft von insgesamt 63 Mill. Mark zahlte das Reich. Dieser Ableger der KCA hatte während des ganzen Krieges 109000 t unversteuerten Zucker verpulvert, nämlich zu 14000 t Protol-Dynamit-Glycerin verarbeitet[4], und so tatkräftig dazu beigetragen, daß in den Zeiten, wo Tausende und aber Tausende Werktätiger vor Hunger zusammenbrachen, kostbare Lebensmittel in Pulver für die Militärs und in märchenhafte Profite für Pulverkönige verwandelt wurden.

Nach der Beendigung des Krieges gab die Kriegschemikalien AG die Bewirtschaftung der einzelnen Rohstoffe wegen der noch bestehenden Knappheit und der Schwierigkeiten in der Beschaffung ausländischer Zahlungsmittel einerseits und andererseits, um den Absatz ihrer noch aus der Kriegszeit stammenden großen Vorräte erst zu tätigen, nur allmählich an die entsprechenden, wiederum von den Aktionären der KCA, den großen Chemiekonzernen, beherrschten Syndikate ab, wie Stickstoff an das Stickstoffsyndikat im Januar 1919 oder Glycerin an die Glycerin GmbH im August desselben Jahres etc.[5]

Nachdem die Beschlagnahme der chemischen Rohstoffe und ihre Bewirtschaftung seitens der Kriegschemikalien AG weitgehend aufgegeben war, trat die Kriegsrohstoffgesellschaft am 1. Oktober 1920 in die Liquidation ein, und am 11. März 1921[6] beendete auch sie, die ihren Aktionären ungeahnte Gewinnmöglichkeiten eröffnet hatte, ihre Tätigkeit. Diese Kriegsrohstoffgesellschaft, die eine bisher ungekannte Zentralisation der chemischen Großindustrie bewirkt und sich als Instrument zur Erlangung des Maximalprofits glänzend bewährt hatte, war der Vorläufer des IG Farbentrusts. „Die in der Kriegschemikalien AG vereinten Farbenkonzerne hatten bereits 1916 eine Interessengemeinschaft abgeschlossen und fusionierten 1925 zur IG Farbenindustrie."

[1] KCA, Nr. 17, Protokoll 29.

[2] Anm. So war z. B. auch auf Wunsch der Rheinisch-Westfälischen Schwerindustrie eine Kriegsamtsstelle in Düsseldorf gebildet worden, um diese Werke in Verkehrs-, Arbeitskräfte- und Rohstofffragen zu unterstützen.

[3] Anm. Obwohl die Zuckersteuer noch erlassen war.

[4] Reichsschatzmin., Akte 7091.

[5] Vgl. KCA, Nr. 17.

[6] Reichswirtschaftsmin., Nr. 3291.

3. *Die Kriegswollgesellschaften*

Deutschland bezog vor dem Kriege den Hauptteil seiner Wolle aus Übersee, vor allem aus Australien sowie Argentinien und führte 1913 die bedeutende Menge von 190000 t[1] ein. Die inländische Wollerzeugung mit ~ 9000 t gewaschener Wolle[2] vermochte nur einen Bruchteil des Bedarfs der deutschen Industrie zu decken. Diese Rohstoffabhängigkeit veranlaßte Walter Rathenau, Leiter der Kriegsrohstoffabteilung, auch auf diesem Gebiet die Initiative zur Gründung einer Kriegsrohstoffgesellschaft zu ergreifen, denn die Wollindustrie lieferte ja mit den Tuchen für Mannschaften und Offiziere einen wichtigen Bestandteil der Ausrüstung des Heeres[3], dessen gesteigerte Anforderungen besonders an Mannschaftstuchen es durch die Wollbewirtschaftung zu sichern galt. Bereits am 17. August 1914 wurde auf einer Besprechung der Kriegsrohstoffabteilung mit je einem Vertreter des Wollhandels, der Kammgarnspinnerei und der Militärtuchfabrikanten festgestellt, daß zur Deckung des ersten Bedarfs an Militärkleidung 9000 t Wolle nötig waren, die Vorräte in den Fabriken jedoch nur schätzungsweise 5700 t betrugen.[4]

Zwecks Sicherstellung und Beschaffung einer größeren Menge Rohmaterials für die deutschen Heerestuchproduzenten wurde in der vom Kriegsministerium einberufenen Versammlung der Heerestuchfabrikanten am 1. September 1914 die Gründung einer Kriegsrohstoff AG empfohlen.[5] Zu diesem Zweck wurde am 9. September 1914 die Kriegswollbedarf AG (KWB) gegründet, mit einem Aktienkapital von 4,25 Mill.[6] Mark, welches 34 Militärtuchfabrikanten (von 140) aufbrachten.

Beherrscht wurde die Kriegswollbedarf AG von den größten Heerestuchlieferanten (Friedenslieferanten) dadurch, daß diese einerseits die größten Aktienanteile[7] besaßen, wie die

Firmen:	mit einem Aktienanteil von:
Rechberg, Hersfeld	430000,— Mark
Quandt, Pritzwalk	300000,— Mark
Arzt, Michelsstadt	200000,— Mark
Delius, Aachen	200000,— Mark
Koswig, Finsterwalde	200000,— Mark
Avellis, Forst	150000,— Mark[8]
Pariser & Co., Luckenwalde	85000,— Mark,

und andererseits dadurch, daß sie die Organe[9] der KWB in ihrer Hand hatten.

[1] Statistisches Jahrbuch, a.a.O., S. 193, Anm. Unter Berücksichtigung der exportierten Menge.

[2] KBW, Nr. 65.

[3] Anm. Die Haupterzeugnisse der Militärwollindustrie waren: Mannschaftstuche, Offizierstuche, Zündertuche, Mannschaftsdecken und Militärstrümpfe.

[4] *Cron*, Die Kriegswollwirtschaft, Inventare des Reichsarchivs, Serie II, Heft 5, Potsdam 1932 (als Manuskript gedruckt).

[5] KWB Nr. 4. Bd. 1. Anlage z. Protokoll vom 9. 10. 1915.

[6] KWB Nr. 65, Bd. 4, Die Kriegswollbedarf AG. Eine Denkschrift über ihre Gründung, Entwicklung und Organisation.

[7] Auf das eingezahlte Aktienkapital erhielten die Aktionäre ab 1. September 1916 eine 4%ige Zinsvergütung. Vgl. Reichsschatzmin., Nr. 6917.

[8] KWB, Nr. 259, Anm. Besitzstand der Aktien vom 31. August 1916, Zahl der Aktionäre: 72.

[9] Anm. Gesellschaftsvertrag und Organe nach dem Vorbild der KMA.

Der größte Aktionär, Rechberg, der bereits auf persönliche Einladung Rathenaus an den Gründungsvorbesprechungen teilgenommen hatte, war Vorsitzender des Aufsichtsrates und Koswig stellvertretender Vorsitzender. In der Schätzungs- und Verteilungskommission sowie im Arbeitsausschuß saßen Koswig und Quandt[1], die zugleich mit Arzt aus Michelsstadt, der im März 1915 als Oberltn. zum Armee-Bekleidungs- und Beschaffungsamt ging, im Aufsichtsrat saßen.[2] Im Vorstand saßen Quandt und Fr. Pariser. Im Gegensatz zu allen anderen Kriegsrohstoffgesellschaften hatten hier in der Textilindustrie nicht so mächtige Konzernherren die leitenden Stellen inne, wie etwa Aufschläger und Duisberg in der Kriegschemikalien AG oder Rathenau und Aron Hirsch in der Kriegsmetall AG, denn die Konzentration der Produktion und des Kapitals hatte in diesem Industriezweig noch nicht ein so hohes Maß angenommen.[3] Die Hauptaktionäre der KWB, ohne Zweifel die ökonomisch stärksten Betriebe der Wollbranche, waren noch nicht *die* Repräsentanten ihres Industriezweiges, die schon allein die Monopolisierung des Rohstoffs Wolle wirksam durchführen konnten, so wie die Finanzgewaltigen der Chemie-, Elektro-, Eisen- und Stahlindustrie. Das lag darin begründet: einmal waren sie nur 34 von 140 Militärtuchproduzenten und innerhalb ihrer Streichwollbranche in einer noch größeren Minderheit, und zum anderen verfügten sie auch noch nicht über qualitativ so bedeutende Unternehmen wie Konzerne, die den ganzen Industriezweig entscheidend beeinflußten. Dennoch darf man nicht übersehen, daß es die mächtigsten Betriebe der Wollbranche, kapitalistische Großbetriebe, waren, deren Inhaber die leitenden Posten dieser neuen Gesellschaft einnahmen und sich somit die monopolistische Verfügung über die Rohstoffe sicherten.

Das Hauptarbeitsgebiet der Kriegswollbedarf AG war anfänglich die Ermittlung der vorhandenen Bestände, die Beschaffung und Verteilung — bevorzugt an ihre Aktionäre — der in den besetzten Gebieten beschlagnahmten Wolle, zunächst der in Verviers[4] vorgefundenen Mengen, dann die der gesamten in Belgien, Nordfrankreich und Polen in den Machtbereich der deutschen Okkupanten gekommenen Wollvorräte. Aber bei der Durchführung dieser ersten Maßnahmen zeigte sich, daß die Heerestuchindustriellen zu Beginn des Krieges noch nicht in der Lage waren, die Wollvorräte schon vollständig monopolistisch zu bewirtschaften. Der als Kommissar des KM für die Kriegswollbedarf AG eingesetzte erste Vorsitzende der Vereinigung des Wollhandels (Großhandel), Schönbach, veranlaßte nur die Beschlagnahme des zehnten Teils[5] der in Belgien festgestellten Wollvorräte für die KWB, sehr zum Unwillen ihrer Aktionäre. „Die übrigen Mengen gab der Kommissar (Schönbach, d. V.), ein Geschäftsmann, der nebenbei für seine

[1] KWB, Nr. 494.

[2] KWB, 4, Bd. 1, Anm. Quandt war Inhaber von drei Tuchfabriken!

[3] Anm. Es bestanden jedoch schon monopolistische Organisationen niedriger Stufe, Kartelle, vor allem Konditionskartelle, die jedoch noch örtlich und sachlich so eng begrenzt waren, daß sie auf die gesamte Wollindustrie noch keinen bestimmenden Einfluß hatten, wie z. B. Verband sächsisch-thüringer Webereien e. V. oder Deutsche Tuchvention, eine Vereinigung der Fabrikanten engl. Waren u. a. Vgl. KGT, Nr. 18.

[4] Anm. Verviers ist ein Zentrum der belgischen Wollindustrie.

[5] Vgl. *Goebel*, a. a. O., S. 60.

eigene Firma Wollkäufe tätigte, vom 15. September (1914) an *für den Handel* wieder frei."[1]

Schönbach teilte dessenungeachtet zwei Aachener Tuchfirmen mit, daß ihre Wollen, welche sich unter den in Verviers beschlagnahmten Beständen befanden, ihnen nicht freigegeben werden könnten, da sie an die Kriegswollbedarf AG gingen. Der Vorstand der Gesellschaft protestierte am 2. Dezember 1914 heftig beim Kriegsministerium und schrieb u. a.: „Wir bitten das KM ganz ergebenst, auch seinerseits den Kommissar anzuweisen, unseren Namen nicht in Zusammenhang zu bringen mit Verfügungen, mit denen wir uns nicht identifizieren können."[2]

Erst als sich aus dieser Freigabe an den Handel wüste Preistreibereien ergaben, änderte die Heeresverwaltung auf Druck und im Interesse der einflußreichen Heerestuchproduzenten am 4. Januar 1915 ihren Standpunkt und beschlagnahmte alle in den besetzten Gebieten noch vorhandenen Spinnstoffe.[3] Die Kriegsrohstoffabteilung des KM übernahm nunmehr die „Beute"wolle selbst und richtete dafür eigene Lager ein, um diese Wolle dem freien Handel und der Spekulation zu entziehen und ihre Verwendung für Heerestuche zu garantieren. Die Herausgabe des Materials erfolgte dann nur periodisch auf Grund der Anforderungen der Kriegswollgesellschaft. Der direkte Eingriff der Kriegsrohstoffabteilung in die Bewirtschaftung in einem so hohen Maße, daß sie selbst einen Teil des Rohstoffs auf Lager nahm, war *nur* in der Wollindustrie vorhanden und auch nötig, um eben die Vorräte den Heerestuchproduzenten zu sichern.

Und daß die staatliche Behörde, die Sektion Wolle der Kriegsrohstoffabteilung ihre Anordnungen im Interesse der monopolistischen Heerestuchproduzenten erließ bzw. daß der Einfluß dieser Leute wie Rechberg, Koswig, Avellis und Quandt auf die Behörde bestimmend wurde, bestätigt das Protokoll der Aufsichtsratssitzung der Kriegswollbedarfs AG vom 21. 3. 1919. Hierin heißt es: „Nachdem $4^3/_4$ Jahre lang mit den Ämtern gearbeitet wurde, ist bekannt, daß von keiner Stelle mehr und leichter etwas zu erreichen ist als von den Ämtern."[4] Wie die Tuchproduzenten in der Behörde und mit Hilfe dieser ihr Profitinteresse leicht durchsetzten, zeigt der folgende Ausschnitt aus einem Protokoll der Kriegsrohstoffabteilung vom 7. Juni 1915: „In der Besprechung (betr. Preise der KRA für Militärtuch, d. V.) wendet sich Kommerzienrat Koswig (Streichgarnproduzent) dagegen, daß höhere Preise nur für reine Kammgarnstoffe bewilligt werden sollen und schlägt vor, die Worte: „für reine Kammgarnstoffe" durch die Worte: „für Stoffe aus Kammgarn oder aus Kammgarn oder Streichgarn" zu ersetzen. Dieser Vorschlag findet allgemein Zustimmung".[5] Im gleichen Protokoll findet sich noch eine weitere Aufzeichnung, wie „leicht etwas zu erreichen" war: Kommerzienrat Avellis war dagegen, daß für Kammgarnstoffe nur dann höhere Preise von der Kriegsrohstoffabteilung bewilligt werden, wenn ihre Dehnbarkeit 12 cm beträgt.

[1] *Goebel*, ebenda.
[2] KWB, Nr. 230, Bd. 1.
[3] KWB, ebenda. Schreiben W 11943 12. 14 KRA.
[4] KWB, Nr. 4, Bd. 2.
[5] KGT, Nr. 29, Bd. 1.

Es seien 8 cm normal. Direktor Pariser KWB stimmt dem zu. Hauptmann Niemer, KRA, streitet dieses ab. „Ein Vorschlag des Herrn Kommerzienrat Avellis, an Stelle von 12 cm eine Dehnbarkeit von 10 cm als maßgebend zu erachten, wird angenommen.“[1]

Auch bei der Ermittlung der bei den einzelnen Tuchproduzenten (Nichtaktionären) lagernden Wollbestände gelang es der Leitung der Kriegswollbedarf AG nicht allein, die Widerstände der Industrie, „die es damals als unter ihrer Würde und gegen ihr Interesse gerichtet betrachtete, wenn sie fremden Stellen Einblick gestattete“[2], zu überwinden, daher wurde 1915 eine behördliche Meldepflicht eingeführt und ein Webstoff-Meldeamt als staatliche Behörde errichtet.

Der starke Bedarf an Heereskleidung führte bald nach Kriegsausbruch dazu, daß auch die bisher nur auf Ziviltuche eingestellten Streichgarnfabrikanten zur Heeresbelieferung herangezogen wurden und die Zahl der in den Listen der Kriegswollbedarf AG eingetragenen Militärtuchlieferanten sich bis zum 8. Dezember 1914 auf 352 erhöht hatte.[3] Von dem äußerst profitbringenden Heereslieferungsgeschäft war aber der andere Teil der Wollindustrie, die Kammgarnbetriebe, zunächst ausgeschlossen, da die Kammgarnstoffe den Vorschriften des Militärtuchs für Mannschaften nicht entsprachen. Und da nun eine Beschlagnahme aller Wollvorräte für die Heereslieferanten bevorstand, fühlte sich die Kammgarnindustrie in ihrer Existenz bedroht, und der Verein Deutscher Wollkämmer und Kammgarnspinner Dresden unterbreitete dem Kriegsministerium eine Denkschrift über die Bedeutung der Kammgarnindustrie für die Bekleidungswirtschaft.[4] In dieser verlangten sie eine Beteiligung am Heereslieferungsgeschäft, mit dem Hinweis, daß das „Expeditionskorps“ in Ostasien mit Kammgarnstoffen bekleidet gewesen sei, und daß das Kammgarn eine größere Reißfähigkeit habe, wenn es auch teurer sei.[5]

Inzwischen hatte Rathenau am 25. September 1914 eine gemeinsame Sitzung der Kriegsrohstoffabteilung des KM mit der Direktion der Kriegswollbedarf AG zur Klärung des Verhältnisses zwischen Kriegsbedarf und Leistungsfähigkeit der Wollindustrie einberufen. Bei dieser Besprechung wurde ein Heeresbedarf für die Zeit bis zum 31. 1. 1916 von insgesamt 39 Mill. Meter Tuch festgestellt, während die Streichgarnproduzenten nur 18 Mill. Meter zu liefern vermochten[6], woraus sich die Notwendigkeit der Heranziehung der Kammgarnproduzenten ergab. Das Kriegsministerium antwortete daher auf die Eingabe des Vereins deutscher Wollkämmer und Kammgarnspinner dahin, daß die Verwendung von Kammgarn für Mannschaftstuch, nachdem bereits schon erfolgreiche Versuche seitens der Industriellen durchgeführt waren, grundsätzlich zugelassen wurde.[7]

[1] Ebenda. Anm. Kammgarnstoffe wurden für Offiziersuniformen verwendet.
[2] *Cron*, a. a. O., S. 21.
[3] Anm. Von den 352 Betrieben waren 257 aus Preußen und 62 aus Sachsen.
[4] Reichsministerium des Innern, Wirtschaftliche Mobilmachung, Nr. 17869, Klage der Potsdamer Handelskammer, 9. Dezember 1914, Betr. Mißstände im Heereslieferungsgeschäft.
[5] *Cron*, a. a. O., S. 7.
[6] Vgl. *Cron*, a. a. O., S. 8.
[7] KWB, Nr. 65, Denkschrift, S. 3.

Zur Sicherung des Rohstoffbedarfs[1] dieses neuen für Heereszwecke tätigen Produzentenkreises erfolgte am 20. Oktober 1914 die Gründung der zweiten Kriegswollgesellschaft, der Kammwoll AG (Kawo) mit einem Grundkapital von 6,25 Mill. Mark, bei 103 Aktionären aus den Kreisen der Spinnereien, Kämmereien und des Handels.[2]

Vorsitzender des Aufsichtsrats war: E. Hardt, Berlin, und seit dem 28. 7. 1916 A. Kummerle, Brandenburg.

Mitglieder des Aufsichtsrates waren: Rechberg (Vorsitzender des Aufsichtsrats der KWB), G. Quandt (Direktor der KWB), Pariser (Direktor der KWB) und Geh. Kommerzienrat C. Lahusen, Norddeutsche Wollkämmerei und Kammgarnspinnerei[3], sowie Schönbach, der hier nicht nur als Kommissar, sondern zugleich als Aktionär der Gesellschaft auftrat.

Mit der Einbeziehung der Kammgarnspinnerei in den Kreis der Tuchlieferanten für Heereszwecke war die Mobilmachung der Wollindustrie, d. h. die Umstellung auf den Kriegsbedarf, abgeschlossen. Diese Periode hatte schon allen Heereslieferanten in Textilien die Taschen mit goldenen Profiten gefüllt. Die Textilindustrie machte 1915 einen offiziellen Gewinn von 33 Mill. Mark gegenüber 20 Mill. im Jahre 1913.[4] Die enormen Preissteigerungen in Textilien waren nicht nur von den Händlern (Kettenhandel), sondern auch von Produzenten, Spekulanten und Schiebern ausgenutzt worden. „So sind Fälle vorgekommen, wo einfache Leinenbeutel der Militärverwaltung statt mit 50 Pfg. mit 3,— Mark und 2,50 Mark angeboten worden sind, oder wo aus einer Lieferung von 150000 Stück ein Reingewinn von 75000,— gezogen worden ist."[5] Aber auch in Wolle und Wollwaren verzeichneten die Preise einen rapiden Anstieg.[6]

Diese Preissteigerungen waren nicht nur hervorgerufen worden durch die allgemeine gesteigerte Nachfrage der militärischen Beschaffungsstellen, sondern vor allem durch die Notwendigkeit, zu Beginn des Krieges die neu aufgestellten Truppen schnell einzukleiden, also rasch große Mengen Heerestuche zu beschaffen. Und bei dieser Beschaffung machten sich die einzelnen, isoliert voneinander kaufenden Bekleidungsämter Konkurrenz und trieben die Preise in die Höhe.

Erst nachdem der gleich zu Kriegsbeginn anfallende hohe Bedarf des Heeres gedeckt war, erfolgte am 22. Dezember 1914 die Festsetzung von Höchstpreisen

[1] Anm. Rohstoffe: Kammwolle und Kammzüge. Beim Kammgarnprozeß werden die kurzen Haare in einer Kämmaschine ausgeschieden und die langen durch wiederholtes Strecken in eine gestreckte Parallele gebracht. Das von dieser Maschine gelieferte Produkt heißt Kammzug.

[2] Vgl. Kawo, Nr. 2, und Reichsschatzmin. Nr. 6915, Anm. Die Aktionäre, darunter G. Schönbach, Leipzig, Leiter der Sektion Wolle der KRA und Aufsichtsratsvorsitzender der Kammgarnspinnerei Liebschwitz, erhielten ebenfalls eine 4%ige Zinsvergütung ab 1. September 1916.

[3] *Cron*, a. a. O., S. 101.

[4] Frankfurter Zeitung, Abendblatt Nr. 10, 1917.

[5] R. d. I. Wirtschaftl. Mobilmachung, Nr. 17869, Klage der Potsdamer Handelskammer vom 9. Dezember 1914, Betr. Mißstände im Heereslieferungsgeschäft.

[6] Im Mai 1914 stieg der Preis des Strickgarns D II von 4,40 Mark auf 12,50 Mark, im Februar 1916 der des Strickgarns EE 360 von 3,60 auf 12,75 Mark. Vgl. Reichsschatzmin., Nr. 6911.

für Wolle und Wollwaren, insbesondere Militärtuche.[1] Ebenso wurde erst jetzt ein Zentrales Bekleidungsbeschaffungsamt gebildet, welches ab 1. 2. 1915 sämtliche Bekleidungsaufträge des Heeres allein vergab.[2] Nachdem nun die zwei Produzentengruppen, nämlich Streich- und Kammgarnindustrie, ihre Kriegsgesellschaften zur Beschaffung der Rohstoffe errichtet hatten, war der Wollhandel ausgeschaltet worden.[3] Der Kommissar der Kriegsrohstoffabteilung beider Kriegswollgesellschaften, Schönbach, der die Interessen des Wollgroßhandels und seiner eigenen Firma schon anfangs so erfolgreich vertreten hatte[4], setzte kraft seiner Funktion in der KRA nunmehr auch durch, daß die Händler, die in der Vereinigung des Wollhandels (VdW) organisiert waren, in die Kriegswirtschaft einbezogen wurden. Es geschah allerdings in der Weise, daß die Kriegsrohstoffabteilung diese Vereinigung als Spinnstoffvertriebsstelle in ihren Dienst nahm. Sie übernahm den Vertrieb untergeordneter Wollen, von Filz, die Bewirtschaftung von Tierhaaren, die Versorgung der Woilachhersteller (Heeresdecken) und die der 143 Spinner, die Strumpfgarne für die Heeresverwaltung herstellten.[5] Nunmehr bestanden bis zum Abbau der Zwangsbewirtschaftung 1919 auf dem Gebiet der Bewirtschaftung der Wolle drei Kriegsrohstoffgesellschaften: Kriegswollbedarf AG, Kammwoll AG und Vereinigung des Wollhandels.

Der Generaldirektor der Vereinigung urteilte über die Dreiteilung in einem Vortrag vom 2. 11. 1917 wie folgt:

„Es wäre ganz unmöglich gewesen, dieses riesige weitverzweigte Gebiet von einem Mittelpunkte aus zu übersehen und zu leiten. — Platzen auch die Geister des Dreigestirns am Wollhimmel: Kammwolle, Kriegswolle und Wollverein in ihren geschäftlichen Beziehungen um ihre Sonne, die KRA, manchmal aufeinander, so kann doch kein Zweifel darüber bestehen, daß es der letzteren immer gelingen wird, widerstrebende Auffassungen auszugleichen und den Überschwang wetteifernder Schaffensfreude und Organisationskunst richtig umzuformen und in die dem Allgemeinwohl dienenden Bahnen zu leiten.“[6]

Dieser Lobgesang des Generaldirektors auf die KRA, im engeren Sinne auf Schönbach gemünzt, ist nur allzuverständlich, weil ja Schönbach als Referent der KRA die Existenz des Wollgroßhandels gesichert, indem er die VdW zur Kommissionärin der Kriegsrohstoffabteilung gemacht hatte. Die Phrase vom „Allgemeinwohl“ hierbei bedeutet nichts anderes, als die bemäntelte Forderung nach weiterer Berücksichtigung des Profitinteresses der Wollhändler.

Die Kriegwollbedarf AG allerdings urteilte — ebenso verständlicherweise, denn sie war aus ihrer Rolle als erster und einziger Kriegswoll-Textilrohstoffgesellschaft verdrängt und schon hier von der Vereinigung des Wollhandels in ihrer Tätigkeit beeinträchtigt worden, — hierüber im März 1917:

[1] RGB 1914, Nr. 4591, S. 545.
[2] KWB, Nr. 4.
[3] Vgl. KWB, Nr. 4, Bd. 1.
[4] Anm. Für diese seine „Verdienste“ wurde Schönbach nach dem Kriege von deutschen Behörden zum Kommerzienrat ernannt, von den Ententemächten auf die Liste der Kriegsverbrecher gesetzt. Vossische Zeitung, Nr. 65, v. 5. Februar 1920.
[5] VdW, Nr. 315.
[6] *Cron*, a. a. O., S. 15.

„Durch diese Spaltung war eine gewisse Unübersichtlichkeit in die Maßnahmen der verteilenden Stellen gekommen, deren Nachwirkungen noch heute fortbestehen.[1] — Infolgedessen wird eine einheitliche großzügige Kauforganisation und eine nach einem einheitlichen Plan geregelte Zuweisung stets auf Schwierigkeiten stoßen.“[2]

Dadurch, daß die Wolle, wie überhaupt die Textilrohstoffe, entsprechend den verschiedenen Grundrohstoffen (Kammgarn, Streichgarn etc.) von verschiedenen Kriegsgesellschaften bewirtschaftet wurde, unterscheiden sich die Kriegsorganisationen auf dem Gebiet der Wollversorgung äußerlich wesentlich von anderen.

Zu diesen 3 Kriegsgesellschaften, die den Rohstoff Wolle bewirtschafteten, kam noch eine neue Kriegsgesellschaft am 15. Juli 1915 hinzu, der Kriegsgarn- und Tuchverband EV. Diese Gesellschaft bewirtschaftete die Rohstoffe nicht unmittelbar, sondern führte jetzt die Bedarfsermittlung an Rohstoffen sowohl der Kammgarnals auch Streichgarnproduzenten durch und legte die Zuteilungsmengen der Rohstoffe für die Anfertigung der Heerestuche und die Höhe der Aufträge fest. Der Kriegsgarn- und Tuchverband (KGT) schränkte die Tätigkeit der KWB und Kawo, deren Aktionäre auch Mitglieder des neuen Verbandes waren, in dieser Hinsicht ein und machte die zwei Gesellschaften faktisch zu seinen Lagerhaltern und Spediteuren.

Der Kriegsgarn- und Tuchverband[3] war aus den zwei erstmalig sich auf ganz Deutschland erstreckenden Syndikaten hervorgegangen, dem Kriegsweber- und Kriegstuchverband. Im Verwaltungsrat oder im Vorstand dieser beiden Verbände hatten die uns bekannten Aktionäre der Kriegswollbedarf AG, Rechberg, Avellis, Quandt, Pariser und Koswig gesessen.[4] Und diese Militärtuchproduzenten saßen auch in der Leitung des neuen, nunmehr geschaffenen einheitlichen Kriegsgarn- und Tuchverbandes, der seinen Mitgliedern die erforderlichen Rohmaterialien und Aufträge entsprechend der Zahl ihrer Stühle zuteilte und an der Beschaffung von Heerestuch mitwirkte.

Vorsitzender des Vorstandes des Kriegsgarn- und Tuchverbandes war wieder Rechberg, Avellis Stellvertreter, sowie Quandt und Koswig waren Mitglieder.[5] Wurden durch die Bildung des KGT auch die Befugnisse der älteren Wollrohstoffgesellschaften eingeschränkt, — nicht ihre kaufmännische Tätigkeit —, so wurden dadurch aber nicht die Befugnisse der großen Heerestuchlieferanten, wie Rechberg, Quandt & Co., eingeschränkt, denn sie hatten ja auch die Leitung dieses neuen Verbandes inne. Wie wir sehen, sind also auch hier die Streichgarnfabrikanten, die bereits in der Vorkriegszeit das Heerestuchgeschäft getätigt haben, die führenden Personen, so daß sie in dem Verband in erster Linie ihre Profitinteressen wahrnehmen[6] konnten und wahrnahmen.

[1] KWB, Nr. 65, Bd. 4, Denkschrift S. 23.

[2] Ebenda, S. 25.

[3] Seine juristische Form war die eines eingetragenen Vereins. Er hatte anfänglich 450 Mitglieder, deren Zahl sich auf 830 bis zum Herbst 1916 erhöhte. Nach diesem Zeitpunkt wurden keine neuen Mitglieder mehr aufgenommen. Vgl. KGT, Nr. 10, Bd. 3.

[4] KGT, Nr. 1.

[5] Vgl. KGT, Nr. 12, Bd. 1.

[6] Kawo, Nr. 22, Schreiben 4. Sept. 1916, 8 von 12 Vorstandsmitgliedern waren April 1917 aus der Streichwollbranche. Vgl. Akte KGT, Nr. 14, Bd. 1.

Der steigende Wollverbrauch für Heereszwecke veranlaßte die Kriegsrohstoffabteilung im Interesse der monopolistischen Heeresproduzenten angesichts des fast völligen Versiegens der Einfuhr, denn der Import von 2600 t amerikanischer Wolle, der anfangs 1915 über Holland[1] kam, und von etwa 1000 t aus Rumänien[2], waren nur Tropfen auf dem heißen Stein, — auch im Inland die Vorräte zu beschlagnahmen. So wurde am 23. Februar 1915 eine Beschlagnahmeverfügung erlassen[3], wonach die Wolle der deutschen Schafschur der Kriegswollbedarf AG abgeliefert werden mußte. Dem folgte die Beschlagnahme der unversponnenen Wolle und die Ablieferungspflicht aller Garnvorräte bis zum 31. März 1916.[4] Die Preise für die Übernahme dieser Materialien wurden durch die Schätzungs- und Verteilungskommission der Kriegswollbedarf AG festgesetzt, deren Mitglieder, wie Koswig und Quandt, in ihrem Interesse zwar bewegliche, jedoch möglichst niedrige Preisangebote machten[5], die häufig auf den Widerstand der Industriellen stießen. So z. B. protestierte die Firma Osterrieth & Co. im Februar 1916 gegen die niedrigen von der Schätzungs- und Verteilungskommission festgelegten Preise, worauf diese antwortete: „KWB vertritt den Standpunkt, eine nochmalige Schätzung bereits geschätzter Partien ablehnen zu müssen."[6] Und die Geraer Strickgarn Gebr. Feistkorn AG, schrieb am 20. März 1916 an die KWB:

Wir „erklären ihnen hiermit nochmals wunschgemäß, daß wir die Annahme Ihrer Gebote für unsere Garnbestände nicht annehmen können. Der uns angedrohten Enteignung dieser Bestände durch die KRA sehen wir mit Ruhe entgegen. Der Ordnung halber weisen wir nochmals darauf hin, daß wir uns einem Verkaufe unserer Garnbestände gemäß den Beschlagnahmebestimmungen vom 31. Dezember 1915 nicht widersetzt haben, sondern lediglich unser gutes Recht zur Geltung bringen werden."[7]

Die Gesamteingänge an Wolle der KWB betrugen:

		davon aus Deutschland	besetzten Gebieten	Einfuhr
1914/15:	8401 t	1,4%	98,6%	—
1915/16:	26437 t	44,9%	39,5%	15,6%
1916/17:	22267 t	58,8%	20,3%	26,9%
1917/18:	25364 t	46,4%	44,3%	9,3%
1918/19:	9846 t	—	—	—[8]

[1] KWB, Nr. 4, Bd. 1, 3. März 1915, Anm. Bis 1917 vermittelte auch der amerikanische Konsul in Belgien, van Hee, Waren nach Deutschland gegen angemessene Bezahlung, so z. B. im Dezember 1916 feines Leinen an die deutsche Pulverfabrik Troisdorf, KWB, Nr. 495.

[2] KWB, Nr. 44.

[3] Vgl. KWB, Nr. 65, Bd. 4, Anmerkung 7.

[4] Ebenda.

[5] Je niedriger die Übernahmepreise, um so niedriger die Produktionskosten für die Aktionäre der KWB. Vgl. KWB 263.

[6] KWB, Nr. 230, Bd. 3.

[7] KWB, Nr. 263. Gemeint ist hier der Verkauf an die KWB.

[8] Cron, a. a. O., S. 83.

Da die Schafschur 1914/15 nur 14,4 Mill. kg brachte, gegenüber einem Heeresbedarf von 26 Mill. kg, wurden zur Streckung der Rohstoffbestände im weitgehenden Umfange Wollabfälle, wie Kämmlinge, Wickel, Fäden und Kunstwolle, zur Verarbeitung für Heerestuch zugelassen.[1]

Ein allgemeines Herstellungsverbot für Militärtuch wurde erlassen, was jedoch, wie alle Maßnahmen, von den Betroffenen oft nicht eingehalten oder umgangen wurde[2] und die Herstellung der Militärbekleidung ausschließlich auf den Kreis der mit unmittelbaren Heeresaufträgen versehenen Fabrikanten beschränkt.[3] Schließlich erfolgte im Februar 1916 die Beschlagnahme und Bestandserhebung von Web-, Wirk- und Strickwaren, und die beschlagnahmten Waren wurden von der Ankaufsabteilung des Webstoffmeldeamts gegen Bezahlung, bis auf geringe Mengen für die Versorgung der Zivilbevölkerung, restlos eingezogen.[4]

Die Rohstoffknappheit hatte allmählich ein so hohes Ausmaß erreicht, daß die Produktionskapazität der Kammgarnindustrie nur etwa 30—40% und (1917 betrug die verarbeitete Wolle nur noch 15% der Friedensmenge) die der Streichgarnindustrie mit 45—50% ausgelastet[5] war.

Die Produktion für die Zivilbevölkerung war fast völlig eingestellt, und sogar die fertigen Kleidungsgegenstände wurden dem Konsum der Zivilbevölkerung entzogen. Den Werktätigen wurde buchstäblich das Hemd vom Leibe gezogen, um die Soldaten zu kleiden, die unter Einsatz ihres Lebens für die sicher im Hinterland Kriegsgewinne machenden Kapitalisten[6] kämpften.

Als die deutschen Soldaten durch die Niederwerfung Serbiens den Durchgang zur Türkei, zu neuen Rohstoffquellen geöffnet hatten, stürzten sich auf die türkischen Wollvorräte auch gleich die deutschen Großbanken. Die Bremer Bank, die Deutsche Bank, die Deutsche National-Bank, die Diskonto-Gesellschaft und M. M. Warburg gründeten am 13. November 1915 eine Spinnstoffeinfuhrgesellschaft, die Deutsch-Orientalische Handelsgesellschaft mit 4 Mill. Mark Stammkapital, die das ausschließliche Recht der Wolleinfuhr aus dem Orient erhielt.[7] Die genarrten Wollindustriellen der Kriegswollbedarf AG und Kammwoll AG beschwerten sich am 30. Dezember 1915 wehklagend darüber[8] beim Unterstaatssekretär des Innern, v. Stein, was an der Tatsache des Wolleinfuhrmonopols der Großbanken nichts änderte. Jedoch wurden die bedeutendsten Heerestuch-

[1] Vgl. KWB 65, Denkschrift S. 6.

[2] KGT, Nr. 23, Bd. 2. Anm. Heerestuche durften nur noch auf Bestellung durch KGT gefertigt werden.

[3] KWB, Nr. 65.

[4] Vgl. Cron, a. a. O., S. 29.

[5] Kawo Nr. 22, Nr. 684 W. v. 11. April 1917 u. v. 4. September 1916.

[6] Anm. KWB, Nr. 151, Chef des Generalstabs des Feldheeres Nr. 38353 v. 6. November 1916. Es dürfen „dem heimatlichen *Wirtschaftsheere seine Führer nicht entzogen werden*, um in weniger bedeutungsvollen Stellen, wenn auch im militärischen Dienst, Verwendung zu finden." gez. Ludendorff.

[7] Reichschatzmin., Nr. 6941. Anm. Das Reichsschatzamt übernahm am 1. September 1915 Garantie über die Erhaltung des Gesellschaftskapitals und eine jährliche 5%ige Verzinsung.

[8] KWB, Nr. 44 und Kawo, Nr. 12.

produzenten Rechberg und Quandt gewissermaßen als Entschädigung für den dadurch entgangenen Gewinn, um die stärksten Widersacher zu beruhigen, in den Aufsichtsrat dieser Gesellschaft gewählt.[1]

Das sogenannte Hindenburg-Programm brachte in der Wollindustrie, wie auch in den anderen Zweigen der Konsumtionsmittelindustrie, einen grundlegenden Einschnitt, nämlich den Auftrags- und Rohstoffentzug für die kleineren Betriebe, was zur Stillegung vieler Betriebe führte. Diese Maßnahmen wurden eingeleitet durch die Verhandlungen der verstärkten Wollkommission des Kriegsausschusses der deutschen Industrie am 7. Februar 1917 im Hotel Adlon, Berlin. Hier trug Direktor Avellis vom KGT die Grundsätze vor, nach denen die Aufträge zuerst und ausschließlich den Großbetrieben, „Höchstleistungsbetrieben", die sämtliche Stufen der Tuchfabrikation vereinen: Färberei, Spinnerei, Weberei, Walke und Appretur, gegeben wurden.[2] Und das waren in erster Linie die in diesem Geschäft groß gewordenen Heerestuchlieferanten der Streichgarnbranche, die dadurch die Kammgarnproduzenten weiter zurückdrängen konnten. Es war ihnen um so mehr möglich, weil sie sich in ihren vollstufigen Betrieben auf Grund des veränderten Rohmaterials eigene Zwirnereien angelegt und damit diese Tätigkeit den Kammgarnzwirnereien genommen hatten. Dadurch wurden die heftigen Gegensätze zwischen beiden Produzentengruppen der Wollindustrie noch verstärkt.[3]

Die von den bedeutenden Heerestuchlieferanten beherrschten Kriegsgesellschaften, Kriegswollbedarf AG und Kriegsgarn- und Tuchverband, erwiesen sich als wirksame Instrumente zur Festigung und Stärkung ihrer eigenen Unternehmen, — denn bis zu diesem Zeitpunkt waren alle eingetragenen Mitglieder im Verhältnis zur Kapazität, d. h. zur Zahl ihrer Stühle, also *relativ* gleichmäßig mit Rohstoffzuteilungen berücksichtigt worden — zur Ausschaltung der unliebsamen Konkurrenz und zur Erzielung von großen Profiten.

Diese mit Transport-, Arbeitskräfte- und Kohlenersparnis begründete Maßnahme — kurz vorher waren die meisten Webereien nur noch mit 10 bis 15%, die Spinnereien mit 25% ihrer Leistungsfähigkeit beschäftigt — hatte zur Folge, daß selbst Vollbetriebe bis zu 30 Webstühlen mit 90—100 Arbeitern stillgelegt wurden.[4] Insgesamt kann man die Zahl der in der Wollindustrie stillgelegten Betriebe mindestens auf 420 Firmen beziffern.[5]

[1] KWB, Nr. 4, Bd. 1, Protokoll v. 29. Februar 1916, Anm. Dadurch wurden Rechbergs und Quandts Geschäftsverbindungen wesentlich erweitert, was den beiden sehr zum Vorteil gereichte.

[2] KGT, Nr. 18, Seite 3 u. 4.

[3] Vgl. KGT, Nr. 17, S. 9, „Zwirnerei-Streitfrage" und Akte Kawo, Nr. 22. Anm. Avellis erklärte: „Ich bestreite, daß die Tuchindustrie dazu da ist, der Kammgarnindustrie aus einer Notlage zu helfen." Ebenda.

[4] Vgl. KGT, Nr. 18, S. 3 u. 13.

[5] VdW, Nr. 44, Mitteilung des Verbandes der stilliegenden Betriebe der Deutschen Textilindustrie in Wolle und Halbwolle vom 12. März 1918. Hierbei ist die Vielzahl der kleineren Betriebe, deren Existenz mit der Einberufung des Inhabers und der Stammarbeiter erloschen war, unberücksichtigt.

Die von der Stillegung betroffenen Unternehmen erlitten eine beachtliche, noch nach Kriegsende wirkende Schwächung:

a) durch den „Stillstand der Maschinen, der in vielen Fällen, vor allem bei den Kratzenbeschlägen der Krempel, ein Verrosten zur Folge hatte, durch die Nichtbenutzung der Betriebseinrichtungen in der Färberei und Appretur, die insbesondere einen Verfall der Bottiche und der Walken mit sich brachte".[1]

b) Verlust von Betriebseinrichtungen durch Zwangsabgabe von Treibriemen, ferner durch den Zwangsausbau der Maschinenteile, die aus Sparmetallen bestanden, im Rahmen der Metalleinsparung. Die Großaktionäre der Kriegsmetall AG, diese Rüstungsgewaltigen, deckten ihren Rohstoffbedarf also durch die Ruinierung der kleinen Betriebe der Konsumgüterindustrie.

c) Verlust des Arbeiterstammes infolge Abwanderung in andere Gebiete oder Betriebe bzw. Überwechselung in andere Berufsgruppen.

d) Der Verlust an Erfahrungen zur weiteren Fortbildung der Produktionsmethoden.

Seit März 1917 wurden Roh- und Hilfsstoffe, von denen Kohle der wichtigste war und deren Mangel seit 1917 sogar noch bis 1920 zu vorübergehenden Produktionsunterbrechungen zwang[2] sowie Aufträge nur noch an die 118 „Höchstleistungsbetriebe" abgegeben, zu denen vom Kriegsgarn- u. Tuchverband noch 109 Aushilfsbetriebe herangezogen wurden.[3] Die führenden Aktionäre der Kriegswollgesellschaften, wie Quandt, Rechberg, Koswig, Avellis & Co., nutzten ihre Stellung nun dazu aus, in der Zeit, wo Hunderte Betriebe stillagen, ihre eigenen durch Ausbau und Erweiterung wirtschaftlich zu stärken und ihre Konkurrenzfähigkeit in der Nachkriegszeit zu erhöhen. Die Kriegswollbedarf AG hat daher seit Mai 1917 aus den besetzten Gebieten — 1200 Maschinen[4] der Textilindustrie Frankreichs und Belgiens — ausbauen lassen und an ihre Mitglieder billig verkauft, was gleichzeitig eine Maßnahme zur Schwächung der ausländischen Konkurrenz darstellte.[5] Diese neu erworbenen Stühle der einflußreichen Heereslieferanten wurden bei der Verteilung des Rohstoffs, im Gegensatz zu denen der anderen Aktionäre und bei der Höhe der Aufträge, mit berücksichtigt.[6]

Die bedeutenden Aktionäre der Kriegsrohstoffgesellschaften der Wollindustrie, die zugleich die Organe des Kriegsgarn- u. Tuchverbandes beherrschten, sorgten dafür, daß ihre Betriebe die größten Aufträge bekamen. So z. B. erhielt die Aktienspinnerei Aachen, deren Vertreter W. Hilfen im Verwaltungsausschuß des KGT saß, am 13. Februar 1918 einen Auftrag und Rohstoffe, 273 t Wolle, zur Produktion von Tuchgarn.

[1] Claren, Die Zusammenlegung in der deutschen Tuchindustrie, Berlin 1919, S. 39.
[2] Vgl. KGT, Nr. 26.
[3] KGT, Nr. 30.
[4] Anm. Trockenmaschinen, Krempelwölfe, Webstühle, Wollmaschinen etc.
[5] KWB, Nr. 526.
[6] KGT, Nr. 23, Bd. 8.

Wie sich die Stillegung in einem deutschen Tuchzentrum, Forst, auswirkte, und wie sehr die Stellung der Großproduzenten gestärkt wurde, wird deutlich, wenn wir feststellen, daß von 324 Betrieben in Forst nur rund 40 Betriebe weiterarbeiteten. Wer weiterarbeitete außer dem Heerestuchgroßfabrikant Avellis aus Forst selbst, der sowohl im Vorstand des Vereins deutscher Tuch- und Wollwarenfabrikanten als auch des Kriegsgarn- u. Tuchverbandes saß, das bestimmte keiner außer Kommerzienrat Avellis selbst, wie aus seinem Schreiben vom März 1917 an die Vereinigung des Wollhandels hervorgeht: Ich muß „die dringende Bitte aussprechen, daß Sie hiesige Spinnereifirmen nicht streichen oder neu aufnehmen (gemeint ist in die Liste der zu beschäftigenden Firmen, d.V.), ohne mich vorher befragt zu haben".[1]

Der Proteststurm und die Klagen der von der Stillegung[2] betroffenen Firmen ließen nicht lange auf sich warten und rissen erst bei der völligen Aufhebung der Zwangsbewirtschaftung der Wolle Ende des Jahres 1919 ab.

So klagte z. B. der Tuchmacher Blössl, Oberviechtach, Oberpfalz, am 1. September 1918:

„,... ich habe jetzt schon im 5. Jahr nicht mehr fabrizieren dürfen. Es wird alles an große Verbände abgegeben, die Kleinen sollen machen, was ihnen lieb ist. Hab auch gelesen Mittelstandsenteignung und scheint so. Bitte kniefallend um Entschädigung, ich verlange nichts, aber der Hunger treibt mich dazu...."[3]

Oder Th. Weigel, Biedenkopf, der nach seiner ersten erfolglosen Eingabe vom 5. März 1918 eine neue am 20. August 1918 machte, schrieb:

„Ich bin auch bis jetzt noch ohne jegliche Entschädigung. Meine maschinellen Einrichtungen leiden durch den Stillstand ganz ungeheuer. Ohne einen Grund anzugeben, wurden mir einfach keine Aufträge mehr erteilt und nur die großen Spinnereien, welche die enormen Dividenden verteilen, berücksichtigt. Ich halte mich mit größter Mühe über Wasser. Dagegen machen andere großen Spinnereien die kolossalen Gewinne. Diese große Ungleichheit liegt doch sicherlich nicht in der Absicht einer hohen Regierung."[4]

Auch die Erwartung des Herrn Weigel wurde nicht erfüllt[5], die kaiserliche Regierung, dann die Regierung Eberts (SPD) und auch die erste bürgerliche Regierung der Weimarer Republik (Demokraten und Zentrum) sanktionierten in der Tat diese Politik der Vernichtung des Mittelstandes und der Bevorzugung der monopolistischen Großbourgeoisie. Das bestätigt auch der „Verband der stilliegenden Betriebe der Deutschen Textilindustrie in Wolle und Halbwolle" mit der Beschwerde vom 10. November 1919 über den Kriegsgarn- und Tuchverband, seine „durchaus selbstherrliche Geschäftsführung", die dazu führte, daß „... eine beträchtliche Anzahl Firmen bisher mit irgendeinem Auftrag überhaupt noch nicht bedacht" wurden.[6]

[1] VdW, Nr. 315.

[2] Fälschlicherweise wird hierzu oft „Zusammenlegung" gesagt. Vgl. z. B. Claren, a. a. O. oder KGT, Nr. 18, Protokoll vom 7. Februar 1917.

[3] KGT, Nr. 33.

[4] Ebenda.

[5] Anm. Die KRA hatte die Kriegsgesellschaften am 18. Dezember 1917 angewiesen: „Klagen aus den Reihen der Fabrikanten bezüglich der Stillegung sind gar nicht an die KRA weiterzugeben", Cron a. a. O., S. 42.

[6] KGT, Nr. 23, Bd. 8, Anm. Der Verband war ein Zusammenschluß der Unternehmer der Wollindustrie, deren Betriebe stillgelegt worden waren.

Allerdings tritt hier bei der Stillegung der Betriebe in der Wollindustrie die Erscheinung auf, daß die großen Tuchproduzenten die Stillegung nur erreichten, indem sie denen, die Mitglied[1] im KGT waren, eine kleine Entschädigung zahlten.

Die Zusammenarbeit der Großaktionäre und Aufsichtsratsmitglieder der Kriegswollbedarf AG, die zugleich den Kriegsgarn- u. Tuchverband beherrschten, ihre wirtschaftliche Stärkung durch die Anerkennung ihrer Großbetriebe als „Höchstleistungsbetrieb" förderte auch ihren Zusammenschluß, so daß sie unter Führung des Aufsichtsratsvorsitzenden der KWB, Rechberg[2] am 8. Mai 1918 das „Deutsche Tuchsyndikat GmbH", das erste Syndikat der Wollweberei, zunächst für die Dauer von 10 Jahren bildeten.[3]

Der durch den Krieg geschaffene Ausgangspunkt und Beginn der verstärkten Konzentration in der Textilindustrie (Konsumgüterindustrie), und der erfolgte qualitative Umschlag, die Bildung des Deutschen Tuchsyndikats, war ein wichtiges Resultat der Kriegswirtschaft. Und wie die spätere Entwicklung auch zeigte, sind die großen Kriegsgewinnler der Kriegswollgesellschaften, wie Fr. Rechberg, C. Lahusen und G. Quandt, einflußreiche Konzernherren geworden. Kriegsgewinne, Beziehungen zu den Spitzen des Monopolkapitals und ihre Stellung in den Kriegsrohstofforganen und staatlichen Behörden hatten ihnen die Bedingungen verschafft, die sie dann zu gewaltigen Konzernherren machten. C. Lahusen gründete den Lahusen-Konzern, Fritz Rechberg wurde Aufsichtsratsmitglied und Kuxenbesitzer im Kalisyndikat, Wintershall AG und ab 1931 auch im deutschen Ölkonzern. Quandts Aufstieg ging vom Direktor der damals relativ unbekannten Dräger-Paul-Wegener Tuchwerke und Direktor der Kriegswollbedarf AG zum Leiter des Quandt-Konzerns, der heute in Westdeutschland über 400 Mill. DM repräsentiert.[4] Von der direkten Konzernzugehörigkeit der AG für Industriebeteiligung, Stuttgart, der Industriewerke Karlsruhe AG, der Akkumulatorenfabrik AG Hagen, der Drägerwerke GmbH Ludwigsburg, die allesamt wiederum bei über 30 großen Werken eine starke Beteiligung aufweisen, erstrecken sich die Polypenarme des Kriegsgewinnlers, „Mitläufers" Quandt auf die Wintershall AG, über den Gerling-Konzern,

[1] Eine große Zahl war nicht im Verband, wie obige Beispiele zeigten, und ging leer aus.

[2] KWB, Nr. 512, Bd. 2.

[3] Vgl. Dietel, Textilindustrie und Bekleidungsgewerbe in der Kriegs- und Übergangszeit, Berlin 1921, S. 95. Anm. Die ausgeschlossenen kleineren Betriebe schrieben gegen — das nunmehr auch in die Textilindustrie eindringende — Syndikat wetternd: „Die deutschen Tuchfabrikanten werden es sich überlegen müssen, ob sie diesen Bestrebungen der jetzt in der Kriegswirtschaft maßgeblichen Persönlichkeiten Gefolgschaft leisten wollen. Man sollte meinen, daß Firmen, die noch einigermaßen selbständig bleiben wollen, daran gelegen sein muß, möglichst bald nach Friedensschluß unter steter Ausnutzung der doch sicherlich bald rückgängigen Rohstoffpreise wieder konkurrenzfähig im Inland und Ausland zu werden." Leipziger Neueste Nachrichten, Handelszeitung, 16. September 1918.

[4] Vgl. *Pritzkoleit*, Männer, Mächte, Monopole, Düsseldorf 1953, S. 68/69. Anm. Diese Arbeit wie auch die von Wagenführ, Schöpferische Wirtschaft, Heidelberg 1954, sind typische Machwerke aus Westdeutschland, deren Kern die Verherrlichung des „freien" deutschen Unternehmertums ist, des Unternehmertums, das wahrhaftig frei, d. h. hemmungslos in der Anwendung skrupelloser Geschäftsmethoden zur Ausplünderung der deutschen Werktätigen ist.

Köln, und die Westfalenbank bis zur AEG.[1] Heereslieferungsgeschäft, Kriegsrohstoffgesellschaften, Staatsämter, das waren Grundlagen und Ausgangspunkt der „Macht des großen Unbekannten“.

4. Die Organe der Eisenbewirtschaftung — ein Instrument der Schwerindustrie zur Sicherung des Maximalprofits

Der Mangel an Eisen- und Stahlmaterialien im Sommer 1916, der Ausgangspunkt der behördlichen Bewirtschaftung

Im Gegensatz zu den Rohstoffen der bisher behandelten Kriegsrohstoffgesellschaften war bei Kriegsausbruch die Ansicht der Fachleute: „In Eisen und Stahl wird keine Not sein“;[2] denn die Rohstoffe Kohle, Erze, Schrott und Zusätze waren im Inland reichlich vorhanden, wurden sogar durch die während des ganzen Krieges aufrechterhaltene Einfuhr hochwertiger Erze aus Schweden und durch die Eroberung der französischen und belgischen Eisenerzgebiete sowie die Beschlagnahme und den Abtransport der dort lagernden Bestände noch erweitert.[3]

Jedoch setzte vom Beginn des Sommers 1916 eine fühlbare Knappheit an Eisen aller Art ein, die Preise für Eisen-Stahlmaterialien sowie für Schrott schnellten in die Höhe, und um die Zeit des Sommeprogramms gelang sogar „die Deckung des Heeresbedarfs nur schleppend, obwohl an sich die Stahlerzeugung noch groß genug war.“[4]

Die Kriegsrohstoffabteilung des KM führte zur Sicherung des Heeresbedarfs die zentrale Bewirtschaftung des Eisens ein!

Warum war es gerade im Sommer 1916 zur Knappheit an Eisenmaterialien gekommen? Wie war es zu dem skandalösen Zustand gekommen, daß die im Grabendreck liegenden deutschen Soldaten der wachsenden Materialüberlegenheit der Gegner nur ihren Mut und ihr Leben entgegensetzen konnten, daß ein Mangel an Eisen- und Stahlmaterialien eintrat, obgleich im Hinterland noch genügend produziert wurde? Um diese Fragen, deren Beantwortung auch Schlüssel zum Verständnis der ganzen Eisenbewirtschaftung und der Entwicklung der Kriegsrohstoffgesellschaften in diesem Industriezweig ist, zu lösen, ist es notwendig, die allgemeine Entwicklung des Eisenmarktes seit Kriegsausbruch kurz zu untersuchen.

[1] Ebenda. Anm. Quandt, der in direkter Verbindung mit dem Göring-Konzern aktiv an der Vorbereitung des II. Weltkrieges mitarbeitete, der in seiner zweiten Ehe mit der späteren Magda Goebbels verheiratet war, stand 1945 auf der Liste der Kriegsverbrecher. Er wurde jedoch 1948 von der Sternberger Spruchkammer nur als „Mitläufer“ eingestuft. G. Quandt starb am 30. 12. 54. Seine Söhne leiten den Konzern.

[2] KEZ, Nr. 9, Bd. 1, Blatt Nr. 25, S. 9.

[3] Anm. Die beschlagnaumten Bestände an Stahl-, Spiegel- und Roheisen sowie Hämatite Eisenerze übernahm der Roheisenverband, der bereits bis April 1915: 585000 t dieses Materials nach Deutschland schaffte. Die französischen Vorräte an Eisenerzen, die der deutschen Schwerindustrie in die Hände fielen, beliefen sich auf insgesamt: 900000 t. Vgl. Reichswirtschaftsmin., Nr. 813.

[4] KEZ, Nr. 9, Bd. 1, S. 12.

Die Eisenindustrie wurde zu Beginn von den zwei großen Monopolverbänden: Roheisen-Verband und Stahlwerks-Verband, beherrscht. Der Roheisen-Verband umfaßte lückenlos alle Erzeugnisse der Hochofenwerke, soweit sie zum Verkauf gelangten, während der Stahlwerks-Verband die A-Produkte (Halbzeug, Formeisen, Eisenbahn-Obermaterial) erfaßte, hingegen waren die B-Produkte (Röhren, Bleche, Stabeisen) nicht syndiziert, jedoch waren die Hauptproduzenten die gleichen Konzernherren, die in den beiden Verbänden tonangebend waren. Sie, die Herren Krupp, Stinnes, Stumm, Kirdorf, Röchling, Reusch, Thyssen & Co., trugen somit die Hauptverantwortung für die Entwicklung des Eisenmarktes.

Wie hat sich unter ihrer Regie zu Kriegsbeginn der Markt entwickelt? Nehmen wir zunächst die Preise

I. Roheisen	*Kriegsbeginn*	*Anfang 1916*	*Juli 1916*
Sorte:	in Mark		
Stahleisen	69,—	93,50	—
Gießereiroheisen	74,—	96,—	—
Hämatit	78,—	122,50	142,90
II. A-Produkte			
Halbzeug	82,50	107,50	127,50
Formeisen	110,—	140,—	160,—
III. B-Produkte			
Stabeisen	98,—		195,—
Grobbleche	95,—		185,—[1]

Die Darstellung zeigt, daß die Preise der syndizierten Produkte (I und II) von Juni 1914 bis Juli 1916 um 30—80% gestiegen waren und die der nichtsyndizierten sogar um 85—100% hochgeschraubt waren, und das, obgleich die Kosten für alle Materialien sich bis dahin gegenüber der Friedenszeit keineswegs erhöht hatten, wie Oberstltn. Koeth, Leiter der Kriegsrohstoffabteilung am 14. Dezember 1915 feststellte.[2]

Das bedeutet jedoch nicht, daß die Monopolherren der Eisen- u. Stahlindustrie in den ersten Kriegsmonaten etwa von patriotischen Gefühlen überwältigt, von Opferbereitschaft erfüllt waren und von der Erlangung des höchsterreichbaren Profits bei den syndizierten Produkten abgesehen hätten.

Das bedeutet auch nicht, daß die beiden Monopolorganisationen dem Preisanstieg der von ihnen syndizierten Produkte (Roheisen und A-Produkte), deren Preisentwicklung doch langsamer war, entgegengewirkt hätten, wie es der durch und durch vorbehaltlose Verteidiger des Großkapitals, Liefmann, gern wahrhaben möchte.[3]

[1] Ebenda, S. 10—12.

[2] Reichswirtschaftsmin., Nr. 813.

[3] Vgl. Liefmann, Kartelle, Konzerne und Trusts, Stuttgart 1930, S. 120, „Während des Krieges kam zunächst die günstige Seite der Kartelle mehr zum Ausdruck".

Nein, das Gegenteil war der Fall! Erstens sank die Menge der A-Produkte im Verhältnis zu der der B-Produkte von:

	38,65% im Jahre:	1914
auf	34,09%	1915
auf	31,55%[1]	1916.

Das heißt, die Produktion verschob sich beachtlich in der Richtung, wo die höheren Profite winkten.

Zweitens wurde das Roheisen vorwiegend von den Konzernen zu Granatstahl verarbeitet, wobei sie märchenhafte Gewinne erzielten. Der Heeresbedarf erforderte zu Anfang des Krieges 100000 t Martin-Granatstahlblöcke, der allmählich auf 250000 t monatlich anwuchs.[2] Die Herren der Montanindustrie setzten hierfür gleich zu Kriegsbeginn einen Wucherpreis von 280 bis 300 Mark p. t bei der Feldzeugmeisterei durch, obwohl ihnen ein Preis von 160 bis 180 Mark p. t schon einen reichlichen Gewinn gebracht hätte.[3]

„In den ersten Kriegstagen schloß dieser Preis einen unberechtigten Übergewinn von ca. 100 Mark p. t ein, durch Steigerung der Selbstkosten ging dieser bis zum Kriegsende auf etwa 50 Mark p. t zurück, so daß er während des Krieges durchschnittlich 75 Mark betragen hat."[4] Bei der Zugrundelegung einer monatlichen Granatstahlmenge (Martinmaterial) von 200000 t betrug der ungerechtfertigte, ergaunerte Übergewinn, der hierdurch den Kanonenkönigen aus diesen Lieferungen an den Staat im Verlaufe von 50 Kriegsmonaten zufloß, mindestens 750 Millionen Mark (200000 × 75 × 50).[5] Also schon allein das Martin-Granatstahl-Lieferungsgeschäft brachte den Kriegsgroßgewinnlern von Rhein und Ruhr (Wuchergewinn und Gewinn) eine Milliarde. Selbst ein die Rüstungsgewaltigen der Schwerindustrie von vorn bis hinten rechtfertigender interner Bericht, der höchstwahrscheinlich ihrer eigenen Feder entsprang, gibt angesichts dieser der Öffentlichkeit verheimlichten Tatsachen zu: „Gewiß waren die vergangenen Kriegsjahre für die *Eisenindustrie* im Durchschnitt gute Jahre. Hiergegen *grundsätzlich* anzukämpfen, wäre zwecklos und volkswirtschaftlich ungesund."[6]

Drittens: Der Preisanstieg für die nichtsyndizierten B-Produkte war erst seit Januar 1916 sprunghaft von 120,— auf fast 200,— Mark im Juli d. J. erfolgt, weil

[1] Ebenda, S. 11.
[2] KEZ, Nr. 9, Bd. 1, Blatt 85.
[3] Ebenda, Anm. Das Material entspricht dem Schienenstahl mit ca. 20 Mark Aufschlag per t für Abfall, Schneiden etc. Für Schienenstahl betrugen die Selbstkosten im II. Quartal 1914 94,— Mark pro t. Der Verkaufspreis lag bei 114,— Mark. Rechnen wir zu dieser Summe den Aufschlag von 20,— Mark hinzu, so wäre also schon bei einem Preis von 160 bis 180 Mark ein Übergewinn von rund 36,— Mark pro t erzielt worden. Vgl. „Sachverständigen-Betrachtungen", KEZ, Nr. 69, Bd. 1.
[4] Vgl. ebenda, Anm. Allerdings scheint mir die Reduzierung auf 50,— Mark zu hoch, ich halte schon 60,— Mark für reichlich, da die sogenannte Selbstkostenerhöhung vor allem ihre Ursache in den überhöhten Abschreibungen etc. hatte. (Vgl. KEZ Nr. 69, Bd. II). Danach käme der Übergewinn auf mind. 800 Mill. Mark.
[5] Ebenda.
[6] KEZ, Nr. 9, Bd. 1, Blatt 23.

die Finanzmagnaten der Schwerindustrie die Ausfuhr von Eisenmaterialien, vor allem nichtsyndizierten, ins neutrale Ausland sprunghaft erhöht hatten und zwar sogar auf monatlich 250000 t. Das war möglich, weil die englischen Stahlindustriellen ihre Lieferungen ins neutrale Ausland seit Mitte 1915 eingestellt hatten, und weil die belgischen und nordfranzösischen Werke stillagen, wodurch die Absatzverhältnisse äußerst günstig geworden waren. Die Herren von Rhein und Ruhr erhielten auf Veranlassung des Reichsamtes des Innern seit Anfang Januar 1916 hierbei auf Grund ihrer Monopolstellung und Preisverabredung mindestens 200 Mark pro t. Sie erzielten allein im Jahre 1915 über 200 Mill. Mark Monopolgewinn beim Export.[1] Weil die Kriegsgewinnler soviel Eisenmaterialien exportierten, trat also 1916, in Verbindung mit der sinkenden Produktion, eine Knappheit auf dem deutschen Markt ein[2], darum waren also die Preise, insbesondere der nichtsyndizierten Produkte, so rasch gestiegen.

Die obige Preisdarstellung ist somit nur ein annäherndes Spiegelbild dafür, wie die ausschließlich auf die Einstreichung des höchsten Profits gerichtete Geschäftspraxis der Kriegsgewinnler im Innland zu Preissteigerungen führte und Störungen des Marktes hervorrief. Die Konzerne der Eisen- und Stahlindustrie hatten auf Grund der Riesengewinne bei der Granatstahlproduktion und beim Export diese Lieferungen bevorzugt[3] und die Lieferungen anderer für die Kriegsführung wichtiger Produkte, wie z. B. Halbzeug für die Drahtfabrikation (Stacheldraht), Schienen, Eisenbahnmaterial (A-Produkte), vollständig vernachlässigt.[4] Infolgedessen trat Mitte 1916 in Stacheldraht und Eisenbahnbaustoffen an der Front ein großer Mangel ein, und statt der monatlich zur Zeit der Sommeschlacht benötigten 5000 t Stacheldraht konnten nur 1800 t geliefert werden.[5]

Als die ersten großen Aufträge auf Grauguß-Granaten erteilt worden waren und die Heereslieferanten sich bei der Feldzeugmeisterei über ungenügende Versorgung mit Qualitätsroheisen beschwerten, wurde am 22. Februar 1915 eine Roheisenverteilungsstelle (Behörde) eingesetzt[6], die jedoch nicht, wie ihr Name erwarten läßt, das Roheisen verteilte, sondern nur den mengenmäßigen Bedarf ermittelte und die Anforderungsliste an den Roheisenverband gab, der dann das Eisen an ~ 2000 Firmen verteilte. In die Produktion und Verteilung nämlich ließ sich die

[1] Ebenda, Blatt 86. Anm. Ein großer Teil hiervon ging über die Schweiz nach Frankreich!

[2] Am 26. September 1916 erfolgte ein Verbot der Ausfuhr durch das RdI, und ab 1. Februar wurde die Ausfuhr mit monatlich 80000 t wieder zugelassen. Hiervon erhielten Holland 30000 t, Schweiz 19000 t, Dänemark 12000 t, Norwegen 11000 t und Schweden 8000 t als Kontingent. Die tatsächliche war durchschnittlich 50000 t Eisen u. Stahl im Monat. Vgl. Eisen-Auslandszentrale (EA), Nr. 1.

[3] War die Ausfuhr mengenmäßig seit Oktober 1916 begrenzt, so nicht die Preishöhe der exportierten Produkte, die seit diesem Zeitpunkt sprunghaft anwuchs. Im Oktober 1917 verlangten die deutschen Stahlkonzerne folgende Zuschläge auf die alten Kontraktpreise: Holland 7,5 Gulden; skandinavische Länder 100 Kronen und Schweiz 200 Franken. Den Preis für Schiffsbau-Material hatten sie sogar von 106 MK p. t auf 500 Kronen erhöht. Akte EA, Nr. 2

[4] Vgl. a. a. O., Blatt 86, u. EA, Nr. 1.

[5] KEZ, Nr. 9, Blatt 87.

[6] Vgl. *Cron*, Inventare des Reichsarchivs, Heft 3, Potsdam 1929, Serie II.

Schwerindustrie mit ihren schon bewährten Monopolorganisationen während des ganzen Krieges nicht dreinreden. Erklärte doch Stinnes auf einer Sitzung des Industriellen Beirats[1] gegenüber Koeth unmißverständlich: „Wir würden uns verbitten, daß vom grünen Tisch aus in unsere Betriebe hineingeredet wird."

Und ein Vertreter des Roheisenverbandes drohte auf einer Sitzung der Kriegsrohstoffabteilung am 9. Dezember 1915 unverschämt, sich der Allmacht des Monopols bewußt: „daß die Heeresverwaltung hinsichtlich der Roheisenversorgung lediglich auf den guten Willen der Werkleiter angewiesen sei, und daß es diesen freistehe, ob sie auf die von der Heeresverwaltung vertretenen allgemeinen Interessen Rücksicht nehmen wollen oder nicht."[2]

Beim Roheisenverband wurde im April 1915 ein Beauftragter des KM eingesetzt, der für die Deckung des Roheisenbedarfs der Kriegslieferanten sorgen sollte und das Recht zur Bestimmung der Reihenfolge in der Belieferung hatte. Das war kein anderer als ein Mitglied des Verbandes selbst, Hauptmann Klöckner, Mitinhaber der Klöcknerwerke. *Der Roheisenverband wurde somit ein Organ der Eisenbewirtschaftung* unter Beibehaltung seiner alten, souveränen Stellung, die dadurch sogar noch verstärkt wurde. Noch eine dritte Stelle der Eisenbewirtschaftung war entstanden, die Schutzverwaltung der belgischen und französischen Bergwerke, d. h., eine Verwaltung zum Schutze vor Inbetriebnahme dieser Konkurrenzwerke und zum geschützten Abtransport der dort lagernden Erzvorräte nach Deutschland.[3]

Eine zentrale behördliche Stelle in der Eisenbewirtschaftung hatte aber bis zum Sommer 1916, bis zu dem Zeitpunkt, wo doch auf dem Inlandsmarkt ein Mangel an Eisenmaterialien eingetreten, ihre Preise gewaltig in die Höhe geklettert, aber auch die Schrottpreise gestiegen waren, noch gefehlt. Sie wurde nunmehr im Juni 1916 errichtet, und zwar als Sektion E (Eisen) der Kriegsrohstoffabteilung zur zentralen Bewirtschaftung der Rohstoffe für die Herstellung von Eisen erster Schmelzung, Eisen und Stahl zweiter Schmelzung, vor allem von Schrott und Stahlspänen, und der Zuschläge zum Stahlbad zwecks Sicherung des Heeresbedarfs an Eisenmaterialien.[4] Die bereits bestehenden Teilorgane wie der Roheisenverband und die Roheisenverteilungsstelle wurden ohne Einschränkung ihrer Aufgabe der Sektion E unterstellt. Der Sektion E oblag die Aufstellung der Pläne zur Steigerung der Produktion, die Sicherung des hierfür notwendigen Transports und die Festsetzung der Preise. Als der mit der Leitung dieser neuen Sektion beauftragte Hauptmann Horten den der Schwerindustrie seit Kriegsbeginn gezahlten Wucherpreis für Granatstahl in Erfahrung gebracht hatte, verlangt er von sechs großen Werken die Vorlegung der Selbstkostenrechnung. „Sämtliche Werke lehnten die Herausgabe schroff ab, und zwar offensichtlich nach vorheriger Verständigung. Die Unehrlichkeit des Vorgehens der Werke lag klar zutage."[5]

[1] Vgl. KEZ, Nr. 67, Bd. 1, Sitzung am 18. 5. 1917.
[2] Reichswirtschaftsmin., Nr. 813, KM, Nr. M 1166/12.15, KRA v. 14. Dezember 1915.
[3] Vgl. KEZ, Nr. 9, Bd. 1.
[4] Ebenda, Blatt 31.
[5] Ebenda, Blatt 88.

Angesichts der gewünschten dringenden Produktionssteigerungen für die Front stellte die Sektion E der KRA diesen Streit zunächst zurück, und da entbrannte auch schon ein neuer Streit. Die Schwerindustrie forderte für den nunmehr infolge des Stahlmangels zur Granatherstellung zugelassenen Thomasstahl, bei höchstens 160 bis 190 Mark „Selbstkosten" einen Wucherpreis von 270 Mark (in Anlehnung an den Wucherpreis für Martingranatstahl 280 bis 300 Mark p. t). Diese Forderung wurde von dem Referenten der Kriegsrohstoffabteilung auf 230 Mark heruntergedrückt[1], worüber die Kriegsgewinnler von Rhein und Ruhr auch deshalb so ungehalten waren, weil dieser Preis doch den Wucherpreis für Martingranatstahl offensichtlich bloßstellte.

An diesem Beispiel zeigt sich deutlich, daß es für die Finanz- und Rüstungsgewaltigen zur Erlangung des Maximalprofits auch unumgänglich war, die wichtigen Staatsfunktionen, die bei der Realisierung dieses Ziels fördernd mitwirken konnten, unmittelbar selbst zu besetzen. Wie wir sahen, war das bei der Elektro- und Chemieindustrie gleich zu Beginn des Krieges geschehen, und der Drang nach dem höchsten Profit mußte diesen Schritt nun, obgleich später, auch in der Eisen- und Stahlindustrie bewirken.

Die erhöhten Anforderungen des „Hindenburg-Programms" an die Eisen- und Stahlindustrie, nämlich eine monatliche Leistung von 1,6 Mill. t gegenüber 1 Mill. t, durch Einschränkung der Ausfuhr[2] und Steigerung der inländischen Produktion mittels Neubau großer Anlagen[3], waren nicht so schnell zu erreichen. Daher plante die Sektion E durch Inbetriebnahme stilliegender belgischer und französischer Hochofenwerke, wofür die Voraussetzungen, Arbeitskraft, Kohle und Erz dort gegeben waren, die Anforderungen zu erfüllen. Diese Absicht stieß bei den deutschen Konzernherren der Eisen- und Stahlindustrie auf den heftigsten Widerstand, weil sie darin eine zu fürchtende Konkurrenz erblickten. Die Sektion Eisen der Kriegsrohstoffabteilung hatte doch bereits die modernen Wendelschen Stahlwerke, Hayingen, in Betrieb genommen, deren Produktionskosten um 25% niedriger lagen als die der benachbarten Werke von Klöckner, Stinnes und Thyssen, und beabsichtigte die Leistung des Stahlwerkes sogar auf 750000 t zu erhöhen[4].

Die Rüstungsgewaltigen jedoch setzten inzwischen, ehe dies Vorhaben verwirklicht wurde, die Abberufung des Hptm. Horten durch, und an seine Stelle trat am 1. Oktober 1916 Hptm. Burgers, Direktor der Gelsenkirchener Bergwerks AG, also ein Herr der Schwerindustrie selbst. Burgers, als Vertreter der Schwerindustrie, setzte die Sektion E in Tätigkeit, um die oben dargelegten Hindernisse zu beseitigen

[1] Ebenda, Blatt 89.

[2] Für die fristgemäße Belieferung des Auslandes mit den bewilligten Mengen (vgl. oben Seite 184) sorgte ab 1. 3. 1917 die Eisenauslandsstelle der Sektion E, die ebenfalls Burgers unterstand. Eisenauslandsstelle, Nr. 1.

[3] Anm. Die Neubauten der Schwerindustrie im Rahmen des Hindenburg-Programms waren so gewaltig — allein bei Krupp für weit über 70 Mill. Mk — und auf Grund der hohen Gewinne bei Kriegsende bereits abgeschrieben. Die Neubauten wurden durchgeführt, obwohl Anfang 1917: 40 betriebsfähige Hochöfen unbenutzt standen. Vgl. KEZ, Nr. 9, Bd. 1 u. Nr. 36.

[4] KEZ, Nr. 9, Bd. 1.

und den Kanonenkönigen ein Höchstmaß an Hilfe bei der Erzielung des Maximalgewinns angedeihen zu lassen.

Das Entwicklungsprogramm der Wendelschen Werke wurde aufgegeben und das Werk selbst, entsprechend dem Wunsch der Schwerindustrie, dem Stahlwerks-Verband eingegliedert, und die Produktionsfähigkeit wurde ferner nur zu 40% ausgenutzt.[1]

Die von Horten angestrebte Überprüfung der Selbstkosten für Granatstahl unterblieb. Im Gegenteil, Mitte 1917 wurde dem Wucherpreis noch eine Erhöhung um 15 Mark zugeschlagen. Der durch den Vorgänger von Burgers auf 230 Mark gedrückte Preis für Thomas-Granatstahl wurde ohne Selbstkostenprüfung auf 270 Mark erhöht[2] und somit der Schwerindustrie bei 150000 t durchschnittlicher Monatsproduktion ein weiterer Wuchergewinn von 300 Mill. Mark zugeschanzt.[3]

Nur allzu verständlich wird es nun, daß die großen Werke auch in der Folgezeit die äußerst gewinnbringenden Granatlieferungen bevorzugten und andererseits Material für ihre eigenen Neuanlagen im Rahmen des Hindenburg-Programms zurückbehielten. Die Lieferung der übrigen Produkte aber vernachlässigten sie, „so daß die anderen Neubauten zur Durchführung des Hindenburg-Programms und die Reparaturen der Eisenbahnwaggons und Lokomotiven in bedenklicher Weise verzögert wurden", wie z. B. monatelang die Reparatur von 10000 in Belgien vorhandenen Eisenbahnwagen.[4] Die Folgen dieser Geschäftspraxis der Schwerindustrie, zu der noch die rücksichtslose Ausschlachtung der Kupferkessel der Lokomotiven und aller Teile aus Kupfer und Messing auch der Eisenbahnwagen durch die Großaktionäre der Kriegsmetall AG hinzukam[5], was die Leistungsfähigkeit erheblich minderte und die Reparaturzeiten gewaltig erhöhte, war ein Waggonmangel bis zum Kriegsende. Aus diesem Grunde kam es laufend zu Betriebsstillegungen und Störungen, und zwar auch selbst in der Schwerindustrie.[6] Hier handelte es sich offensichtlich um einen fehlerhaften Kreislauf, der der kapitali-

[1] Anm. Das Reich, vertreten durch Noske, zahlte hierfür der französischen Firma de Wendel & Co. Ende 1918 insgesamt 55 Millionen Mark (in Valuta) entgangener Gewinne, wodurch der französische Kanonenkönig gewissermaßen nachträglich am deutschen Kriegsgeschäft beteiligt wurde, unter der Bedingung des Verzichts auf weitere Ansprüche gegen das Deutsche Reich. Vgl. Reichsschatzmin., Nr. 7111.

[2] A. a. O., 91, Anm. Die monatliche Gesamterzeugung an Granat- und Wurfminenstahl (Martin- und Thomasmaterial) betrug 450000 t, KEZ, Nr. 69, Bd. 1.

[3] Vgl. a. a. O., S. 89.

[4] Ebenda, S. 91/92.

[5] Gegen die begründeten Einwände des Chefs des Reichsamtes für die Verwaltung der Reichseisenbahnen wurde auf Drängen des Kriegsministers die Ausschlachtung der Wagen und Lokomotiven im Interesse der Rüstungsgewaltigen vorgenommen. Vgl. KMA, Nr. 2056, Bd. 2 u. 2057.

[6] Vgl. KEZ, Nr. 11 u. 15, Anm. „Der Wagenmangel nimmt beängstigende Formen an. Wenn die Eisenbahnverwaltung nicht in der Lage ist, sofort für Abhilfe zu sorgen, dann wird die Produktion an Roheisen erheblich zurückgehen. Das Rheinisch-Westfälische Kohlensyndikat bestätigt mir, daß fast die meisten Zechen Koks wegen Wagenmangel stürzen müssen und daß der Versand im Oktober (1916) ganz erheblich zurückgehen wird." Klöckner, Beauftragter des KM beim Roheisenverband.

stischen Anarchie entsprang — ein Ausdruck des durch den Krieg zur Entfaltung gebrachten „Widerspruchs zwischen dem Gesamtinteresse des Monopolkapitals und dem Profitinteresse der einzelnen Monopolkapitalisten".[1] Der fehlerhafte Kreis konnte von den Kapitalisten selbst nicht durchbrochen werden. Was war die Ursache hierfür? Das unmittelbare Interesse der Eisen- und Stahlmagnaten an den am meisten profitbringenden Lieferungen war für sie stärker als das allgemeine Interesse des Monopolkapitals wie überhaupt der Großbourgeoisie an der Lieferung des Eisenbahnmaterials. Und dieses Interesse der Gesamtbourgeoisie war zweiseitig, einmal wurde durch die Transportkalamität ihr Profit verringert; denn der Waggonmangel führte oft zu Rohstoffmangel, Produktionseinschränkungen in der Rüstungsindustrie, wodurch die ökonomische Basis der Kriegsführung erheblich geschwächt wurde. Andererseits wurde die Versorgung der Armee gefährdet, ihre Beweglichkeit eingeengt und damit die Möglichkeit der siegreichen Beendigung des Krieges, an der sie doch vor allem interessiert war, untergraben.

Die Schwerindustrie blieb aber trotz der wiederholten hartnäckigen Forderungen des Vertreters des Eisenbahnersatzparkes mit ihren Lieferungen in großem Rückstand[2], und der Waggonmangel wuchs daher in einem so hohen Maße, daß er mit eine wesentliche Ursache für die Niederlage Deutschlands wurde.

Wie war es aber möglich, daß die Schwerindustrie während des Krieges ihr unmittelbares Profitinteresse so rücksichtslos und ungehindert durchsetzen konnte gegenüber dem Gesamtinteresse der Bourgeoisie, den Krieg zu gewinnen, was doch auch Wunsch der Schwerindustrie[3] war? Wie kam es also, daß das unmittelbare Profitstreben der Schwerindustrie so elementar, so stark war, daß es die Zurückhaltung, die notwendig war, um den Krieg zu gewinnen, um Nachkriegsgewinne zu machen und die weltpolitische Stellung Deutschlands zu stärken, sprengte? Das lag einmal darin, daß die Herren der Eisen- und Stahlkonzerne die Grundstoffindustrie beherrschten, deren Hauptrohstoffe Kohle und Eisen (Erze) sie selbst produzierten. Das lag zum anderen darin, daß sie, gestützt auf die wirtschaftliche Monopolstellung, die zur Durchführung und Sicherung ihrer einseitig und ausschließlich auf die Erlangung des Maximalprofits ausgerichteten Geschäftspraxis notwendigen Staatsfunktionen in ihre Hand genommen und hemmungslos ausgenutzt hatten. Die entscheidenden Maßnahmen der Kriegsrohstoffabteilung wurden doch vom „Industriellen Beirat", d. h. von Krupp, Kirdorf, Thyssen, Stinnes, Reusch & Co., bestimmt.[4]

[1] Mottek, Die Volkswirtschaft Deutschlands in der Zeit von 1914 bis 1918, Vorlesung an der Hochschule für Ökonomie und Planung, S. 5/6.

[2] Vgl. KEZ, 19, 16. 8. 17.

[3] Anm. Reichert, Geschäftsführer des Vereins Deutscher Eisen- und Stahlindustrieller, erklärte am 8. 12. 1917 unter lebhaftem Beifall: „Die Segnungen des Friedens werden uns bald beschert werden. Der Sieg kann nicht ausbleiben. Der Sieg aber ist das Kriegsziel der Eisen- und Stahlindustriellen." Verein Deutscher Eisen- und Stahlindustrieller, Bericht über die 3. Tagung der Mitglieder des Gesamtvereins, Berlin 1918, S. 13.

[4] Anm. Selbst die Oberste Heeresleitung war nur ein Instrument dieser Herren. Ein unwiderlegbares und anschauliches Beispiel gibt Ludendorff selbst, indem er mitten im Kriege den Bau von Handelsschiffen für die Nachkriegszeit, entsprechend dem Wunsch dieser Herren dem Bau von Kriegsfahrzeugen voranstellte. Vgl. Ludendorff, a. a. O., S. 211.

Und das spezielle Organ der Eisen- und Stahlkonzerne, die Sektion Eisen der KRA, war ja in der Leitung mit Burgers, Gelsenkirchener Bergwerks AG, besetzt. Und welche Harmonie in der Vertretung ihrer gemeinsamen Interessen zwischen den Herren der Konzerne und der Kriegsrohstoffabteilung bestand, dafür ein Ausschnitt aus dem „Bericht über die am 18. Mai 1917 stattgehabte Preisbesprechung mit dem industriellen Beirat der KRA:

„v. Bodenhausen: Wir haben Preise genannt, die wir nötig haben.

Oberstltn. Koeth: Wir haben das Vertrauen zu Ihnen, daß Sie uns nur die Preise nennen, die Sie brauchen.

P. Klöckner: In unserem Kreise sind bezüglich der Preiserhöhungen viel höhere Preise gefordert worden, wir haben uns aber auf die angegebenen geeinigt, um Ihnen entgegenzukommen.“ [1]

Und kaum hatten diese Herren höhere Preise bewilligt bekommen[2], da drängten sie auf weitere Erhöhungen. Vögler von der Deutsch-Luxemburger Bergwerks u. Hütten AG drohte Fischer am 19. Januar 1918: „Wenn keine Erhöhung der Preise, und zwar in Rückwirkung ab 1. Januar eintritt, wird, davon bin ich persönlich überzeugt, bald ein Rückgang in der Erzeugung zu verzeichnen sein.“[3]

Die Kriegsrohstoffgesellschaften als Hilfsorgane der Eisen- und Stahlkonzerne

Neben dieser Sektion Eisen der Kriegsrohstoffabteilung war aber ebenfalls im September 1916 eine behördliche gleichgeordnete Stelle der Eisenbewirtschaftung errichtet worden, das Kommissariat der Eisenzentrale der KRA (KEZ), welches nur für die Bereitstellung der Rohstoffe entsprechend den Plänen der Sektion E und die Verwendung der Rohstoffe verantwortlich war. Es verbot z. B. im Mai 1917 durch die ihr angegliederte Rohstahl-Ausgleichstelle die Lieferung von Roheisen für die Produktion von 24 Fabrikaten des Privatbedarfs wie: Öfen, Badewannen etc.[4] Das Kommissariat der Eisenzentrale war ebenfalls mit einem Vertreter der Finanzgewaltigen der Schwerindustrie — die auch die personelle Besetzung der anderen Fachsektionen der Kriegsrohstoffabteilung, an denen sie interessiert war, bestimmte[5], — besetzt worden, mit Rtm. Dr. Fischer. Fischer war doch Aufsichtsratsmitglied der Gelsenkirchener Bergwerks AG und Direktor der Diskontogesellschaft. Als Leiter des Kommissariats der Eisenzentrale war Fischer zugleich Leiter

[1] KEZ, Nr. 67, Bd. 1.

[2] Diese werden dann seit 1917 jeweils als „Höchstpreise“ deklariert. Ihre Lebensdauer war aber — im Gegensatz zu den Höchstpreisen in der Nichteisenmetallindustrie — eine kurze, sie währte nur bis zur nächsten Erhöhung. Vgl. KEZ, Nr. 69, Bd. 1.

[3] KEZ, Nr. 69, Bd. 1.

[4] Vgl. Kriegsamt, Amtliche Mitteilungen und Nachrichten, Nr. 16.

[5] Anm. Ein anschauliches Beispiel hierfür ist folgender Brief vom 27. 11. 16 an Kommerzienrat Peter Klöckner, Duisburg: „KRA sucht dringenden Organisator für Bewirtschaftung von Holz und Holzzellstoff. Es ist vorgeschlagen, Dr. Martin, Handelskammer, Syndikus, Dortmund. — Bitte um Auskunft, ob Genannter geeignet erscheint. Großes Organisationstalent wichtiger als Fachkenntnisse. Eventuell erbitte andere Vorschläge Rtm. Fischer“. EZ, Nr. 18.

der Geschäfte der im September 1916 gegründeten Kriegsrohstoffgesellschaft der Eisenindustrie, der Eisenzentrale GmbH. Diese Kriegsrohstoffgesellschaft war also *nicht* wie die anderen, oben behandelten, auf Grund der Abschneidung der Einfuhr der Grundrohstoffe aus Übersee zu Kriegsbeginn gegründet worden, sondern erst Ende 1916. Außerdem hatte sie als einzige Kriegsrohstoffgesellschaft als Leiter zugleich den Kommissar der Kriegsrohstoffabteilung. Und das bedeutete eine enge Verbindung, ja fast Identität der staatlichen Behörde und der Gesellschaft, deren Leitung doch der Vertreter der Finanzoligarchie, Fischer, innehatte.

Die Eisenzentrale GmbH (EZ), deren Gesellschafter nur das Reich und der Roheisenverband waren[1], wies im einzelnen folgendes Betätigungsfeld auf:

a) Restlose Erfassung von Schrott, Spänen und Gußbruch und Ablieferung an die Schwerindustrie.

b) Vermehrung der Eisenproduktion durch Anregung von bergbaulichen Neuanlagen.

c) Sicherung des Bedarfs der Schwerindustrie an Ferrosilizium durch Förderung der Produktion im Inland und monopolisierten Bezug aus dem Ausland.

d) Verwertung des beschlagnahmten Eisenmaterials.

Die Eisenzentrale GmbH stellte also — im Gegensatz zu den Kriegsrohstoffgesellschaften der anderen Industriezweige — eine Hilfsorganisation der Rüstungsgewaltigen der Schwerindustrie dar, die nicht den Hauptrohstoff, das Eisen, bewirtschaftete, sondern nur Nebenrohstoffe, vor allem Schrott, und die die sich aus dem Kriege ergebenden zusätzlichen Schwierigkeiten in der Eisenindustrie löste. Sie stand somit direkt im Dienst der Großkonzerne der Eisen- und Stahlindustrie zur Erlangung und Sicherung der Wuchermilliarden.

Die Bewirtschaftung, d. h. Produktion und Verteilung des Roheisens, lag ja in den Händen des Roheisenverbandes, dessen Kommissar Klöckner war, und die Bewirtschaftung des Stahls in denen des Stahlwerksverbandes, der auf Einfluß der Kriegsrohstoffabteilung am 4. Oktober 1916 zum Deutschen Stahlbund[2] erweitert wurde. Das bedeutete eine Monopolisierung über das Friedensmaß hinaus.[3] Die Vorsitzenden des neuen Verbandes waren zugleich die des älteren Stahlwerksverbandes, die ja auch die Herren des Roheisenverbandes waren, wie Kirdorf, Klöckner,

[1] EZ, Nr. 6, Bd. 2, Anm. Stahlwerksverband und Schiffbaukontor, an denen Aufforderung zur Beteiligung gegangen war, hatten abgelehnt, wegen zu geringer Rechte.

[2] Der Deutsche Stahlbund handhabte ab Dezember 1916 die Verteilung so, daß bei allen direkten Kriegslieferungen der Nachweis der Bestellung seitens der militärischen Beschaffungsstellen genügte. Für mittelbare Kriegslieferungen mußten von den Bestellfirmen eidesstattliche Erklärungen abgegeben werden, daß das Material lediglich für Zwecke des Krieges benötigt und verarbeitet werden würde. Bei anderen Bedarfsanforderungen mußten sich die Firmen an die Vertrauensstellen für den Eisen- und Stahlbedarf wenden (insgesamt gab es 75), die Bezugscheine ausstellen durften.

[3] Vgl. KEZ, Akte 18, Anm. Es wurden neue Werke aufgenommen und die grundsätzliche Bereitschaft aller zum Beitritt in Verbände der B-Erzeugnisse verlangt. Fischer, Burgers und Koeth versuchten auch die reinen Martinqualitätsstahlwerke (Flick) in den Verband zu pressen, was an deren Widerstand scheiterte, und so wurde als Kompromiß noch eine „Gruppe der Martinswerke“ gebildet. Vgl. KEZ, Nr. 22.

Krupp, Röchling, Stinnes, Thyssen u. a. Beauftragter des KM beim Stahlbund war wie beim Roheisenverband der gleiche: Klöckner. Die Bewirtschaftung von Eisen und Stahl selbst erfolgte also durch die Eisen-Stahlmagnaten unter Ausnutzung und Heranziehung ihrer seit Friedenszeiten bestehenden Monopolorganisationen. Über diese besondere Stellung der Schwerindustrie sagte Leutnant Stellwaag von der Kriegsrohstoffabteilung in einem faustdick apologetischen Vortrag:

„Das Grundprinzip der deutschen Eisenbewirtschaftung heißt Freiheitlichkeit. Die Entschlußfreudigkeit, der Wagemut, die Intelligenz und die innere Gesinnung unserer Eisenhüttenleute mußten aber auch in der behördlichen Eisenwirtschaft bewahrt bleiben, und das schien nicht möglich, wenn plötzlich im 3. Kriegsjahr der Eisenindustrie Fesseln angelegt wurden, die zugunsten einer formalistischen Einheitlichkeit die inneren Kräfte des Unternehmertums lahmlegten.“[1]

Warum hatten denn die Finanzgewaltigen von Rhein und Ruhr die Zustimmung zur Bildung einer Kriegsrohstoffgesellschaft gegeben und sich an ihr durch den Roheisenverband beteiligt, wenn sie doch die Bewirtschaftung der Hauptrohstoffe Kohle und Eisen schon mit ihren „alten“ Monopolorganisationen durchführten? Die Antwort finden wir im folgenden:

Die Eisenzentrale GmbH führte die Schrottsammlung in Deutschland unter Beteiligung des Handels[2] durch und veranlaßte einmal die Feststellung und den Ausbau aller geeigneten Eisenmaterialien innerhalb Deutschlands zwecks Verschrottung. Insgesamt wurden aus 371 Objekten, von denen 22 vollständig abgebrochen wurden, 49575 t gewonnen.[3] Zum anderen intensivierte sie die Sammeltätigkeit, „indem mit Hilfe der Zivilbehörden und unter Drohung der Beschlagnahme und schließliche Zwangsenteignung, auf dem Land und in den Städten die in Privathand befindlichen Alteisenmengen erfaßt wurden.[4] Hierbei traten die Konzernherren der Montanindustrie nicht selbst hervor, sondern die mit behördlichen Vollmachten ausgestattete, in ihrem Auftrag arbeitende Kriegsrohstoffgesellschaft. In allen Kreisen waren Händler verpflichtet, die in den Gemeinden das Alteisen aufkaufen und abtransportieren mußten. Ferner erfaßte die Eisenzentrale die laut Bestandsaufnahme vom November 1916 in den Betrieben gemeldete Menge an Schrott und Spänen von 1,25 Mill. t, um die Versorgung der Stahlwerke sicherzustellen. Die Zentralisierung des Schrottaufkaufs in den Händen der Eisenzentrale GmbH führte dazu, daß die Schrottpreise, die ja im Sommer 1916 eine Steigerung, somit eine den Profit der Schwerindustrie schmälernde Tendenz gezeigt hatten, nunmehr trotz der erhöhten Nachfrage „während der ganzen Dauer des Krieges niedrig gehalten“ wurden.[5] So konnten sich die Kriegsgewinnler

[1] KEZ, Nr. 9, Bd. 1.

[2] Sie schuf hierzu für Westdeutschland die Schrotthandels GmbH in Düsseldorf und griff in Ost- und Süddeutschland auf die bereits aus der Vorkriegszeit bestehenden Organisationen zurück.

[3] Denkschrift über die Gründe der von der deutschen Regierung ergriffenen Maßnahmen zur Rückführung von Schrott aus Belgien und Nordfrankreich. Hrsg. KRA, Berlin 1919, S. 35.

[4] Ebenda.

[5] KEZ, Nr. 9, Bd. 1, Bericht der Eisenzentrale an das Reichsschatzmin. vom 27. November 1920.

von Rhein und Ruhr einen *wichtigen Rohstoff billig und zu gleichen Preisen verschaffen.*

Die Eisenzentrale GmbH betrieb aber die Schrotterfassung für die monopolistische Schwerindustrie nicht nur im Inland, sondern sie plünderte auch radikal die besetzten Gebiete aus. Anfangs 1917 schickte die Eisenzentrale den Direktor Bannehr vom Roheisenverband nach Belgien mit außerordentlichen Vollmachten zwecks Steigerung der Schrott„einfuhr" nach Deutschland auf 150000 t monatlich[1]. Vom II. Quartal 1917 bis zum III. 1918 wurden dann aus den besetzten Gebieten 2,6 Mill. t herausgeschleppt[2]. Die Schwerindustrie ging bei der Schrottbeschaffung mit Unterstützung der Sektion E sogar daran, die belgischen und nordfranzösischen Eisenwerke abzubrechen, z. B. Teile der Werkanlagen der Fa. Cockerill, Belgien, und als Schrott nach Deutschland zu schaffen. Diese Maßnahme wurde mit der Behauptung begründet, welche die Herren der Schwerindustrie der Öffentlichkeit glaubhaft machen wollten[3], daß der daraus gewonnene Stahlschrott notwendig gewesen sei zur Aufrechterhaltung der deutschen Martinstahlproduktion. „*Diese Behauptung ist falsch.* Der Schrott konnte, jedenfalls in der Menge, in der er aus den abgebrochenen Werken zugeführt worden ist, leicht durch Thomasroheisen ersetzt werden, wie es im Programm der KRA bezüglich der Heranziehung der belgischen Werke zur Produktionssteigerung ursprünglich vorgesehen war."[4] Der bei den einzelnen deutschen Werken vorübergehend aufgetretene Schrottmangel war kein Ausdruck eines absoluten Mangels, sondern des Mangels an Arbeitskräften und vor allem der Zerrüttung des Transportwesens.[5]

Die Demontage der französischen und belgischen Werke erfolgte nur in der Absicht, die den deutschen Eisen- und Stahlmagnaten unbequeme Konkurrenz zu schwächen und dadurch in der Kriegs- und Nachkriegszeit Maximalprofite einzuheimsen. Und daß keine Notwendigkeit vorlag, zur Sicherung des deutschen Schrottaufkommens die Demontage französischer und belgischer Werke durchzuführen, daß es also nur eine durch den Krieg erst mögliche Form und eine von ihnen bewußt genutzte, zur Ausschaltung der ausländischen Konkurrenz war, das bestätigt auch ein Bericht vom 7. Oktober 1918[6] des Kommissariats der Eisenzentrale.

Ein krasses Beispiel, wie rücksichtslos die deutschen Monopolherren bei der Erreichung ihrer Ziele vorgingen[7], ist das folgende:

[1] EZ, Nr. 210, Bd. 1. Anm. Die „Einfuhr" war eine Zwangs„einfuhr", eine Ausplünderung der besetzten Gebiete.

[2] Vgl. Denkschrift, a. a. O., S. 25.

[3] Vgl. die eigens zur Rechtfertigung der Schwerindustrie angefertigte Denkschrift über die Gründe der von der deutschen Regierung ergriffenen Maßnahmen zur Rückführung von Schrott aus Belgien und Nordfrankreich, a. a. O.

[4] KEZ, Nr. 9, Blatt 92/93.

[5] Vgl. KEZ, Nr. 15.

[6] KEZ, Nr. 11, Anm. Bestätigt auch durch Crom, Rohma u. Schrittorganisation, Inventare des R.-archivs, Serie II, Heft 35, Potsdam 1943, S. 55 (unveröffentlicht, im Besitz des Deutschen Zentralarchivs, Abt. II.).

[7] Anm. Die Zwangsverschleppung von 60000 belgischen Arbeitern durch die Herren der rhein.-westfälischen Großindustrie ist ein weiteres Kapitel. Vgl. v. Köhler, Die Staatsverwaltung der besetzten Gebiete, Bd. I., Bln. 1927.

„Die größte Grube des Briey-Bezirks, Auboné, hatte sehr starke Wasserflüsse und war vom Ersaufen bedroht. Die Wasserhaltung erforderte zusätzlich mehrere Tausend t Kohlen. Um die zu sparen, plante die Bergverwaltung (Militärverwaltung, die noch dem Militärgouverneur von Metz unterstand), die Hochofenanlage in Auboné, deren Gase im Frieden die elektrischen Kräfte für die Grube geliefert hatten, wieder anzublasen. Die Öfen waren bereits zum Anblasen neu ausgemauert und fertiggestellt, als plötzlich die größte Gebläsemaschine herausgerissen wurde. Sie wurde nach dem Klöcknerschen Werk nach Kneuttingen geschafft, wo sie nach Angaben der Beamten nicht notwendig war, sondern nur als Reserve dienen sollte."[1]

Der Leiter des Bezirks Briey, der ehemalige Leiter der Sektion E. Horten, den die Rüstungsgewaltigen schon einmal wegen seines Widerstandes gegen die skrupellosen Wuchergewinne seines Amtes enthoben hatten, protestierte auch gegen diese Maßnahme der deutschen Konzernherren. Die Allmacht der Monopolherren setzte bei Ludendorff durch, daß „der Briey-Bezirk dem Befehlsbereich des Gouvernements (Metz) entzogen und direkt der Kriegsrohstoffabteilung unterstellt wurde".[2] Horten wurde dann im Juli 1917 „ohne Angabe von Gründen in verletzender Form gekündigt und an seine Stelle eine der Schwerindustrie genehme Person (Rtm. Thiele, d. V.) gesetzt".[3] Eine schriftliche Beschwerde Hortens beim Chef des Kriegsamtes, eine weitere beim Vorsitzenden der Reichstagskommission für Handel und Gewerbe sowie die Einsetzung einer Untersuchungskommission hatte als letztes Resultat nur eine gefälschte Denkschrift der Kriegsrohstoffabteilung zur Rechtfertigung der monopolistischen Großbourgeoisie im März 1918.[4] Eine Widerlegung dieser Denkschrift wurde dem Mitglied der Prüfungskommission des Reichstages, Staatssekretär Erzberger, im September 1918 übergeben, wonach diese unwiderlegbare Anklage gegen die Schwerindustrie für immer von der Bildfläche verschwand. Das ist auch nur allzu erklärlich, wenn man weiß, daß Erzberger und Thyssen seit 1910 eng zusammenarbeiteten, und daß Erzberger von ihm sogar während des ersten Weltkrieges als Aufsichtsratsmitglied jährlich eine „Entschädigung" von 40000 Mark erhalten hatte.[5]

Die Bewirtschaftung des Ferrosiliziums lag ursprünglich bei der Kriegsmetall AG und wurde nach Gründung der Eisenzentrale dieser übertragen. Da der Konsum an hochprozentigem Ferrosilizium infolge der gesteigerten Munitionsproduktion bedeutend gewachsen war und die deutsche Produktion den Bedarf nicht mehr decken konnte[6], richtete die Eisenzentrale als Hilfsorgan der Schwerindustrie ihre Aufmerksamkeit einmal auf die Errichtung neuer Anlagen, so bei den Rheinisch-

[1] KEZ, Nr. 9.

[2] KEZ, Nr. 9, Blatt 93.

[3] Ebenda.

[4] Vgl. a. a. O., Blatt 94, Anm.: Vgl. hierzu auch die dann 1919 veröffentlichte, oben zitierte Denkschrift der KRA, deren Angaben sehr willkürlich zurechtgestutzt sind. Das Gesicht des wirklichen Verfassers, nämlich das der Schwerindustrie, schaut nur allzu deutlich heraus, und in bewegten Worten wird von den Leiden und Sorgen der Eisen- und Stahlindustriellen gesprochen.

[5] Vossische Zeitung, Nr. 73 v. 9. 2. 1920, Abendausgabe.

[6] Anm. Hauptproduzenten waren Gelsenkirchener und Meidericher Bergwerks AG. (Vgl. EZ 60.)

Westfälischen Elektrizitätswerken (Hugo Stinnes), die ihre Produktionskapazität von 10000 t jährlich auf 26000 t erhöhten. Hierbei gewährte ihnen die Eisenzentrale einen Zuschuß von 175000 Mark.[1] Zum anderen monopolisierte sie die Einfuhr (insbesondere aus Norwegen), um die Konkurrenz der deutschen Werke und Händler untereinander auf dem Auslandsmarkt auszuschalten. Aus diesem Grunde erfolgte am 4. Oktober 1916 ein allgemeines Handelsverbot für Ferrosilizium zugunsten der Eisenzentrale.[2] Sie stellte den Bedarf der Werke fest, schloß Kontrakte im Inland und Ausland — die Abwicklung der Einzelgeschäfte lag beim Konzern Beer & Sondheimer — und sicherte den Werken die benötigten Quanten „zu besonders niedrigen Preisen".[3] Beim militärischen, wirtschaftlichen und politischen Zusammenbruch 1918 bestanden noch Lieferkontrakte für das I. Quartal 1919 mit dem Ausland. Durch das Sinken der deutschen Valuta ergab sich daraus ein Verlustgeschäft, weil die Eisenzentrale das Ferrosilizium zu einem festen Preis, der unter dem des Weltmarktes lag, an die deutschen Werke weiterhin abgab.[4]

Hinzu kam noch, daß die Eisenzentrale während des Krieges schwedische Erze in ausländischer Währung (seit 1917 auf Kredit) gekauft und gegen festen Marktpreis an die Mitglieder des Roheisenverbandes abgegeben hatte. Der endgültige Marktpreis der Erze erhöhte sich durch das ständige Sinken der deutschen Valuta nachträglich gewaltig[5] und wurde aus der „Staatskasse" bezahlt. Ferner gab die Eisenzentrale nach 1921 beachtliche Mengen Eisenmaterialien an die Großwerften ab zu den ursprünglichen Beschaffungspreisen, welche um das Sechsfache niedriger waren als der derzeitige Marktpreis, und bei den Abrechnungen mit den Werften traten noch nachweisbare Differenzen „bis zu 400 t, und in einzelnen Fällen sogar darüber, auf."[6]

Den durch diese, die Profitinteressen des Monopolkapitals gebührend respektierende Geschäftsführung entstandenen *Verlust der Eisenzentrale in Höhe von 112 Mill. Mark trug das Reich.*

Auch die Konzernherren der Montanindustrie finanzierten also ihre zusätzlichen Kosten und Verlustgeschäfte durch die Eisenzentrale aus dem „Staatssack". Die 112 Mill. Mark sind daher als ein mittelbarer Kriegsgewinn der Schwerindustrie zu werten. Klöckner schrieb zwar an die Lauchhammer AG am 23. Oktober 1917 wegen des Ferrosiliziumgeschäfts: „Gegen die allgemeinen Rücksichten müssen

[1] EZ, Nr. 157.

[2] Ebenda.

[3] KEZ, Nr. 9, Bd. 1, Bericht an Reichsschatzmin. v. 27. November 1920.

[4] So z. B. betrug der Weltmarktpreis für Ferrosilizium im September 1919: 2000 Mark pro t. Die durchschnittlichen Kosten der EZ lagen bei 1800 Mark pro t, der Abgabepreis der EZ jedoch betrug nur 1200 bis 1500 Mark pro t.

[5] Reichsschatzmin., Nr. 7109.

[6] EZ, Nr. 453, Bd. 2.

die Interessen des einzelnen zurücktreten"[1], aber er selbst und alle anderen Rüstungsgewaltigen handelten unabhängig von dieser moralischen, eben nur für Nichtmonopolisten verbindlichen Forderung.

Aus der anderen Aufgabenstellung der Eisenzentrale, nämlich der Verwertung des vor allem in Frankreich und Belgien beschlagnahmten Fertigmaterials, ergaben sich oft Auseinandersetzungen zwischen ihrem Leiter, Fischer, und dem Stahlwerksverband. So z. B. beabsichtigte Fischer belgisches Stabeisen (Träger) im Juni 1917 nach Deutschland einzuführen und hier über dem Höchstpreis[2] zu verkaufen. Klöckner, Beauftragter des KM beim Stahlbund, lehnte die Einfuhr ab und schrieb: „Das richtigste wäre, was ja auch der Deutsche Stahlbund vorschlägt (Gerwin, d. V.), daß diese Träger gar nicht nach Deutschland kommen, sondern an der Front verbraucht werden, um auf diese Weise die ganzen Schwierigkeiten zu vermeiden."[3] Der Stahlwerksverband hatte die Abnahme der Träger verweigert, er wollte sie nur zu einem um 69,— Mark pro t niedrigeren als den von der Eisenzentrale geforderten Preis abnehmen. Der Generalquartiermeister West lehnte die Verwendung ebenfalls ab, da „diese schönen Träger für Frontzwecke zu schade" seien. Die Zentralstelle für Eisenausfuhr lehnte den Antrag auf Export dieses Materials auch ab, weil „im Inland erforderlich".[4]

Damit war Fischer in eine heikle Lage geraten, denn trotz seiner Argumentation mit den eben erwähnten Tatsachen schrieb Klöckner wieder: „Bedaure mich zu Ihrem Standpunkt in der Trägerverkaufsangelegenheit nicht bekehren zu können."[5] Ist der Ausgang dieser Angelegenheit auch aus den Akten nicht ersichtlich, so zeigte uns dieses Beispiel und ähnliche[6] doch, daß die Regulierung in der Kriegswirtschaft[7] die sich aus dem Grundwiderspruch des Kapitalismus ergebenden

[1] EZ, Nr. 60. Anm. „Lauchhammer" hatte von der EZ 15000 Mark „Entschädigung" verlangt, weil sie bei Lieferungsrückständen der EZ höhere Preise zahlen mußte. Klöckner schreibt hierzu am 23. Oktober 1917: „Ich finde es von diesem Werk, welches im vergangenen Jahr 20% Dividende verteilt hat, mehr als naiv, eine derartige Forderung aufzustellen." EZ, Nr. 60.

[2] Anm. Die Höchstpreise für Eisen- u. Stahlerzeugnisse wurden erst ab Juli 1917 eingeführt und von dem Industriellen Beirat in Absprache mit der KRA periodisch erhöht. Vgl. KEZ, Nr. 9.

[3] KEZ, Nr. 20.

[4] Ebenda.

[5] Ebenda, Klöckner und Fischer arbeiteten trotz dieses Gegensatzes eng miteinander, wie auch der folgende v. 29. 10. 1916 Privatbrief zeigt: „Lieber Fischer! Wegen Überhäufung von Arbeit hatte ich eigentlich die Absicht, diese Woche nicht nach dort zu kommen. Ich habe aber viel mit Ihnen zu besprechen, Ferrosilicium, Schrott, Roheisen usw., daß ich mich eben entschlossen habe, Dienstag zu fahren. Mit Klotzbach bitte ich irgend etwas Bindendes nicht abzusprechen, bis wir uns gesehen haben. Mit herzlichem Gruß Ihr Klöckner." EZ, Nr. 18.

[6] Vgl. EZ, Nr. 21, Bd. 1.

[7] Anm. Wie wenig systematisch und kontinuierlich die staatliche Regulierung war, zeigt, daß die Oberste Heeresleitung Anfang März 1918 in einer Besprechung mit der KRA eine Einschränkung der Munitionsproduktion verlangte und noch desselben Monats diesen Beschluß umstieß und eine bedeutende Erhöhung verlangte. Auf dieser Besprechung wurde auch festgestellt, daß auf manchen Gebieten eine gewisse Übersättigung vorlag. Vgl. KEZ, Nr. 1, Bd. 2. Referentenbesprechung v. 15. 5. 1918.

Widersprüche nicht beseitigte und zum anderen, daß die Vertreter der Finanzoligarchie im Staatsapparat im Gesamtinteresse des Monopolkapitals manchmal bestimmte Maßnahmen durchführen mußten, die sich gegen das Einzelinteresse bestimmter Gruppen des Monopolkapitals richteten.

Nur in einem einzelnen Fall — soweit aus den Akten ersichtlich war — ging die Eisenzentrale sogar zur Beschlagnahme von Roheisen bei einem deutschen Eisen- und Stahlwerk über.

Das geschah so:

Die Eisenzentrale verlangte im März 1917 von der Vereinigten Königs-Laurahütte AG entsprechend dem Beschluß des Stahlbundes vom 19. Dezember 1916 eine monatliche Abgabe von 2% = 350 t ihrer Roheisenproduktion zur Erfüllung des Staatsvertrages mit Österreich.[1] Die Laurahütte AG verweigerte die Lieferung, woraufhin die Eisenzentrale das Quantum Roheisen dort beschlagnahmte. Die Laurahütte schrieb hierzu am 16. April 1918 an die Eisenzentrale:

„Wir teilen Ihnen mit, daß wir uns mit der angeordneten Verladung des bei uns beschlagnahmten Roheisens an die AG Lauchhammer in Riesa nicht zufrieden geben können. Vor allen Dingen kann man uns aber doch nicht zumuten, unser Rohmaterial einem Werke zuzuführen, welches in Fertigerzeugnissen unser gefährlichster Konkurrent ist. Gerade die Leistung in den nächsten Monaten kann unter Umständen für die geplanten Verbände in B-Produktion von erheblicher Bedeutung werden, deshalb haben wir keine Veranlassung, gerade ein mit uns in besonderem wirtschaftlichen Wettbewerb stehendes Unternehmen noch weiter zu kräftigen.

Müssen wir uns nun einmal wohl oder übel mit der verfügten Beschlagnahme abfinden, so sollte das genommene Material auch dorthin geleitet werden, wo es uns am wenigsten schädigen kann, und dies geschieht durch die zuerst in Aussicht genommene Lieferung nach Österreich.“[2]

Das Roheisen wurde dann schließlich dem Ostdeutschen Roheisensyndikat zur Verfügung gestellt und die Beschlagnahme aufgehoben. Dieses Beispiel bestätigt die obige Aussage und zeigt

a) daß die Widersprüche und die Konkurrenz zwischen den einzelnen Monopolkapitalisten während des Krieges weiter wirkten und

b) daß zu Lieferungen, bei denen keine lockenden Profite winkten, die Werke sogar mit Repressalien angehalten werden mußten und

c) daß der rücksichtslose Drang der monopolistischen Kriegsgewinnler von Rhein, Ruhr, Saar und Elbe selbst die Einhaltung eines Staatsvertrages mit einem Bundesgenossen Deutschlands verhinderte.

Die zweite Kriegsgesellschaft der Eisen- und Stahlindustrie, die mit der ersten eng zusammenarbeitete, war die Manganerz GmbH mit einem Stammkapital von 100000 Mark. Sie war von den größten Mangankonsumenten: Gutehoffnungshütte, Gelsenkirchener Bergwerks AG, AG für Hüttenbetrieb, Krupp AG, Donners-

[1] EZ, Nr. 48, Bd. 2, 24. 3. 1917.
[2] Ebenda.

marckhütte und der Phönix AG zwecks Förderung der Erzeugung und des Vertriebes von Manganerzen Ende des Jahres 1916 gegründet worden.[1]

Der Kommissar der Kriegsrohstoffabteilung bei der Eisenzentrale GmbH, Fischer, war auch hier Kommissar, und beide Gesellschaften hatten sowohl einen gemeinsamen Vorstand als auch gemeinsame Geschäftsräume. Aufsichtsratsvorsitzender dieser Gesellschaft war der Kriegsgewinnler Paul Reusch, jedoch wurden die Geschäfte von Fischer geleitet. Wie gut Fischer die Geschäfte der Manganerz GmbH unter Ausnutzung seiner offiziellen Stellung in der Kriegsrohstoffabteilung für die Großaktionäre, insbesondere die Gelsenkirchener Bergwerks AG, führte, zeigt ein typisches Beispiel: Fischer ließ im Geschäftsverkehr der „Gelsenkirchener" — deren Aufsichtsratsmitglied er auch war — gegenüber dem Kaukasischen Grubenverein GmbH, Hamburg eine „nicht erlaubte Bevorzugung" zuteil werden.[2] Der Grubenverein beschwerte sich beim Kommissar der KRA über die Manganerz GmbH bei Fischer, in der Annahme, in diesem Beamten einen unparteiischen Richter zu finden. Die Beschwerde wurde zurückgewiesen, und der Grubenverein schickte eine neue an den Leiter der Sektion Eisen der KRA, Burgers. Burgers war der Generaldirektor der „Gelsenkirchener". Kein Wunder, die Beschwerde war wiederum erfolglos; denn der Grubenverein beschwerte sich über die Bevorzugung immer bei denen, die bevorzugt hatten bzw. bevorzugt worden waren. Als der Grubenverein im Dezember 1918 die direkte Personalunion: Konzern, Kriegsrohstoffgesellschaft, Staat erkannte, beschwerte er sich bei dem Minister für die wirtschaftliche Demobilmachung, Koeth, dem ehemaligen Leiter der Kriegsrohstoffabteilung und drohte, diese Zusammenhänge zu veröffentlichen. Koeth, ein bewährter Vertrauensmann des Monopolkapitals, bezeichnete die Ablehnung der Beschwerde durch Fischer und Burgers als zu recht, empfahl jedoch in jenen revolutionären Tagen gleichzeitig — worin auch eine versteckte Anerkennung der Bevorzugung lag — die Einsetzung eines Schiedsgerichts.[3] Dies geschah, der Kaukasische Grubenverein erhielt bestimmt aus dem Übergewinn der Gelsenkirchener AG sein Schweigegeld — denn er schwieg.

Die Aktionäre der Manganerzgesellschaft hatten auch bereits vorher als Ferromangan-Gemeinschaft die 26000 t in Frankreich beschlagnahmten Manganerze ihren Werken zugeteilt.[4] Zur Steigerung der Manganproduktion baute die Ilseder Hütte ihre Erzgewinnungsanlagen auf Anregung der Kriegsgesellschaften der Eisen- u. Stahlindustrie aus und bekam vom Reich einen verlorenen Zuschuß in Höhe von 24 Mill. Mark.[5]

[1] Reichsschatzmin., Nr. 7108, Anm. Am 25. April 1918 erhöhte sich ihr Stammkapital um 100000,— Mark, wovon die südwestdeutschen Werke 45000,— übernahmen und Röchling mit in den Aufsichtsrat gewählt wurde. Vgl. Reichsschatzmin., Nr. 7104.

[2] Anm. Die Statuten sprachen die Aufsichtsratsmitglieder von der Verpflichtung des § 249 des HGB frei, so daß sie nicht die Sorgfalt eines ordentlichen Geschäftsmannes üben brauchten. Ebenda.

[3] Reichsschatzmin., Nr. 7108.

[4] Vgl. *Cron*, Die Kriegseisenwirtschaft, Inventare d. Reichsarchivs, Serie II, Nr. 3, Potsdam 1929.

[5] Reichsschatzmin., Nr. 7105.

Die Manganerz GmbH unterstützte auch die bedeutendsten Gruben bei Gießen und am Rhein und führte ein Aufsuchen und Aufschließen sowie den Betrieb von Manganerzvorkommen in Ungarn, Bulgarien und der Türkei durch.[1] In Ungarn z. B. ließ sie eigens eine Anschlußbahn vom Manganerzbergwerk bei Moczomezo nach Nagybanya errichten.

Die zwei Rohstoffgesellschaften der Eisen- und Stahlindustrie waren also Hilfsorgane der Montankonzerne, die deren Bedarf an Zusatzstoffen sicherten. Sie nahmen die sich bei der Beschaffung ergebenden zusätzlichen Arbeiten und Kosten auf sich und finanzierten diese aus Staatsmitteln. Sie trugen dafür Sorge, daß Schrott, Erze, Ferrosilizium und Mangan den Rüstungskonzernen bei Ausschaltung des Zwischenhandels zu möglichst niedrigen Preisen geliefert wurden.

Trotzdem motivierten die Kriegsgewinnler der Schwerindustrie ihre Preiserhöhungen für Fertigprodukte, die sie laufend durchführten, immer mit dem starken Anwachsen der Selbstkosten, insbesondere der Rohstoffe. Diese Preiserhöhungen wurden von der Eisenzentrale befürwortet. Aber Fischer, der Leiter der Eisenzentrale, selbst ein Vertreter der Finanzoligarchie,[2] sorgte doch in seiner Funktion für die billige Belieferung (durch Staatszuschuß) der Werke mit Rohstoffen und war genauestens orientiert, daß die angeblichen Selbstkosten auf unverschämt hohe Abschreibungen, Rückstellungen etc. beruhten, die der Verschleierung der Milliardenwuchergewinne dienten. Ein Beispiel hierfür ist die folgende Aufstellung eines Stahlwerkes, die den Vermerk trägt „*Vertraulich!* für Herrn Rittmeister Fischer *nur zu seiner persönlichen Orientierung* mit der Bitte um Rückgabe“.[3]

Geschäftsjahr	Aktienkapital	Abschreibungen		Reingewinn	Dividende	Anlagewerte	Abschreibungen im Verhältnis zum Anlagewert
	in Mill. Mark	in %	in Mill. Mark	in Mill. Mark	in %	in Mill. Mark	in %
1913/14	16	14,2	2,3	1,6	9	28,7	7,9
1914/15	16	28,1	4,5	3,6	15	26,6	16,9
1915/16	16	30,4	4,8	4,4	25	25,4	19,2
1916/17	16	66	10,6	5,4	30	17,7	59,5

Diese interne Aufstellung vermittelt uns einen anschaulichen — obgleich nur groben[4] — Einblick, wie die Konzernherren die hohen Selbstkosten selbst machten, indem sie einen großen Teil der nicht ausgewiesenen Gewinne benutzten, nicht

[1] Vgl. KEZ, Nr. 9, Bd. 1, Blatt 34.

[2] Anm. Fischer war, wie bereits wiederholt dargelegt, Mitinhaber der Diskonto-Gesellschaft. Diese erledigte den gesamten Bank- u. Geldverkehr der Manganerz GmbH sowie der Eisenzentrale GmbH und hatte eine Bürgschaft des Reiches für alle ihre Ansprüche an die Eisenzentrale in Höhe von 15 Millionen Mark. Reichsschatzmin., Nr. 7108.

[3] Gesamtaufstellung siehe *Beilage 3*. Die Firmenbezeichnung des Eisen-Stahlwerkes ist leider aus den Akten nicht ersichtlich. Die Zahlen wurden abgerundet.

[4] Die Aufstellung gibt über die Höhe der stillen Reserven etc. keinen Aufschluß.

Geschäfts-jahr	Actien Kapital	Abschreibungen	Reingewinn mit Zuwendungen	Di[illegible]
1900/1	M 6,000 000,-	8% M 480 000,	13,3 % M 800 039,38	
1901/2	„ 6,000 000,-	8% „ 480 000,	11,4 „ 686 090,85	
[illegible]/3	„ 6,000 000,-	8% „ 480 000,	12,3 „ 736 722,65	
1903/4	„ 6,000 000,	11% „ 660 000,-	19,1 „ 1,148 765,14	
1904/5	„ 6 000 000,-	16,6% 1,000 000,	24,8 „ 1,485 895,92	
1905/6	„ 6,000 000,-	26,6% 1,600 000,	28,7 „ 1,720 479,92	
1906/7	„ 10,000 000,	18% 1,800 000,	30% „ 2,997 420,88	
1907/8	„ 10 000 000,-	16% 1,600 000,-	22,8 „ 2,280 012,67	
1908/9	„ 10 000 000.-	13% 1,300 000,	10,1 „ 1,013 079.49	
1909/10	„ 16,000,000,-	9,37% 1 500 000,	6,2 „ 995 957,54	
[illegible]/11	„ 16,000 000,-	10% 1 600 000,	0,86 „ 138 339,91	
1911/12	„ 16,000 000,-	12,5% 2 000 000,	0,49 „ 78 761,53	
1912/13	„ 16, 000 000,-	15,7% 2 509 169,45	10,3 „ 1.653 674,91	
1913/14	„ 16, 000 000,-	14,2% 2 279 560,18	10,2 „ 1 632 511,37	
1914/15	„ 16, 000 000,-	28,1% 4 497 161,82	22,4 „ 3,580 160,76	
1915/16	„ 16, 000 000,-	30,4% 4,870 937,16	27,4 „ 4,386 455,92	
1916/17	„ 16, 000 000,-	66% 10,552 658,80	33,8 „ 5,411 555,85	

Vertraulich!

Für Herrn Rittmeister Fischer
nur zu seiner persönlichen Orientierung
mit der Bitte um Rückgabe.

…sand	Reingewinn zum Umsatz	Anlage-Wert	Abschreibungen im Verhältnis z. d. Anlage-Werten
…051 048,08	6,0 %	7 535 066,86	6,4 %
…857 331,75	6,3 %	7 402 523,52	6,5 %
…287 764,42	6,5 %	7 283 468,05	6,6 %
…849 136,40	8,3 %	6 973 006,53	9,5 %
…493 596,66	9,0 %	7 090 358,15	14,1 %
…897 783,07	9,1 %	7 143 626,27	22,4 %
…4,398 751,96	12,3 %	7 010 650,40	25,7 %
…934 125,27	7,4 %	12 981 764,47	12,3 %
…8,295 140,27	3,6 %	13 745 599,76	7,4 %
…0,630 152,45	3,3 %	17.711 162,50	8,5 %
…2,291 734,30	0,4 %	19.202 101,50	8,3 %
…9,598 624,70	0,2 %	29 430 302,64	4,8 %
…6,463 355,35	3,6 %	28 095 001,–	8,9 %
…1,442 031,20	3,9 %	28 684 241,06	7,9 %
…6,318 867,94	7,7 %	26 587 490,59	16,9 %
…3,696 953,46	5,9 %	25 425 566,13	19,2 %
…7,800 855,39	4,2 %	17 750 001,–	59,5 %

nur um den moralischen und physischen Verschleiß des fixen Kapitals zu kompensieren, sondern um enorme Reserven anzulegen. Die Frankfurter Zeitung gab schon für das Jahr 1915 einen offiziellen Reingewinn von 594 Mill. Mark (nach reichlichen Abschreibungen) gegenüber 385 Mill. Mark 1913 in der Eisen-Stahlindustrie an.[1] Wie wir sahen, betrug doch schon allein der Wuchergewinn für Granatstahl insgesamt: 1,1 Milliarde Mark.[2] Die riesigen Kriegsgewinne legten die Konzernherren der Schwerindustrie vor allem an, um ihre Betriebe durch Verbreiterung der Produktionsbasis zu stärken, indem sie in ihren Werken große neue Anlagen errichteten (und gleich abschrieben) und andere Werke[3] und Rohstoffbasen ihrem Interessenbereich angliederten.

Nachdem die beiden Kriegsrohstoffgesellschaften der Montanindustrie, die Eisenzentrale GmbH und die Manganerz GmbH, ihre Rohstoffvorräte im Jahre 1919 verkauft hatten, hoben sie die Zwangsbewirtschaftung auf und traten in die Liquidation ein.

[1] Frankfurter Zeitung, Abendblatt Nr. 335, 1916. Anm. Dabei ist die Ausgabe der Gratisaktien an die Aktionäre, wie z. B. von der Gutehoffnungshütte 1917 in Höhe von 10 Millionen Mark noch nicht einmal berücksichtigt. Vgl. KEZ, Nr. 9, Bd. 1.

[2] Vgl. oben S. 183. Hierzu kommen noch die Gewinne aus allen anderen Eisen- und Stahllieferungen, die aus dem Kohlengeschäft (Export), den Nebenprodukten etc.

[3] Vgl. *Hempel*, Die deutsche Montanindustrie, Berlin 1934, S. 223/24, und *Klotzbach*, a. a. O., S. 226.

Anm. Stinnes, der sein *Privatvermögen* während des Krieges nach eigenem Eingeständnis — das Landesfinanzamt Düsseldorf schätzte es, weil „eine eingehende Prüfung der Bücher naturgemäß nicht erfolgen" konnte — verdreifacht hatte, legte es auch in den Industriezweigen, die durch den Krieg an den Rand des Abgrunds gebracht waren, wie Hochseeschiffahrt, Papierdruckereigewerbe und Hotelgewerbe, an. (Vgl. Reichsfinanzmin., Nr. 1597.)

III. ZUSAMMENFASSUNG

Mit dem Beginn des 20. Jahrhunderts war auch in Deutschland die freie Konkurrenz des Kapitalismus abgelöst worden durch die Herrschaft des Monopols. In den bedeutendsten Produktionszweigen, in der Montan-, Chemie- und Elektroindustrie hatten die Monopole auf der Grundlage der höchsten Konzentration und Zentralisation des Kapitals ihre Herrschaft errichtet. Die deutschen Monopolkapitalisten strebten nunmehr unter den imperialistischen Bedingungen danach, sich einen hohen Monopolprofit, den Maximalprofit, anzueignen. Die Erzielung des Maximalprofits ist nicht nur möglich und charakterisiert durch das subjektive Streben der Konzernherren, sondern ist auch eine ökonomische Notwendigkeit, die sich aus dem Wesen des kapitalistischen Monopols selbst ergibt. Der Maximalprofit muß von den Monopolen erzielt werden,

weil die Vergesellschaftung der Produktionsmittel und die Entwicklung der Produktivkräfte so weit vorangeschritten ist, daß die kapitalistische erweiterte Reproduktion riesige Profite als Voraussetzung und als Fonds der realen Akkumulation verlangen;[1]

weil im Stadium des Imperialismus die ungleichmäßige Entwicklung der einzelnen Gebiete und Produktionszweige äußerst verstärkt ist. Die sprunghafte Entwicklung führt zu einem schnell wachsenden moralischen Verschleiß der technischen Anlagen. Um diese Entwertung kompensieren zu können, müssen die Monopole umfangreiche freie Mittel haben;

weil der Grundwiderspruch des Kapitalismus aufs äußerste zugespitzt wird, wodurch einerseits eine ständige Arbeitslosenarmee und andererseits nicht ausgelastete Produktionskapazitäten hervorgebracht werden. Um den physischen Verschleiß des fixen Kapitals zu kompensieren, brauchen die Monopole beträchtliche Mittel.

Das sind die wichtigsten Ursachen, die die deutsche Finanzoligarchie, die doch bei der Aufteilung der Erde zu spät gekommen war, bereits vor dem ersten Weltkrieg auf den Weg der Erzielung des Maximalprofits drängten. Die Hauptquellen, aus denen der Maximalprofit in ihre Taschen floß, waren

a) verschärfte Ausbeutung der Arbeiterklasse, insbesondere durch Arbeitsintensivierung,

[1] Vgl. *S. Tjulpanow*, Der kapitalistische Maximalprofit — die Triebkraft des Monopolkapitalismus. Neue Welt, Nr. 1954.

b) Ausplünderung der Mehrheit der Bevölkerung, insbesondere durch Monopolpreise für Bedarfsgüter,

c) systematische Versklavung und Ausraubung der Völker anderer, insbesondere zurückgebliebener Länder, wie z. B. der Türkei,

d) steigende Rüstungsgeschäfte mit dem Staat und allmähliche Militarisierung der Volkswirtschaft.

Alle diese Quellen des Maximalprofits sollten nun durch den Krieg noch reichlicher zum Fließen gebracht werden. Hierbei trat den deutschen Monopolherren der Chemie-, Woll- und Elektroindustrie gleich nach Beginn des ersten Weltkrieges und der Eisen- und Stahlindustrie im Verlaufe desselben ein bis dahin ungekanntes Hindernis in den Weg: der Mangel an wichtigen Rohstoffen (Grund- und Zusatzstoffe). Die deutschen Rüstungsgewaltigen verfügten zwar zu Beginn des Krieges über das Produktions-, Finanz-, Waren- und Rohstoffmonopol, jedoch wurde das letztere unerwartet gefährdet. Einmal war die deutsche Einfuhr an solchen, für die Rüstungsproduktion unentbehrlichen Rohstoffen aus Übersee, die auf Grund der geographischen Struktur Deutschlands und der bestehenden internationalen Arbeitsteilung im Inland kaum bzw. gar nicht produziert wurden, durch die englische Blockade plötzlich lahmgelegt worden. Zum anderen zehrte der bis dahin ungekannte enorm hohe Materialverbrauch auf den Schlachtfeldern die Rohstoffvorräte schnell auf. Angesichts dieser allen Rüstungsgewaltigen gleichermaßen drohenden Gefahr schlossen sich die einzelnen Gruppen der Finanzoligarchie, gestützt auf das grundlegende Monopol, das Produktionsmonopol, in Kriegsrohstoffgesellschaften zusammen.

Die Hauptaufgabe der von den Finanz- und Rüstungsgewaltigen beherrschten Kriegsrohstoffgesellschaften lag also darin, alle greifbaren und erforderlichen Rohstoffe der monopolistischen Bewirtschaftung dieser Gesellschaften zu unterstellen und in erster Linie und ausschließlich zur Deckung des Rohstoffbedarfs der Rüstungskonzerne zu verwenden. Die Hauptaktionäre all dieser neuen Gesellschaften waren zugleich die Hauptlieferanten an Kriegsmaterial, das waren die Konzerngewaltigen der AEG, der Metallgesellschaft Frankfurt/Main, der Siemens AG, der Krupp AG, der Deutsch-Luxemburgischen und der Gelsenkirchener Bergwerks AG, der Badischen Anilin- und Sodafabrik, der Vereinigten Köln-Rottweiler Pulver AG, die Heerestuchproduzenten Rechberg und Quandt, um nur einige der größten zu nennen, vereint mit den Großbanken.

Die Organe dieser Kriegsgesellschaften, der Aufsichtsrat und die Schätzungs- und Verteilungskommission waren somit in der Lage, zuerst ihren Großaktionären, die auch die Organe besetzt hatten (d. h. sich selbst), die zur Erfüllung der Rüstungs- und Exportaufträge notwendigen Rohstoffe während des ganzen Krieges auch in den Zeiten der größten Materialknappheit zuzuteilen und damit den Maximalprofit zu sichern. Die Kriegsrohstoffgesellschaften belieferten ihre Aktionäre nicht nur hinsichtlich der Menge und der Reihenfolge bevorzugt, teilten ihnen nicht nur größere Quanten Rohstoffe zu — die ja auf dem freien Markt nicht mehr erhältlich waren — sondern lieferten ihnen diese zu realtiv festen, niedrigen Preisen. Das war bei den stets steigenden Beschaffungskosten für Rohstoffe nur möglich, weil die Finanzgewaltigen der Kriegsgesellschaften im Bunde mit denen der Kriegsrohstoffabteilung den Teil der Beschaffungskosten, der über dem niedrigen Zuteilungspreis lag, aus der „Staatskasse" finanzierten und so auf die Schultern der Werktätigen abwälzten.

Hierbei bezahlten die monopolistischen Kriegsgewinnler der Kriegsrohstoffgesellschaften alle sich aus dem Kriege ergebenden zusätzlichen Beschaffungskosten für Rohstoffe, die z. B. durch die Finanzierung der Anlage neuer Straßen und Brücken in der Türkei[1], neuer Anschlußbahnen an Bergwerke in Ungarn etc. bedingt waren, ebenfalls noch außerdem aus Staatsmitteln. Die Verrechnung erfolgte aus dem Kriegsfonds, ohne daß sie in die Kostenrechnung der Kriegsgesellschaften und damit in den Preis der Rohstoffe eingingen.

Die Kriegsrohstoffgesellschaften, deren Tätigkeit nicht unmittelbar auf Gewinnerzielung ausgerichtet war, die einen „gemeinnützigen" Charakter trugen, waren auch wirksame Organe der Kriegsgewinnler zur Erweiterung und Stärkung ihrer Betriebe mittels direkter Ausplünderung der „Staatskasse".

a) Durch Gewährung von staatlichen Zuschüssen zur Modernisierung und Erweiterung bestehender Produktionsanlagen für Kriegszwecke und zur Schaffung gewaltiger neuer Kapazitäten, wie z. B. in der Chemischen und Metallindustrie. Hierbei war die Hauptform die Gewährung *verlorener staatlicher Zuschüsse* an die Konzerne, obgleich die damit errichteten Anlagen Eigentum der Monopole blieben.

Auch der der Badischen Anilin- und Sodafabrik vom Reichsschatzamt allein für den Bau der Leunawerke gewährte Zuschuß in Höhe von 350 Mill. Mark, der ein rückzahlbares Darlehen darstellte, war dem Konzern 1923 faktisch geschenkt worden.

b) Durch die vertraglich festgelegte und vom Reichsschatzamt bestätigte Gewährung „reichlicher Preise", d. h. Preise, bei denen die Kriegsgesellschaften als Mittel zur Finanzierung der Betriebsneuanlagen auf den bestehenden Marktpreis noch einen hohen Zuschlag pro Produktionseinheit gewährten (Preissubvention).

c) Durch die Errichtung von einigen staatlichen Großbetrieben (Aluminium- und Stickstoffwerke), deren Rentabilität in Friedenszeiten unsicher, deren Produktionskapazitäten eben nur im Kriege voll ausgelastet waren und deren Eigentum und deren Verluste die Finanzoligarchie dem Staat überließ. Die Monopolherren bereicherten sich schon am Bau dieser Werke, ferner an der ihnen vom Staat reichlich bezahlten Betriebsführung, die ihnen noch dazu eine selbständige Disposition über die Verwendung der Produkte zuließ und auch von diesen Herren ausgenutzt wurde, um sich zusätzliche Kriegsgewinne zu verschaffen.

Die staatlichen Kriegsproduktionskapazitäten, von denen nur ein geringer Teil nach dem Kriege demontiert wurde, spielten gewissermaßen die Rolle eines von den Rüstungsgewaltigen angelegten Reservoirs, dessen Nutzen in die Taschen dieser Leute floß, deren Anlagekosten aber die Vertreter des Monopolkapitals im Staats-

[1] Vgl. KMA, Nr. 489/90.

apparat durch die rücksichtslose Ausplünderung der „Staatskasse“ finanzierten und das hieraus entstandene Defizit durch die verstärkte Aussaugung der Werktätigen und des Mittelstandes — auch mittels der Geldentwertung — aufbrachten. Die Kriegsverbrecher und Kriegsgewinnler ergaunerten sich während des Krieges 1914—1918, wobei die Kriegsrohstoffgesellschaften eben eine wichtige Vermittlerrolle spielten, insgesamt in Form von staatlichen Zuschüssen einen Betrag von 5 bis 7 Milliarden Mark.[1] Diese beachtliche Summe, die den Monopolkapitalisten neben ihren großen Kriegsgewinnen aus dem Heereslieferungsgeschäft zugeflossen ist, war von den Monopolherren verwendet worden, um die Versorgung ihrer Betriebe mit Rohstoffen sicherzustellen, um neue Produktionsverfahren und Entwicklungsarbeiten für die Kriegs- sowie vor allem auch Nachkriegszeit durchzuführen und schließlich, um beachtliche neue Produktionskapazitäten anzulegen. Selbst Dr. Landauer vom Reichsschatzministerium konnte sich angesichts dieser Tatsachen des Seufzers nicht enthalten, daß es im Kriege so gewesen sei: „Die Gewinne sind bei der Industrie gemacht, und den Verlust mußte das Reich tragen“, und „daß auch das Reich überall die Verluste getragen hat, die nach Milliarden zählen.“[2]

Und diese unmittelbare Ausplünderung der „Staatskasse“ durch die in leitenden staatlichen Stellen sitzenden Konzernherren ist ein Novum in der Geschichte des Kapitalismus. Sie ist seit dem I. Weltkrieg eine beachtliche Quelle zur Erzielung des Maximalprofits im modernen Kapitalismus. Sie beschränkt sich auch zeitlich nicht nur auf den I. Weltkrieg und räumlich nicht nur allein auf Deutschland, sondern sie ist auch im II. Weltkrieg in noch größerem Umfang sowohl von den deutschen als auch von den amerikanischen Monopolkapitalisten[3] praktiziert worden.

Die im ersten Weltkrieg erzielten Kriegsgewinne und staatlichen Milliardenzuschüsse, die doch vor allem zum Ausbau der Produktionskapazitäten verwendet worden waren, stärkten die deutschen Großkonzerne so sehr und erhöhten ihre Konkurrenzfähigkeit im nationalen und internationalen Maßstab in der Nachkriegszeit so gewaltig, daß sie eine der ökonomischen Ursachen für das schnelle Wiedererstarken des durch die Niederlage geschwächten deutschen Imperialismus waren.

Dieser große Staatskassenbetrug und die Milliarden Kriegsgewinne der deutschen Monopolherren, die erst 1945 und dann auch nur in dem heutigen Gebiet der Deutschen Demokratischen Republik mit der Überführung der Großbetriebe der Kriegsverbrecher und Kriegsgewinnler in das Eigentum des Volkes ihre gerechte Ahndung fanden, waren damals — vor der Öffentlichkeit verheimlicht — nur möglich, weil die Konzernherren die hierfür notwendigen Staatsfunktionen persönlich besetzt hatten. Einmal waren die Aufsichtsratsvorsitzenden der bedeutenden

[1] Vgl. Reichsschatzmin., Nr. 7164, Anm. Diese Mittel wurden als „Aufwendungen des Reiches zur Förderung kriegswirtschaftlicher Zwecke“ bezeichnet.

[2] KWB, Nr. 4, Bd. 2, Aufsichtsratssitzung, v. 22. 5. 1919.

[3] Vgl. A. Potapowa, Der Staatsapparat der USA während des 2. Weltkrieges im Dienste des Monopolkapitals. Fragen der Geschichte, Nr. 5, 1954, S. 128 (russ.).

Kriegsrohstoffgesellschaften die Vertreter der Finanzoligarchie wie: Peierls AEG, (Kriegsmetall AG), Dr. Aufschläger Deutsche Sprengstoff AG (Kriegschemikalien AG), Reusch Gute-Hoffnungshütte (Manganerz GmbH), Urbig Diskonto-Gesellschaft (Kriegsleder AG) sowie Rechberg, Vorsitzender des Heerestuch-Syndikats (Kriegswollbedarf AG). Zum anderen hatte die Finanzoligarchie auch die wichtigsten Posten in der Zentralstelle der deutschen Kriegswirtschaft, der Kriegsrohstoffabteilung und des Kriegsamtes des KM selbst inne.

Die Finanzoligarchie hatte durch die Besetzung der wichtigen Positionen in der zentralen Kriegswirtschaftsbehörde mit Rathenau, Klingenberg, Klöckner, Burgers, Fischer, Schmitz, Merton, Warburg u. a. erstmalig mit dem Beginn des I. Weltkrieges so viele Funktionen im Staatsapparat unmittelbar inne, wie es zur Erlangung des Maximalprofits unter den Bedingungen des imperialistischen Krieges nötig war. Das Beispiel der Eisenbewirtschaftung hatte doch gezeigt[1], daß es nun, mit dem Beginn der allgemeinen Krise des Kapitalismus, nicht mehr allein genügt, wenn die Finanzoligarchie im Staatsapparat ihre mehr oder weniger bezahlten Leute wie Erzberger u. a. hatte, zu denen sich noch während des Krieges offen die rechten SPD-Führer hinzugesellten[2], sondern daß es zur Überwindung der behördlichen Bürokratie, die ihrem Profitstreben nicht immer förderlich genug war, notwendig ist, die für sie wichtigen Staatsämter selbst zu bekleiden.[3] Der Staatsapparat hat also seit dem ersten Weltkrieg für die Sicherung des Maximalprofits, wie überhaupt für die Existenz des kapitalistischen Regimes, eine so hohe Bedeutung erlangt, daß die Monopolisten die wichtigsten Ressorts seitdem auch selbst besetzten. Die unmittelbare Beherrschung der wichtigsten Kommandohöhen in Wirtschaft und Staat durch das Monopolkapital ist eine Notwendigkeit, die sich aus der Natur des Maximalprofits ergibt. Die völlige Unterordnung des bürgerlichen Staates unter die Herrschaft der Monopole ist für sie erforderlich, weil

a) nur so die Zwangsmaßnahmen gegen die Arbeitskräfte durchgesetzt werden können wie: Militarisierung der Arbeit, Streikverbot und schließlich Zwangsverschleppung ausländischer Arbeitskräfte;

b) nur so die Staatskassenplünderung wie überhaupt die Ausnutzung des Staatshaushalts durch die Monopole möglich und am wirksamsten vor der Bevölkerung zu verheimlichen ist;

c) nur so die Beschlagnahme der inländischen Rohstoffe, ihre Zwangsbewirtschaftung und die Ausraubung der okkupierten Gebiete, Zwangsdemontagen und Vernichtung ausländischer Industrieanlagen konsequent durchgeführt werden konnten;

[1] Siehe oben S. 104.

[2] Die rechten SPD-Führer, wie besonders Noske als Aufsichtsratsmitglied der KMA, spielten die Rolle einer Eskorte der Imperialisten, die sie vor der ausgehungerten, sich revolutionär erhebenden deutschen Arbeiterklasse, vor der Revolution, schützen sollte und schützte.

[3] Anm. Die Kriegsrohstoffgesellschaften haben den vielen für sie tätigen Offizieren des Kriegsministeriums, die ihre Offiziersgebühren erhielten, trotzdem noch enorme Spesenzuschüsse und andere Zahlungen, die offiziell nicht zulässig waren, geleistet. Vgl. KWB, Nr. 127, 27, 3. 1917 u. KEZ, N. 114 und 120.

d) nur so der Umfang und die Form der Rüstungsaufträge und das Tempo der erweiterten Reproduktion bestimmend beeinflußt werden konnte.

Das Eindringen der Monopolisten in den Staatsapparat und die Beherrschung desselben vollzog sich auf der Grundlage der im Kriege neu geschaffenen Personalunion: Konzerne — Kriegsrohstoffgesellschaften — Kriegsrohstoffabteilung (Staat). Dieser damit seit dem I. Weltkrieg in Deutschland — auch in USA und England — beschrittene Weg der Beherrschung des Staatsapparates durch die Konzernherren ist seitdem eine dauernde Erscheinung mit wachsender Tendenz. Selbstverständlich änderten sich die Vertreter der einzelnen Monopolistengruppen auch hinsichtlich ihres Anteils in der Besetzung wichtiger Staatsämter jeweils entsprechend den Veränderungen im Kräfteverhältnis der einzelnen monopolistischen Gruppen.

Die Kriegrohstoffgesellschaften hatten zur Bewirtschaftung der Rohstoffe eigene Lager und Verkaufsorganisationen, Auslandsvertretungen etc. eingerichtet, und da die Rohstoffe alle ausschließlich durch ihre Hände gingen, wurde der Vorkriegshandel weitgehend verdrängt. Das wurde noch dadurch verstärkt, weil der Staat als Hauptabnehmer der industriellen Produkte direkte Beziehungen zum Erzeuger (Direktlieferung) aufnahm und so der Handel wesentlicher Teile seiner Funktionen beraubt worden war. Der Großhandel wurde von den Kriegsrohstoffgesellschaften zumeist zur Erledigung der kaufmännischen Tätigkeit dieser Gesellschaften mit herangezogen, der Kleinhandel ruiniert. Diese Entwicklung hat den Zusammenschluß des Großhandels beachtlich gefördert, so daß im Juni 1916 der „Zentralverband des Deutschen Großhandels“ und z. B. im März 1917 der „Deutsche Eisengroßhandelsverband“ gebildet wurden.

Die Zusammenarbeit der Konzernherren in den Kriegsrohstoffgesellschaften sowie überhaupt die Rohstoffzwangsbewirtschaftung haben nicht nur allgemein eine breite Grundlage für einen weiteren, beschleunigten Monopolisierungsprozeß der Nachkriegszeit geschaffen[1], sondern auch die Konzentration der Produktion und des Kapitals sowie die Bildung von Monopolorganisationen bereits während des Krieges in den bisher in dieser Beziehung noch rückständigeren, zersplitterten Industriezweigen besonders gefördert[2], wie in der Schuhwaren-, Seifen-, Wolle-, Tuchindustrie und anderen. Die Ursache lag mit darin, daß die Großaktionäre der Kriegsrohstoffgesellschaften:

a) ihren Betrieben, d. h. den größten, ökonomisch stärksten Unternehmen des Industriezweiges als Heeresgroßlieferanten die größten Rohstoffmengen sogar bevorzugt, und seit 1916/17 fast ausschließlich nur sich selbst zuteilten;

[1] Anm. So z. B. haben sich — auf indirekten Druck der Metallgesellschaft — die ehemaligen Aktionäre der KMA: C. Berg AG, C. Heckmann AG und Basse & Selve AG, 1924 zu einem Konzern vereinigt: Berg-Heckmann-Selve AG (ab 1930 Vereinigte deutsche Metallwerke), dessen Aufsichtsratsvorsitzender der ehemalige Kommissar der KMA, v. d. Porten, wurde. Vgl. auch oben S. 85.

[2] Anm. Hier sind besonders als Kriegsgründungen das Tuchsyndikat, Seifensyndikat und auch die Werkzeug- u. Stahl GmbH, Remscheid (Syndikat) zu nennen.

b) die Vorräte an knappen, kriegswichtigen Rohstoffen den kleineren Betrieben durch Beschlagnahme und Enteignung auf der Grundlage der Höchstpreise entzogen, was zur Ausplünderung und Ruinierung der Kleinbourgeoisie (Mittelstands-Enteignung) führte;[1]

c) die Schließung der kleineren Betriebe (nicht „Höchstleistungsbetriebe") in der Woll-, Baumwoll-, Seidenindustrie und anderen Zweigen der Konsumtionsmittelindustrie durchsetzten, ihnen Betriebsmittel, wie Treibriemen, wegnahmen, was zum Ruin vieler Kleinbetriebe führte. In der Seifen- und Schuhwarenindustrie war eine Zwangssyndizierung vorgenommen worden, wodurch ebenfalls eine große Anzahl kleinerer Existenzen vernichtet wurde.[2]

Die weiterproduzierenden Großbetriebe wurden dadurch gestärkt, daß sie ihre vom Heeresdienst befreiten Stammarbeiter behielten, ihre Maschinen in Betrieb hielten, ihre Anlagen erweiterten und riesige Kriegsgewinne einkassierten, und zum anderen wurde der Zusammenschluß der relativ wenigen weiterarbeitenden Betriebe in Monopolorganisationen noch gefördert, was wiederum ihre Position stärkte.

So haben z. B. die Inhaber von sechs Betrieben aus der Branche der Körnerröstereien (von denen 450 stillgelegt waren)[3] nicht zu Unrecht in einer Petition 1917 bereits darauf hingewiesen: „Das Hauptmotiv der getroffenen Stillegungsverfügung sei das Bestreben einiger weniger großer Firmen, das ganze Geschäft in Kaffee-Ersatz in ihre Hände zu bringen und ihre Konkurrenz zu vernichten. Schließlich werde daraus ein vollständiges Monopol der großen Firmen (Kathreiner, Seelig & Frank) entstehen."[4]

Die von den Kriegsrohstoffgesellschaften und Kriegswirtschaftsbehörden gehandhabte monopolistische Geschäftspraxis gab also einen entscheidenden Impuls zur Konzentration und schuf durch die Ruinierung kleiner Existenzen eine breite Grundlage zur Monopolbildung auch im Großhandel und in der Konsumtionsmittelindustrie.[5]

Ist es angesichts der bereits aufgedeckten[6] riesigen Gewinne, die die deutschen Konzernherren mit Hilfe der Kriegsrohstoffgesellschaften und der Kriegsrohstoffabteilung während des ersten Weltkrieges gemacht haben, verwunderlich, daß sie noch während des grausamen Völkermordes, bereits im August 1917, die Richtlinien für den nächsten, zweiten Weltkrieg — unter Hinzuziehung von Wissenschaftlern — ausgearbeitet haben?

[1] Vgl. Reichswirtschaftsmin., Nr. 3619.

[2] Vgl. KWB, Nr. 521, Bd. 2, Blatt 112, Anm. Den stillgelegten Betrieben in der Seifenindustrie wurde bis 1920 unter Bruch der Gewerbefreiheit die Wiederaufnahme der Produktion verweigert, wie aus einer Vielzahl von Beschwerden hervorgeht, und wo es in einer heißt: Das geschieht nur seitens der Großbetriebe, „um sich der lästigen Konkurrenz zu entledigen. Daher Konkurrenzabwehrinstitut!" Reichswirtschaftsmin., Nr. 4479 u. 4475.

[3] Vgl. oben S. 37.

[4] Reichstag, Berichte des Ausschuß für Handel und Gewerbe, Nr. 1316, 37.

[5] Anm. Die Untersuchung dieser Auswirkung geht über den Rahmen dieser Arbeit hinaus.

[6] Siehe oben S. 58, 84, 101ff.

In einem Protokoll der KRA vom August 1917 heißt es hierzu:

„Der Charakter des jetzigen Krieges bringt es mit sich, daß mit der Möglichkeit eines raschen Wiederauflebens der Feindseligkeiten noch geraume Zeit nach dem Abschluß des Friedens zu rechnen ist. Im besonderen hat sich die Heeresverwaltung auch darauf einzurichten, daß vielleicht wiederum England sich unter unseren Feinden befindet, und daß wir dann wieder vom Seeweg abgeschnitten sein werden. Ebenso ist damit zu rechnen, daß ein neuer Krieg vielleicht noch einmal eine ganze Welt von Feinden gegen uns in Waffen stellt, daß also dann *unsere ganze Bevölkerung in den Dienst der Kriegsführung* zu stellen ist."[1]

In Richtlinien der Kriegsrohstoffabteilung vom Februar 1918 wird ausdrücklich betont, daß es die Aufgabe im Frieden sein wird, „die Wirtschaft für einen kommenden Krieg von der Rohstoffzufuhr aus dem Auslande unabhängig zu machen"[2], und die einzelnen hierbei durchzuführenden Maßnahmen werden dann beschrieben.

Die Vorbereitung eines neuen Weltkrieges in theoretischer Hinsicht erfolgte also schon zu einem Zeitpunkt, im August 1917, wo Deutschland noch mitten im Kriege stand. Selbst nachdem die deutschen Imperialisten im Kampf um die Weltherrschaft unterlegen waren, gaben diese Herren ihren scheußlichen Plan, einen neuen Weltbrand anzuzetteln, nicht auf, sondern im Gegenteil, sie schufen 1918/19 bereits wieder die ersten organisatorischen Voraussetzungen. Die Kriegsrohstoffabteilung und die Feldzeugmeisterei wurden nämlich in Zivilbehörden übergeleitet, und damit wurde zugleich *die* Bestimmung des Friedensvertrages bewußt umgangen, wonach die Zahl aller militärischen Beamten auf $^1/_{10}$ des Bestandes von 1913 beschränkt werden sollte, mit der Zielsetzung, für einen „neuen" Krieg gewappnet zu sein.[3]

Die bereits im I. Weltkrieg ausgearbeiteten Richtlinien der Monopolherren des — für sie — goldenen Weges zum Maximalprofit, einer auf Hochtouren laufenden Rüstungsproduktion, der Einschränkung des persönlichen Konsums der Zivilbevölkerung und der Anhäufung großer Vorräte an militärisch wichtigen Rohstoffen (bereits in der Friedenszeit) und schließlich der ebenso schon 1917 empfohlenen Einbeziehung „unserer ganzen Bevölkerung in den Dienst der Kriegsführung", d. h. der totale Krieg, die totale Massenvernichtung des Wertvollsten, des Menschenlebens, wurden in der Nazizeit verwirklicht. Wieder gaben Millionen Deutsche das Beste, ihr Leben, für eine schlechte Sache, den kapitalistischen Maximalprofit, im II. Weltkrieg.

Und neben den Konzerngewaltigen Krupp, Klöckner, Reusch, Flick, Thyssen, Siemens, Stinnes u. Co., die sich im Kriegsgeschäft schon eine alte Tradition erworben haben, stiegen in das Kriegsgeschäft des II. Weltkrieges einige neue mit ein: H. Schmitz, Günter Quandt, Wolff, Pferdmenges u. a. Von diesen waren Schmitz und Quandt doch auf Grund ihrer Stellung in den Kriegswirtschafts-

[1] KEZ, Nr. 8. Besprechung in der KRA: Über die Frage der Friedensvorbereitung für die Deckung des Kriegsbedarfs, Ausführung von Prof. Wiedenfeld (unterstrichen vom Verfasser) Anm. In diesem Sinne äußerte sich auch Prof. Dr. Schwinning, Prof. für Waffenkonstruktion an der Militär-Techn. Akademie, dessen Lehrstuhl also der Krieg war.

[2] Ebenda, Schreiben KRA, Nr. Z 109/18 vom 8. 2. 1918.

[3] Reichswirtschaftsmin., Nr. 3051, Schreiben an den Unterstaatssekretär vom 23. 5. 1919, II/1, Nr. 5223.

organen des I. Weltkrieges, ihrer hier geknüpften Beziehungen zu den Spitzen der Finanzoligarchie und der Ausnutzung ihrer staatlichen Stellung zu mächtigen Monopolkapitalisten geworden. Sie saßen bereits im II. Weltkrieg zusammen mit Siemens im Aufsichtsrat der Deutschen Bank und schöpften in Sicherheit die Gewinne aus der Todesfabrikation, die den Werktätigen Not und Elend brachte. Sie spielen auch heute im Westen unseres Vaterlandes wieder eine entscheidende Rolle. Für sie, die erst im Krieg „geborenen" Konzernherren, d. h. die erst im Krieg oder durch den Krieg reich und mächtig wurden, aber auch für die alten, im Rüstungsgeschäft mit Tradition beladenen, war und ist die fieberhafte Aufrüstung und der moderne Krieg mit seinen Massenvernichtungsmitteln die *einträglichste* Profitquelle.

Es ist daher nicht verwunderlich, daß jene Leute, deren skrupellose Geschäftsmethoden wir dargelegt haben und die von ihnen gleichermaßen im zweiten Weltkrieg praktiziert wurden, jetzt im Bündnis mit den alten Militaristen und Faschisten im Bonner Parlament die Kriegsverträge durchpeitschten. Sie schicken sich nun an, die deutsche Jugend, ja das ganze deutsche Volk des Profits und der Rückeroberung ihrer verlorenen Positionen im Osten wegen erneut in Tod und Verderben zu stürzen.

Noch ist es Zeit, diese Entwicklung aufzuhalten und die Wiedergeburt des deutschen Militarismus zu verhindern. Das historische Treffen der Regierungschefs der vier Mächte in Genf zeigte den Menschen beider deutschen Staaten, der Bundesrepublik und der Deutschen Demokratischen Republik, den Weg zur friedlichen Wiedervereinigung unseres Vaterlandes. Dieser Weg besteht darin, im Innern Deutschlands eine Entspannung herbeizuführen, eine Annäherung der beiden Teile Deutschlands durchzuführen und die Voraussetzungen für freie demokratische Wahlen im Westen unserer Heimat zu schaffen. Und dieser Weg wird nur dann mit Erfolg beschritten werden, wenn die herrschende Klasse in Westdeutschland durch die entschlossene Willenskundgebung aller Patrioten gezwungen wird, eine nicht den amerikanischen, sondern den deutschen Interessen dienende Politik zu betreiben.

IV. ANHANG

A. Verzeichnis der benutzten Quellen und Literatur

I. Quellen

Deutsches Zentralarchiv, Abt. I, Potsdam.

Reichsministerium des Innern — Wirtschaftliche Mobilmachung.
Nichtstaatl. Archiv, Reichsverband d. deutschen Flugzeugindustrie.
Reichswirtschaftsamt/Ministerium.
Reichsschatzamt/Reichsfinanzministerium.
Reichsarchiv.

Deutsches Zentralarchiv, Abt. II, Merseburg.

Kriegswirtschafts-Organisationen:

Eisen-Auslandszentrale (EA).
Eisenzentrale GmbH (EZ).
Kammwoll AG (Kawo).
Kommissariat der Eisenzentrale (KEZ).
Kriegschemikalien AG (KCA).
Kriegsdeckenverband.
Kriegsmetall AG (KMA).
Kriegsleder AG (Klag).
Kriegsgarn- und Tuchverband (KGT).
Kriegsausschuß der Baumwollindustrie.
Metallmobilmachungsamt.
Vereinigung des Wollhandels (VdW).

Betriebsarchiv VEB Berliner Metallhütten- und Halbzeugwerke, Berlin-Niederschöneweide.

Parteikabinett der SED-Kreisleitung der Leuna-Werke. Photokopien von Verträgen und Verhandlungen der Badischen Anilin-Soda-Fabrik mit dem Reichskanzler (Reichsschatzamt) und der KRA.

II. Literatur

Claren, K., Die Zusammenlegung in der deutschen Tuchindustrie, Berlin 1919.
Cron, P., Die Organisation der Kriegswirtschaft im Kriege 1914—1918, Potsdam 1942 (unveröffentlicht). Deutsches Zentralarchiv.
v. Delbrück, C., Die wirtschaftliche Mobilmachung in Deutschland 1914. München 1914.

Dietel, Textilindustrie und Bekleidungsgewerbe in der Kriegszeit. Berlin 1920.
Dix, A., Wirtschaftskrieg und Kriegswirtschaft. Berlin 1920.
Goebel, O., Deutsche Rohstoffwirtschaft im Weltkrieg. Berlin 1930.
Günther, G., Die deutsche Rohaluminiumindustrie. Leipzig 1931.
v. Helfferich, K., Der Weltkrieg. Berlin 1925.
Hempel, G., Die deutsche Montanindustrie. Berlin 1934.
Heuß, Th., Kriegssozialismus. Berlin 1915.
Hornig, O., Die Kupferversorgung Deutschlands im Kriege. Phil. Diss. Heidelberg 1921.
Klotzbach, A., Der Roheisenverband. Düsseldorf 1926.
Knauß, R., Die deutsche, englische und französische Kriegsfinanzierung. Berlin 1923.
v. Köhler, L., Die Staatsverwaltung der besetzten Gebiete. Bd. I, Berlin 1927.
v. Kügelgen, W., Kriegswirtschaft und Sozialismus. Diss. Heidelberg 1936.
Kuczynski, J., Die Geschichte der Lage der Arbeiter in Deutschland. Bd. 1. Berlin 1949.
Lehmann, H., Die Kriegsbeschlagnahme als Mittel der Organisation der Rohstoff- u. Lebensmittelversorgung. Jena 1916.
Lenin, Ausgewählte Werke, Bd. 2. Moskau 1947.
Lenin, Der Imperialismus als höchstes Stadium des Kapitalismus. Berlin 1950.
Lenin, Sämtliche Werke. Wien-Berlin 1928.
Lensch, Drei Jahre Weltrevolution. Berlin 1918.
Lensch, Die Sozialdemokratie, ihr Ende und ihr Glück. Leipzig 1916.
Liebknecht, K., Ausgewählte Reden, Briefe und Aufsätze. Berlin 1952.
Liefmann, R., Kartelle, Konzerne und Trust. Stuttgart 1930.
Ljaschtschenko, P. J., Geschichte der Volkswirtschaft der UdSSR. 2. Band. Moskau 1952 (russ.).
Ludendorff, E., Urkunden der Obersten Heeresleitung. Berlin 1922.
Luxemburg, R., Ausgewählte Reden, Briefe und Aufsätze. Berlin 1952.
Mottek, H., Die Volkswirtschaft Deutschlands in der Zeit von 1914—1918. Vorlesung (unveröffentlicht). Hochschule für Ökonomie und Planung. Berlin-Karlshorst 1954.
Pritzkoleit, Männer, Mächte, Monopole. Düsseldorf 1953.
Pollux, Elektrizität. Zürich 1945.
Rathenau, W., Die neue Wirtschaft. Berlin 1918.
Rathenau, W., Deutschlands Rohstoffversorgung. Berlin 1918.
Rohrbach, Der Krieg und die deutsche Politik. Dresden 1914.
Römermann, K., Mittel und Formen der industriellen Kriegswirtschaft. Diss. Berlin 1935.
Schlaghecke, Die Preissteigerung, Absatzorganisation und Bewirtschaftung des Eisens 1914 bis 1920. Diss. Gießen 1922.
Stalin, Geschichte der Kommunistischen Partei der Sowjetunion. Berlin 1950.
Stalin, Ökonomische Probleme des Sozialismus in der UdSSR. Berlin 1952.
Stolper, G., Deutsche Wirtschaft 1870—1940. Stuttgart 1950.
Varga, E., Die Grundfragen derWirtschaft und der Politik des Imperialismus nach dem 2.Weltkrieg. Moskau 1953, russ.
Wagenführ, R., Kriegswirtschaft. Berlin 1935.
Wiedenfeld, K., Handel und Preisbildung in der Kriegswirtschaft. Wien 1918.
Wiedenfeld, K., Rohstoffversorgung. Berlin 1917.

*

Bibliographie der Sozialwissenschaft, Berlin.

Bericht über das 15. Geschäftsjahr der Metallbank und Metallurgische Gesellschaft, Frankfurt/M., 1920.

Denkschrift über die Gründe der von der deutschen Regierung ergriffenen Maßnahmen zur Rückführung von Schrott aus Belgien und Nordfrankreich, Hrsg. KRA, Berlin 1919.

Der AEG Konzern 1931, Berlin 1931.
Deutschland, Große Sowjetenzyklopädie, Reihe Länder der Erde 1, Berlin 1953.
Die Kriegswirtschaft der kapitalistischen Länder, Große Sowjetenzyklopädie, Bd. 8, russ.
Die deutschen Dokumente zum Kriegsausbruch, Bd. 1. Berlin 1922.
Fünfzig Jahre Metallgesellschaft 1881—1931, Frankfurt/M. 1931.
Geschichte der Diplomatie, 2. Band, Berlin 1948.
Inventare des Reichsarchivs, Serie II, Potsdam 1928—1943.
Kriegsrüstung- und Kriegswirtschaft, 1. Bd. Der Weltkrieg 1914—1918, hrsg. Reichsarchiv, Berlin 1930.
Reichsgesetzblatt, Berlin 1914—1918.
Reichshandbuch der deutschen Gesellschaft, Berlin 1931.
Reichstag, Berichte des Ausschusses für Handel und Gewerbe, 37. Bericht.
Statistisches Jahrbuch für das Deutsche Reich, Berlin 1915.
Verzeichnis der an den deutschen Universitäten und Hochschulen erschienenen Schriften, Berlin.
Verzeichnis der Kriegsorganisationen, Berlin 1917.
Weißbuch über die amerikanisch-englische Interventionspolitik in Westdeutschland, Berlin 1951.

III. Zeitungen und Zeitschriften

BZ am Abend, Januar 1955.
Deutsche Allgemeine Zeitung, 1926, 1935.
Deutsche Installateur- und Klempnerzeitung.
Deutsche Wirtschaftszeitung, 1919.
Der Kurier, 1954.
Frankfurter Zeitung, 1916/17.
Frankfurter Neue Presse, 1952.
Industrie-Kurier, Februar 1955.
Leipziger Neueste Nachrichten, 1918.
Neues Deutschland, 1954.
Vossische Zeitung, 1918 und 1920.

Fragen der Geschichte (russisch), Nr. 5/1954.
Kriegsamt, Amtliche Mitteilungen und Nachrichten.
Neue Welt, 1949, 1954.
Sozialistische Monatshefte, 1917.
Zeitschrift für Geschichtswissenschaft, Heft 6/1953.

B. ANLAGE Nr. 1

Verzeichnis der Aktionäre der Kriegsmetall AG bei Gründung am 2. September 1914

Firma:	Aktienkapital in Tausend Mark I. Aufteilung Sept. 1914	II. Aufteilung März 1915
1. Allgemeine Elektrizitätsgesellschaft	500	355
2. Basse & Selve	400	355
3. Beer, Sondheimer & Co. Ffm.	500	355
4. Bergmann, E. Werke AG	400	355
5. Aron Hirsch & Sohn 6. Hirsch-Kupfer- u. Messingwerke AG	400	340
7. Metallgesellschaft AG Ffm.	500	355
8. Siemens-Schuckert-Werke GmbH	500	355
9. Vereinigte Deutsche Nickelwerke AG	400	355
10. M. M. Warburg & Co., Hamburg	500	355
11. Wieland & Co., Ulm.	400	355
12. Chem. Fabrik Hönningen, vorm. Messingwerke Reinickendorf AG	200	170
13. Felten & Guilleaume, Carlswerke AG	200	170
14. Ludwig Löwe & Co., AG	200	170
15. Polte, Armaturen und Patronenfabrik	200	170
16. Dr. Cassierer & Co.	100	85
17. Deutsche Messingwerke C. Eveking	100	85
18. Th. Goldschmidt AG	100	85
19. Hüttenwerk Niederschöneweide AG, vorm. J. F. Ginsberg	100	85
20. C. Wilh. Kayser & Co. AG	100	85
21. Kupferwerke Deutschland AG	100	85
22. N. Levy & Co.	100	85
	6 Millionen Mark	

ANLAGE Nr. 2

Verzeichnis der neu eingetretenen Aktionäre der Kriegsmetall AG* (März 1915)

	Aktienkapital in Tausend Mark
1. Dr. Geitner's Argentanfabrik F. A. Lange, Auerhammer, Aue in Sa.	170
2. C. Heckmann, AG	170
3. Heddernheimer Kupfer- u. Süddeutsche Kabelwerke AG	170
4. Mansfeldsche Kupferschiefer bauende Gewerkschaft	170
5. Carl Berg AG	85
6. Kabelwerk Duisburg	85
7. Lüdenscheider Metallwerke AG, vorm. Fischer & Basse	85
8. Wolf Netter & Jacobi	85
9. Sächsische Metallwarenfabrik A. Wellner Söhne, AG	85
10. Westfälische Kupfer- u. Messingwerke AG, vorm. C. Nöll	85

* Kriegsmetall AG, Nr. 1, Bd. I.

ANLAGE Nr. 3

Verzeichnis der Aufsichtsratsmitglieder der Kriegsmetall AG*

Direktor Peierls, — AEG Konzern, ständiger Vorsitzender des Aufsichtsrates.

Aron Hirsch, — Aron Hirsch & Sohn, Halberstadt, und Hirsch, Kupfer- u. Messingwerke, Berlin, ständiger stellvertr. Vorsitzender.

Herr Generaldirektor Wilhelm Ashoff, Basse & Selve, Altena i./W.

Direktor Paul Berthold-Bergmann, Elektrizitätswerke AG, Berlin.

Dr. Hugo Cassirer, Charlottenburg.

August Ehrhardt — Chem. Fabrik Hönningen und vorm. Messingwerk Reinickendorf, R. Seidel AG, Berlin.

Kommerzienrat Dr. Karl Goldschmidt, Th. Goldschmidt AG, Essen/Ruhr.

Direktor Karl von der Herberg, Felten & Guilleaume AG, Köln-Mülheim.

Siegfried Hirsch, — Aron Hirsch & Sohn, Halberstadt.

Generaldirektor Heinrich Landsberg, — Heddernheimer Kupferwerke und Süddeutsche Kabelwerke AG, Frankfurt/M.

Geh. Kommerzienrat F. A. Lange, — Dr. Geitner's Argentanfabrik, F.A. Lange, Auerhammer, Aue i./Sa.

Kommerzienrat Norbert Levy & Co., Berlin.

Generaldirektor Emil Merkwitz, — C. Heckmann AG, Duisburg.

Kommerzienrat Ch. Seiler, — Joh. Balth. Stieber & Sohn, Nürnberg II.

Direktor Georg Schwarz, — Metallgesellschaft, Frankfurt/Main.

Direktor Wilhelm Terbrüggen, — Vereinigte Deutsche Nickelwerke, vorm. Westfäl. Nickelwalzwerk Fleitmann, Witte & Co., Schwertz/Westf.

Landesrat Richard Thewes, — Mansfeldsche Kupferschieferbauende Gewerkschaft, Eisleben.

Dr. Fritz Warburg, — Bankhaus M. M. Warburg & Co., Hamburg.

Direktor Richard Werner, — Siemens-Schuckertwerke GmbH, Siemensstadt-Berlin.

Kommerzienrat Ph. Wieland, — Wieland & Co., Ulm a. d. Donau.

Leo Wreschner, — Beer-Sondheimer & Co., Frankfurt/M.

Als Vertreter des Kriegsministeriums:

Dr. W. Rathenau, Kommissar des Kgl. Preuß. Kriegsministeriums.

Direktor M. von der Porten, Kommissar des Kgl. Preuß. Kriegsministeriums.

Ferner seit 1917/18:

Gustav Noske, Redakteur, Mitglied der SPD, Reichstagsfraktion.

Wilhelm Hirsch, Syndikus der Handelskammer Essen, Mitglied des Reichstags.

* Kriegsmetall AG, Nr. 1, Bd. II.

ANLAGE Nr. 4

Unterstützung der preußischen Industrie während der Metallbewirtschaftung im ersten Weltkrieg durch den Staat*

Name	Zweck	Gehabte Aufwendungen	Bemerkungen
1. Kupfererzvorkommen an der Nahe. Grubenfelder im Besitz von Abresch, Neustadt a. d. D. Fürst v. Fürstenberg und der deutschen Montangesellschaft in Wiesbaden.	Aufschließung der Grubenfelder, Bau einer Aufbereitungs- u. Laugerei-Versuchsanlage.	M 358284,—	Die Aufschlußarbeiten wurden im Juni 1917 eingestellt, da dem Vorkommen eine kriegswirtschaftliche Bedeutung nicht zukommt. Die geplanten Versuchsanlagen kamen aus Mangel an Erzen nicht zur Ausführung.
2. Nickelerzgruben Versöhnung und Ludwigshoffnung bei Bottenhorn. Gewerkschaft Versöhnung. Repräsentant Fr. Möller-Holtkamp, Düsseldorf.	Aufschlußarbeiten und Aufbereitungsversuche mit den gewonnenen Nickelerzen.	M 40387,—	Die Arbeiten wurden Juni 1916 als aussichtslos eingestellt. Aufbereitungsversuche hatten ein ungünstiges Resultat.
3. Arsenerzgrube Eisernes Kreuz bei Ruhla/Th. Oberschl. Eisenindustrie AG, Gleiwitz.	Untersuchung und Aufschließung des Vorkommens.	M 13749,—	Die Aufschlußarbeiten ergaben die Aussichtslosigkeit einer weiteren bergbaulichen Untersuchung.
4. Kupferschiefervorkommen der Gewerkschaft Nickerode im Bergrevier Nordhausen. Repräsentant Bankier Adolf Lindner, Berlin.	Aufwältigungs- u. Untersuchungsarbeiten zur Feststellung bauwürdiger Ni- u. Co-Erze.	M 12386,—	Die KMA tritt Juni 1918 vom Vertrag zurück, da mit den vorhandenen Hilfsmitteln die altersoffenen Grubenbaue nicht zu sümpfen waren.
5. Kupfergrube der Gewerkschaft Glückstern zu Gladenbach Kr. Biedenkopf. Repräsentant Wilhelm Bopp, Cassel.	Aufwältigung und Aufschließung der Grube, Beschaffung von Betriebsanlagen.	M 94372,—	Bis zum Friedensschluß konnten keine befriedigenden Resultate erzielt werden.
6. Bleierzgrubenfeld Karl I. bei Kotthausen Krs. Gummersbach, Repräsentant Carl Kind, Kotthausen.	Untersuchung, Aufschließung und Ausbeutung des Bleivorkommens.	M 5000,—	Weitere Arbeiten wurden im September 1917 wegen Aussichtslosigkeit eingestellt.
7. Eisenerzgruben Eiserne Union und alter Flußberg bei Siegen. Station Eiserfeld. Verfügungsberechtigt: Robert Hilgenburg, Leipzig-Stötteritz.	Aufwältigung alter Grubenbaue bzw. Aufnahme eines schwierigen Abbaues auf Kupfererze.		Lieferungsvertrag mit gestaffelten Preisen je nach den gelieferten Monatsquantitäten. Die KMA hat das Recht der Grubenkontrolle.

* KMA, Nr. 263, Liste datiert vom Juni 1920.

Anlage 4 Fortsetzung

Name	Zweck	Gehabte Aufwendungen	Bemerkungen
8. Gewerkschaft Mechernicher Werke in Mechernich/Eifel. a) Bleierzgrube Günnersdorf.	Wiederaufbau des Tagebaues Günnersdorf und Bau von Aufbereitungs- und Betriebsanlagen.		Lieferungsvertrag auf 2000t Bleiinhalt in Knottenkonzentraten zu erhöhten Preisen. Betrieb Ende Dezember 1918 eingestellt.
b) Ni-Co Gewinnung aus Grubenwässern.	Versuchsbetrieb zur Gewinnung nickel-kobalthaltiger Schlämme aus Grubenwässern.	M 109 204,— (für Gewinnung der Schlämme)	Die KMA hat das Bezugsrecht auf alle gewonnenen Schlämme. Betriebseinstellung erfolgt am 1. März 1919.
9. Kupfererzgrube Wilhelm der Antweilererzgesellschaft Berlin in Antweiler bei Adenau (Ahr) Eifel.	Bau einer Aufbereitungsanlage und Lieferung der gesamten Produktion der Grube Wilhelm.	M 100 000,—	Der Vertrag vom 30. Juli 1918 wird aufgehoben gegen Verpflichtung Antweilers auf Rückzahlung von 100 000 Mk von dem gewährten Vorschuß von 200 000 M.
10. Kupfererzgrube Danielszug der Gewerkschaft gleichen Namens bei Kupferberg, Bergrevier Deutz-Rimderoth. Repräsentant: Max Goertz, Mülfort.	Erhöhung der bisherigen Lieferungen von Kupferkonzentraten.		Die Konzentrate werden von der AEG bezahlt, welche der Gewerkschaft einen Vorschuß von M 500 000 gewährt hat. Die KMA übernimmt die Umarbeitung der Erze und liefert das metallische Kupfer der AEG.
11. Kupfererzgrube Boxbach der Gewerkschaft gleichen Namens Kr. Biedenkopf. Repräsentant: Victor Meyer, Düsseldorf.	Lieferung von monatlich 100 bis 120 t Konzentraten mit 5—20% Cu-Inhalt.		Lieferungsvertrag mit erhöhten gestaffelten Preisen. Die KMA hat das Recht der Kontrolle über die Produktions- und Versandverhältnisse der Grube.
12. Kupfererzgrube Richelsdorf II Kr. Rothenburg a. d. Fulda. Besitzer: Dr. Sander, Richelsdorfer Hütte.	Lieferung von monatlich mindestens 65 t Cu-Sand-Erzen von 3% Cu-Inhalt aufwärts.		Lieferungsvertrag mit erhöhten gestaffelten Preisen. Die KMA hat das Kontrollrecht über den Grubenbetrieb.
13. Kupfererzgrube Neuadlerschacht der Kupferberger Erzbergwerke GmbH Kattowitz O/S.	Lieferung der Gesamtproduktion von Kupfererzen aus dem Neuadlerschacht.		Lieferungsvertrag mit erhöhten gestaffelten Preisen. Die KMA hat das Recht der Betriebskontrolle.

Anlage 4 Fortsetzung

Name	Zweck	Gehabte Aufwendungen	Bemerkungen
14. Kupfererzgrube Wilhelm bei Altenburg Oberkauffung a.d. Katzbach. Besitzer: Arsenik-Berg- u. Hüttenwerk „Reicher Trost" Reichenstein.	Lieferung von edelmetallhaltigen Kupfer-Arsenerzen nach Freiburg		Lieferungsvertrag zwischen Altenburg u. Oberhüttenamt Freiburg mit Unterstützung der KMA zwecks Überschreitung der Höchstpreise. Freiberg liefert die aus den Erzen gewonnenen Metalle Gold und Silber an KMA zurück, das Kupfer als Kupfervitriol.
15. Gewerkschaft Neue Peterszeche zu Burbach i./W. Besitzer: Gewerkschaft Berzelius.	Lohnaufbereitung von monatlich ca. 1500 t Bleizinkroherzen, die von KMA zu liefern sind.		Lohn: Mk 20,— für je 1000 kg zu hüttenfertiger Produktion verarbeiteter Roherze. Vertragsdauer bis 1. Dezember 1918.
16. Grube Marie bei Siegen und Grube Alte Goldkaule bei Wissen. Eigentümer: Blei- u. Silberhütte Draubach, Frankfurt a. M.	Lieferung von monatlich ca. 1000 t Bleizinkroherzen der Gruben Marie z. Alte Goldkaule zur Aufbereitung auf Neue Peterszeche.	M 100000,—	Mit Genehmigung der Behörden (Mb 323/7.18 KRA und S. I/4-4189) wird der Vertrag mit Wirkung vom 30. November 1918 gelöst gegen Zahlung einer Entschädigung von Mk 100000.
17. Grube Luna bei Wulmeringhausen. Besitzer: Beer Sondheimer & Co., Frankfurt a. M.	Lieferung von monatl. 60 t Bleizinkroherzen von Luna zur Neuen Peterszeche.		Vertrag vorzeitig gelöst mit Genehmigung der Behörden. Über die zu zahlende Entschädigung ist Einigung noch nicht erzielt.
18. Grube Freudenzeche bei Haiger Hessen-Nassau. Verfügungsberechtigt: Studiengesellschaft für Bergbau und Hüttenbetrieb Berlin.	Lieferung von ca. 1500 t Bleizinkhaldenerzen zur Aufbereitung Neue Peterszeche		Vertrag am 1. Dezember 1918 abgelaufen. Freudenzeche verlangt Weiterlieferung der Erze über 1. Dezember 1918 hinaus und hat Feststellungsklage gegen KMA erhoben.
19. Grube Große Burg bei Alten-Selbach im Siegerland. Besitzerin: Dt. Luxemburgische Bergwerks- u. Hütten-AG., Dortmund.	Lieferung von monatl. ca. 1300 t Bleizinkroherzen der Großen Burg zur Aufbereitung auf Neue Peterszeche.	M 80000,—	Als Schadenersatz für vorzeitige Auflösung des Vertrages zahlt KMA mit behördlicher Genehmigung M 80000.
20. Grube Kudwigseck b. Neunkirchen Dillkreis. Verfügungsberechtigter: Heinrich Müller, Haiger i./W.	Lieferung von Bleizinkroherzen zur Aufbereitung Neue Peterszeche.	M 17000,—	Als Entschädigung für vorzeitigen Rücktritt vom Vertrag zahlt KMA Mk 17000.

ANLAGE Nr. 5

Liste der Aktionäre der Kriegschemikalien AG*

Firma	*Vertreter*	*Aktienkapital* (in 1000 Mark)
1. Köln-Rottweiler Pulverfabriken	Dr. Duttenhofer	400
2. Deutsche Sprengstoff AG, Hamburg	Dr. Aufschläger	200
3. Griesheim Elektron Ffm.	Plieninger	300
4. Dynamit AG, vorm. Nobel	Aufschläger	300
5. Westfälische Anhaltinische Sprengstoff AG	Landmann	400
6. Sprengstoff AG, Carbonit, Hamburg	Richter	300
7. Rheinisch-Westfälische Sprengstoff AG	Duttenhofer	300
8. Rheinische Dynamit Fabrik	Aufschläger	200
9. AG der Chem. Prod. Fabrik Stettin	Hartwald	100
10. Sprengstoff AG, Dr. N. Nahnsen, Hamburg	Richter	100
11. Farbwerke vorm. Meister, Höchst		400
12. Casella & Co., Ffm.	Weinberg	400
13. Farbenfabriken, vorm. Bayer	Duisberg	400
14. Badische Anilin- und Soda-Fabrik	Hüttenmüller	400
15. Wolf & Co., Walsrode	Wolff	300
16. AG f. Anilinfabrikation Berlin	Oppenheim	200
17. Chem. Fabrik, vorm. ter Meer	ter Meer	200
18. Sacharin Fabrik AG, Magdeburg	Viett	200
19. Silesia Verein chem. Fabriken	Herz	100
20. Chem. Fabrik, Kalk, GmbH		100
21. Wülfing, Dahl & Co. AG	Baum	100
22. Zellstoffabrik, Waldhof	Buhle	100
23. Verein chem. Fabriken	Dr. Frank	100
24. Kalle & Co., Biebach	Dr. Fischer	100
25. Kunheim & Co., Berlin	Dr. Frentzel	100
26. Chem. Fabrik AG, vorm. Milch	Dr. Pietkowski	100
		6000

Als weiterer Aktionär wurde die Th. Goldschmidt AG aufgenommen (August 1915), der 100000 Mark Aktien abgetreten wurden. Goldschmidt selbst nahm der Aufsichtsrat der KCA auch als Mitglied auf.

* KCA, Nr. 11.

PERSONENVERZEICHNIS

Kolibri 360 GmbH
Ferdinand-Jühlke-Straße 7
99095 Erfurt, Deutschland
produktsicherheit@kolibri360.de